U0748542

新媒体之光

之光

如何站在风口
拥抱时代红利

董浩然◎著

电子工业出版社
Publishing House of Electronics Industry
北京·BEIJING

内 容 简 介

本书全面阐明了在当前的市场环境下，普通个人和企业的机会究竟在哪里，该如何借助新媒体顺势而为，借势而起，成功抓住这波时代红利。

本书在内容选题上，从新媒体营销底层逻辑到顶层设计，从短视频（抖音、快手、视频号）运营策略到直播带货操作攻略，从公众号私域布局到小红书种草推广，再到新媒体各平台账号 IP 定位、爆款策划、实战技巧、SOP、商业模式、裂变增长、营销转化等多维度进行介绍和讲解。在内容设计上，理论与案例结合，通俗易懂，方法可复用，经验可落地。

本书特别适合以下人群阅读：想深入了解和抓住新媒体时代红利，收获人生第一桶金的行业新人；在公司负责运营、流量、品宣等相关工作，希望快速提升专业能力和项目经验，以达到升职加薪的职场人；传统教育行业转型，正在寻找新机会的教培人；想通过新媒体引爆传播、打造爆款产品、构建流量池壁垒的企业管理者。另外，本书也非常适合对新媒体感兴趣的其他广大读者阅读。

本书将会让你对新媒体领域有更深入和更全面的认知和理解。

未经许可，不得以任何方式复制或抄袭本书之部分或全部内容。

版权所有，侵权必究。

图书在版编目（CIP）数据

新媒体之光：如何站在风口拥抱时代红利 / 董浩然著. —北京：电子工业出版社，2022.11
ISBN 978-7-121-43813-4

Ⅰ. ①新…　Ⅱ. ①董…　Ⅲ. ①网络营销　Ⅳ.①F713.365.2

中国版本图书馆 CIP 数据核字（2022）第 190644 号

责任编辑：董　英
印　　刷：三河市良远印务有限公司
装　　订：三河市良远印务有限公司
出版发行：电子工业出版社
　　　　　北京市海淀区万寿路 173 信箱　　　　邮编：100036
开　　本：720×1000　1/16　印张：19.75　　字数：376.8 千字　　彩插：1
版　　次：2022 年 11 月第 1 版
印　　次：2022 年 11 月第 1 次印刷
定　　价：88.00 元

凡所购买电子工业出版社图书有缺损问题，请向购买书店调换。若书店售缺，请与本社发行部联系，联系及邮购电话：（010）88254888，88258888。

质量投诉请发邮件至 zlts@phei.com.cn，盗版侵权举报请发邮件至 dbqq@phei.com.cn。

本书咨询联系方式：（010）51260888-819，faq@phei.com.cn。

目 录

自 序
十年蓄势，剑指时代红利

很多人经常会纠结一个问题——现在加入新媒体领域是否还有机会？我用一句大家比较熟悉的话来回答就是："从事新媒体职业最好的时间是十年前，其次是现在。"新媒体是一个很有意思的领域：一个头部大 V 倒下之后，必然会有一个新的大 V 出现；一个热门话题在热度下降之前，必然会有一个新的话题吸引大家的关注；一个平台的红利在消失之前，也必然会有下一个平台快速崛起。新媒体似乎就是这样，一直存在着无限的机会和可能性。当然，这个特性也必然会吸引很多"牛人"的关注和加入。例如，就在你所处的咖啡厅内的某个角落，一台电脑，一杯冷萃咖啡，一个看似平平无奇的年轻人，可能就是某个平台坐拥千万粉丝的大 V，而在他的脑海中，可能正想象着如何策划下一个热门内容的画面。

从 2010 年开始接触新媒体工作的我，应该算得上是第一批新媒体从业者。在这期间，我曾写过阅读量 10 万+的公众号文章，也策划过刷屏热搜；既打造过粉丝千万以上的账号矩阵，也一手搭建过营收过亿的新媒体流量池。我任职过公司的一线运营，也在多家上市公司及世界五百强企业带过新媒体团队，10 余年的新媒体实战和操盘经历，多少沉淀了一些核心经验，我希望可以用某种形式，对自己进行系统性复盘，以便自我沉淀。如果可以，我甚至希望可以产出一些可供大家参考借鉴的、真正有价值的内容产品。再加上，几乎每天我都会收到很多微信消息和私信留言，基本都是在问"普通人如何通过新媒体变现""企业如何借势引爆一场传播""怎么做短视频""怎么做直播带货""如何抓住短视频红利""新媒体流量如何变现""怎么策划热门话题""怎样刷屏出圈""普通人如何入行新媒体""新媒体从业者需要必备哪些技能""什么是私域流量""如何通过新媒体构建私域流量池"等问题,对这些问题的思考,让我产生了设计一本书的冲动。

所以我就撰写了本书。

当开始真正投入精力去撰写书稿的时候,才发现写书真的是一件超级消耗精力的事情,但也确实是一种可以非常有效地实现自我复盘的方式。在刚开始行动时,如何安排内容让我纠结了很久:大而全,不精;小而精,不全。我需要找到一个最适合的尺度,这就使得我反复推倒了好几版选题方案。读者背景不同,关注内容的角度和思考的维度也大不相同。

在确定了书稿选题和目标受众之后,接下来就需要以清晰的逻辑梳理出这本书的大纲,而后细化章节的每一个字,都将是围绕着大纲进行自我复盘和经验沉淀的过程,这个环节远比创作几篇新媒体文章,或者在线回答几个行业问题,要复杂得多。因为我必须要以更为严谨和负责的态度,去反复斟酌书稿中提到的每一个字、每一句话、每一个案例运用得是否恰当,这也是我花费时间最多的一个环节,我希望自己设计的这本书,可以尽量给读者一个相对好的阅读体验。

对于人生的第一本书,我准备了很久。

在创作过程中,我一直在思考一个问题,撰写什么样风格的书,才能真正让读者受益，阅有所得，读有所获。退一步说，至少可以让读者轻松地阅读下去，所以在阅读体验这方面显得格外在意。试想一下，你有多长时间没有安静地读完一本书了？

怎样才能更适合当下读者的阅读习惯？当下冗长的文字越来越难抓住读者，似乎大家更喜欢观看短、平、快且轻松的内容。我一直在思考一个问题：为什么自己在刷小说、刷短视频时会上瘾？简单总结了一下，似乎它们拥有一些共同的特性：阅读简单、通俗易懂、有不确定性、即时反馈。例如，在刷抖音的时候，你永远不确定下一条会刷到什么内容，但只需几秒钟，你就可以做出是否要划走的选择。这种体验似乎更像在开盲盒，你永远都无法确定下一个盲盒会开出什么，但好在可以一直免费开下去，直至遇到你喜欢的内容。

而本书内容的一大设计亮点，就在于一切从用户思维出发，希望可以达到"知你所想，懂你所需，予你所求"的状态。

从读者的角度思考，选择什么选题更能满足大家当前的需求；从解决痛点出发，分析输出什么类型的经验技巧对大家更有价值。当然，不仅在选题和内容上有所思考，在阅读体验方面，为了便于大家能够轻松阅读，并且在阅读每一个章节、每一段文字后都能有所收获，最终我选择了区别于有些图书那种拖沓、冗长又烦琐的文字叙述方式，在写作风格上，尽量保证文字精简，图文结合。同时，在内容结构上增加了大量的逻辑模型、思维导图及经典案例讲解等。我希望用通俗易懂、逻辑清晰的表达方式，输出最有价值的"硬核干货"。

对于本书各章节内容中所涉及的专业词汇，以及大家在工作中可能会用到的专业词汇，我都给出了相应的解释，并归纳成了"词汇表"放在了本书的附录 A 部分。最后，我还特别增加了一份新媒体人借势营销必备指南"营销日历"作为附录 B，希望对你能够有所帮助。

相信我，《新媒体之光》这本书将会带你玩转新媒体。

与多数 70 后喜欢在稳定的体制内工作，80 后喜欢在高薪的互联网行业工作不同，当代年轻人似乎更喜欢时间相对自由的职业，或者自主创业。我最直接的感受就是，一问到他们从业方向，八成都说想从事新媒体工作，想做直播带货，甚至想成为网红达人，最次也要做一个 IP 账号。稍加注意，你可能会发现，最近几年随着微博、微信、抖音、快手、B 站、小红书等新媒体平台的快速崛起，市场上出现了大量的 MCN 公司、网红大 V 和达人主播，用户的消费行为也发生了巨大变化。从早期带着需求，主动在淘宝、京东等电商平台搜索产品下单，到现在蹲在某个网红大 V 的直播间，边看、边买、边分享。而网红大 V 一场直播带货的 GMV（成交总额）轻轻松松就能达到几千万元甚至过亿元，几乎等于很多企业或商家一年的成交总额，这一切仿佛给大家传达出的消息就是，站在这个风口，抓住这波新媒体红利，就等于掌握了这个时代的财富密码。

本书全面阐明了在当下的新媒体时代，普通人的机会在哪里，该如何站在风口，抓住时代红利成功逆袭，拿到人生的第一桶金。如果你刚好是以下四类读者中的一名，那么《新媒体之光》这本书将会让你对新媒体领域有更深入的认知和理解，也将会是你从新人到专家，从入门到精通的秘籍。

- 对新媒体感兴趣，想深入了解和借势新媒体红利逆袭的行业新人；
- 在职场工作，就职于新媒体相关岗位，希望提升专业技能和项目管理经验，以达到升职加薪的职场人；
- 传统教育行业转型，正在寻找新机会的教培人；
- 想通过新媒体引爆品牌传播、打造爆款新品、构建流量池壁垒的企业管理者。

新媒体确有红利，这个说法是正确的，观点本身没有问题，但是这部分红利，似乎永远掌握在一小部分人手中，绝大多数企业和个人，仅仅只是贡献热度的参与者。为什么会出现这种两极分化的情况？个人该如何借势新媒体成功逆袭？企业该如何玩转新媒体平台，收割这一波时代红利？相信读过《新媒体之光》这本书的读者，都将会得到一定的启发或找到自己想要的答案。

考虑到大家的基础不同，书中内容会涉及部分基础理论，供初学者更快地掌握并应用于实战。如果你已经是这个行业的资深专家，那么书中提到的很多观点和实战经验可仅做参考，欢迎关注我，我们一起探讨交流。

我更期待这本书，可以成为那些准备从事新媒体相关工作的在校学生、应届毕业生、全职宝妈等读者的领路人，或者可以为那些因入行不久，在工作中迷茫困惑、无成就感、晋升遇到瓶颈、急需突破自我的职场新人提供一些帮助。本书所涉及的底层逻辑、运营技巧、营销策略等，将会成为你的能力进阶密码。

最后，祝大家都能在这波新媒体红利中，站在风口寻得属于自己的那道"光"。

同时，也希望可以为刚满 1 岁的董晨宇小朋友树立一个好榜样，希望他未来同样可以不畏挑战，不断突破自我。

董浩然

2022 年 05 月 27 日

于北京

微信扫描二维码，加入"浩然和他的朋友们"高质量社群，抢先获取更多经验分享和优质资源，与更多业内大咖一起互动交流。

读者服务

微信扫码回复：43813

- 获取《新媒体之光》图解版·知识地图
- 加入本书读者交流群，与本书作者互动交流
- 获取【百场业界大咖直播合集】（持续更新），仅需 1 元

第 0 章
引言

0.1 致那些处于迷茫期的新媒体新人

1. 正确的选择源于正确的认知

我之前收到一个粉丝的私信留言："作为一个新媒体人，我的工作让我越努力越迷茫。"通过了解，她的基本情况大致如下："本科毕业，因喜爱新媒体行业，自学了一些新媒体运营知识，目前在一家互联网保险公司从事新媒体相关工作，团队仅自己一人，每天既要负责官方微博和公众号的运营及内容创作，又要策划营销活动，还需要自己拍摄抖音短视频、剪辑，以及运营账号，没有任何预算，老板要求先做出效果再谈预算。任务目标是除了账号粉丝增长和搜集线索，还要有10万+爆款文章和视频上热门，原因是老板曾看到过几篇文章，标题大致意思是

"某某人一条热门视频涨粉 70 万，某某人账号一个月涨粉 300 万……"之后便以此为标准，给自己制定了运营目标。3 个月过去了，结果很明显自己并没有达到目标，每天写文章、拍视频、剪视频都已严重超负荷，还要看老板的脸色，现在的自己特别迷茫，感觉工作没有丝毫的成就感，已经打算放弃了，新媒体工作到底是什么样的？为什么自己越努力工作，越感到迷茫和困惑，难道自己真的不适合新媒体这个行业吗？"

大胆预测，遇到类似情况的职场新人，估计不在少数。在此，送给那些奋斗在职场，正处于迷茫期的新媒体人一句话："没有成就感，原因可能不在你。"

对于正处于迷茫期的职场新媒体人来说，有时候，你缺少的不是努力，而是缺少在正确位置和正确方向上的努力，要知道选择比努力更重要，这不是"鸡汤"，而是社会现实。

如果选择不对，你的努力最终也只是感动了自己。能够做出正确选择的前提，是拥有正确的认知。希望《新媒体之光》这本书，可以帮助你迅速提高认知，从专业的角度看到问题的本质，正确地规划自己的职业发展方向。

2. 工作的成就感源于目标和权责足够清晰

一些有 3 ~ 5 年职场经验的新媒体人，在日常工作中，同样会进入一段迷茫期和焦虑期。当然，这部分人大部分已经成为团队"leader"，所要面对的不仅仅是预算和团队配置的问题，最重要的是团队目标定位是否明确和清晰，工作权重分配是否合理。这就需要大家与老板时刻保持充分的沟通，彼此达成一致的共识。

举一个例子，你的老板既要数据的快速增长，又想要眼前一亮的创意和感知。但现实是，当你述职汇报时，总感觉对老板来说，那些相对枯燥的增长数据，似乎没有策划了某个热门话题、公关事件或者传播项目听上去可以让人眼前一亮，毕竞热门事件和重大项目，是大家可以直观感受到的。当出现这种情况时，我们不能简单地认定为我们的汇报技巧出了问题。

要知道，在一些有一定品牌知名度的企业里，大多数老板确实更在乎主观人为的创意和感知，这是事实。但数据增长是硬性指标，这就是老板所期望的品效结合。那些枯燥的粉丝数、阅读数、点赞数、分享数、完播率、分享率、互动率、收集线索数、转化率等各项数据增长的背后，都是可被量化的 KPI。这又使得你不得不通过一些标准化、可批量复制化的方式，以及各种简单粗暴、取巧的运营手段，快速完成任务目标。

按照这种工作模式继续下去，最后的结果就是，可量化的 KPI 完成了，但似乎又没有什么有感知的项目值得拿出来讨论，长此以往，会让人完全没有成就感可言，进而对自己的未来发展和职业规划变得迷茫。而所谓的品效合一的运营策略，则一直无法真正落地，它似乎只是变成了一句被空喊的口号而已。

为什么会出现这种情况？归根结底，是管理者在团队管理的策略上出了问题，即目标和权责不够清晰。

0.2 如何科学分配新媒体策划与运营的权重

新媒体人到底该重视策划，还是重视运营，两者的权重应如何分配？

在实际工作中，策划传播和运营转化是两个完全不同的工作方向，但彼此又有着非常重要的关联，所以，我们不能完全将两者割裂。

在当前环境下，对甲方公司而言，新媒体的定位大致可以分为两种类型：流量运营型和品牌传播型。

我们在明确了团队核心目标及定位后，权重分配可以参考以下标准，如图 0-1 所示。

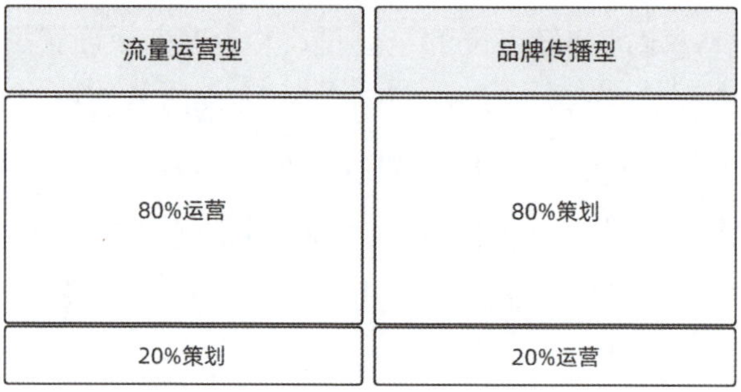

流量运营型	品牌传播型
80%运营	80%策划
20%策划	20%运营

图 0-1

1. 流量运营型：80%的精力用于运营策略，20%的精力用于策划感知

与品牌传播型不同，流量运营型多出现在以用户增长和产品转化为主的微商、传统电商或在线教育等机构的运营部门、流量部门。

具体到实际工作中，你可能会遇到以下场景问题：

（1）"今年目标粉丝做到 6 个亿……"（别惊讶，我没有写错，是以亿为单位，这不是开玩笑，是业内朋友遇到的真事儿。）

（2）"下个月目标内容曝光 4000 万，微信公众号粉丝增长 20 万。"

（3）"策划一场裂变活动，目标新增用户 10 万，付费转化率提高 50%。"

（4）"最近 APP 商城有一场大促，在流量指标分配上，整场活动新媒体渠道引流目标占比 60%。"

（5）"找几个 KOL 合作，测试一波线索转化，ROI 目标至少 1.5。"

有没有发现，似乎每一个场景都离不开数据和增长。

与传统付费投放相比，新媒体作为成本更低的创新型流量渠道，自有一套完善的用户运营和增长逻辑，可以快速实现流量增长和转化复购。

对于负责新媒体渠道流量的运营来说，ROI 打平只是基础目标，能否具备标准化、规模化、可复制批量化，才是运营挑战的重点。

综上，我们可以总结出，流量运营型新媒体人至少需要具备以下 4 种能力，如图 0-2 所示。

（1）平台账号运营能力；

（2）增长活动策划能力；

（3）推广获客能力；

（4）数据分析能力。

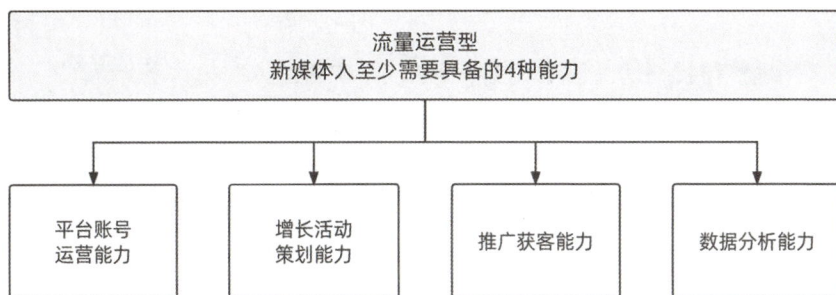

图 0-2

2. 品牌传播型：80%的精力用于策划，20%的精力用于运营

品牌传播型新媒体团队多出现在有一定品牌基础，需要快速实现品牌曝光、占领用户心智的上市公司，或者中大型企业的市场部门、品牌部门、PR（公关）部门。

具体到实际工作，你可能会遇到以下问题：

（1）"6个月有一次品牌升级，你们团队出一个新媒体传播计划。"

（2）"3月份有一场新品发布会，你们出个可以上热搜和刷屏的创意方案。"

（3）"马上元旦了，新媒体规划是什么？出个想法，借势宣传一波；马上情人节了，新媒体有什么具体动作？"

（4）"本周有一场老板专访，配合一下在新媒体矩阵的各平台账号重点宣传一波，做到业内有感知。"

（5）"某部门发来需求，最近我们得了一个XX奖，帮忙在各官微平台宣传一下。"

（6）"下个月周年庆，在微博和抖音找几个大V达人合作推广一波。"

（7）"某品牌想和我们跨界联合，想一个传播方案，争取把声势造大。"

看完以上问题，不知道你是否发现了一些特点，品牌传播型的新媒体团队，除了部分需要配合宣传的工作，剩下的工作内容大多以创意策划和传播策略为主，具体拆解到实际工作中就是，团队要具备讲故事、搞事情、造话题的能力。

我们甚至可以认为，品牌传播相关型新媒体人至少需要具备以下4种能力，如图0-3所示。

（1）用户心理洞察能力；

（2）创意内容策划能力；

（3）媒介资源整合能力；

（4）全局业务操盘能力。

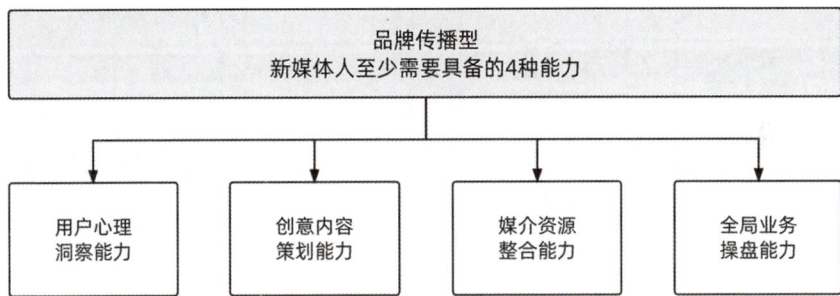

图 0-3

对于品牌传播的需求定位来说，新媒体只是一个有效触达用户的媒体渠道，是整个传播环节的一部分，而非全部，记住这一点很重要。

我们可以这样理解，对品牌传播型新媒体团队来说，其工作核心是：创意+策略。

创意：主要指的是"你有什么想法"。

你需要不断有新鲜有趣的想法，时刻让大家保持兴奋。

例如，怎样将品牌或产品的核心亮点，从一个最能打动消费者的角度展现出来。它可以是一个能引爆传播的点，也可以是一个可以引起用户讨论的话题，或者是一个可以给用户分享和传播的内容素材。

策略：主要指的是"你打算怎么做"。

你需要有实现创意想法的具体方案和正确的传播策略，让大家清晰地知道你想怎么做。

策略制定流程如图 0-4 所示。

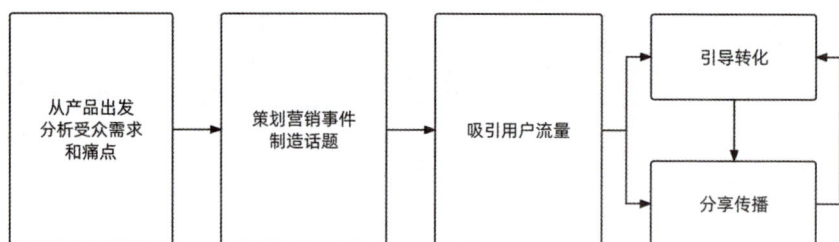

图 0-4

传播的策略方案，不需要过于复杂，但需要保证各环节的节奏清晰。一般来说，策略的制定需要在充分了解产品，精准匹配目标用户对品牌产品的需求和心理需求的基础上，通过策划营销事件或热门话题等，吸引目标用户的关注，并促使用户产生购买和分享传播的行为。目前品牌推广比较常见的营销方式就是"Social营销"。下一章，我会在"新媒体人必备的 3 个营销模式"一节中，和大家聊一聊到底该如何成功策划一场"Social 营销"。

第 1 章
认知重构

1.1　新媒体人必备的底层逻辑与营销模式

大多数人都在关注新媒体平台如何变化，平台的规则如何变化，内容的形式如何变化。很少有人去关注这些变化的背后，有哪些不变的底层逻辑和规律。在我看来，那些不变的信息，更值得我们去探索和追求。

如果你打算从事新媒体相关工作，无论是做个人 IP 账号，还是负责运营企业机构的品牌账号，首先都必须要搞清楚新媒体人应该具备的底层逻辑与营销模式，特别是对那些想自己做个人 IP 账号的行业新人来说，在了解这部分内容后，可以有效避免很多运营上的误区。

1.1.1 新媒体营销的本质与用户转化流程

1. 新媒体营销的本质是什么

为什么把这个话题放在了第 1 章的第 1 节？原因很简单，因为，它应该是所有新媒体人都需要思考的话题。

我通常会问候选人一个问题："你觉得新媒体营销的本质是什么？"一千个人眼中有一千个哈姆雷特，或许这个问题根本就没有明确的标准答案，但我可以间接得到一些信息，比如通过这个问题我可以了解到，你对于新媒体营销这件事的想法和思考。

提到新媒体营销，大家通常喜欢将它和传统媒体营销做比较。那么，什么是新媒体营销？与传统媒体营销有哪些区别？下面我们先来聊一聊这个话题。

顾名思义，新媒体营销要建立在新媒体渠道基础之上的，直接或间接的营销动作。与电视媒体、纸媒等传统媒体营销相比，新媒体营销具备多场景、多渠道、多形式等特点，可以以多种形式的内容，将个人或者品牌相关的信息传达给用户，进而促进用户行为变化和销售转化。

与传统媒体营销相比，新媒体营销具备传播速度快、范围广、覆盖用户群体精准、展现方式新颖、便于传播等优势。正是基于这些优势，新媒体正在以蓬勃发展的姿态逐步占领着传统媒体的市场份额。

在营销策略上，新媒体营销与传统媒体营销的区别如图 1-1 所示。

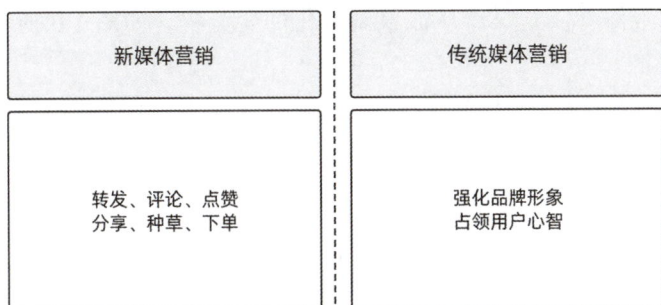

新媒体营销	传统媒体营销
转发、评论、点赞 分享、种草、下单	强化品牌形象 占领用户心智

图 1-1

在了解了什么是新媒体营销，以及新媒体营销与传统媒体营销之间的区别之后，我们回到最初的问题：新媒体营销的本质是什么？

新媒体营销的本质是：传播（流量）→增长（用户）→转化（变现）。

具体关系如图 1-2 所示。

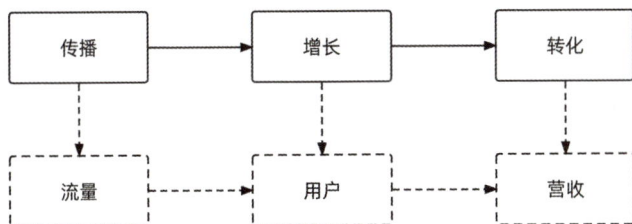

传播	→	增长	→	转化
流量	→	用户	→	营收

图 1-2

用一句话概括：新媒体营销的本质就是通过内容传播，带动用户增长，最终实现量化营收。这里的内容既可以是图文、音频、短视频、长视频，也可以是热门话题、裂变海报、有奖活动、营销事件、爆款 H5、"病毒"视频，等等。

2. 一张图看懂新媒体用户的转化流程

新媒体内容，从传播获得曝光到流量转化变现，具体需要经过哪些细节的操作流程？

下面用一张图带你看懂新媒体从流量到转化的全流程，如图 1-3 所示。

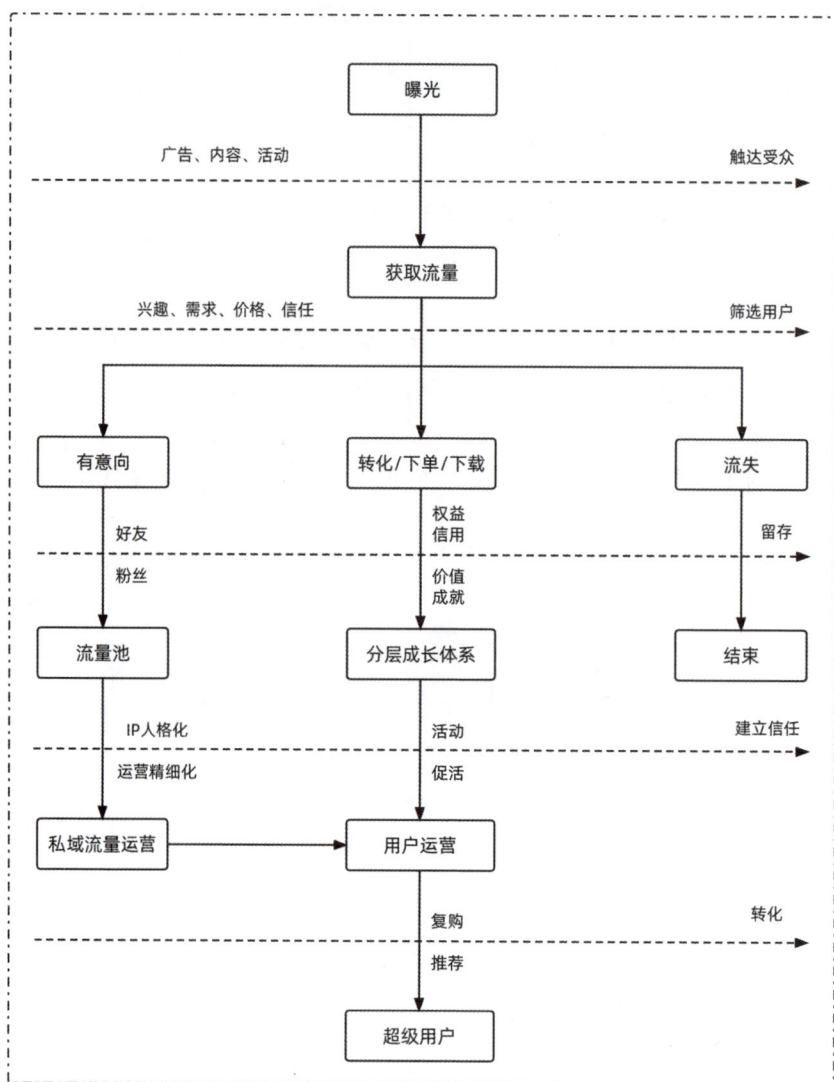

图 1-3

1.1.2　爆款不应该是新媒体人的终极目标

很多人之所以关注新媒体，是因为新媒体提供了很多变现的可能，说直接一点就是新媒体更容易赚到钱。对普通个人来说，可以通过新媒体轻松赚到人生的第一桶金。对企业或商家来说，可以通过新媒体快速建设品牌和占领用户心智，甚至可以用远低于传统付费投放的获客成本，快速获得更多的目标用户。

但是，大多数新媒体内容创作新人，都会进入一个误区，迫于完成推送数量的KPI，而选择盲目生产内容。甚至在运营账号的时候，并没有想清楚为什么要做这件事。花费个人大量时间和精力去想创意和创作内容，然后编辑、发布出去，做了这么多的工作，最终的目的是什么？

无论个人，还是公司或团队，投入一天甚至更多的时间、资源和人力成本，仅仅是为了文章的几千阅读量，或是视频的几万播放量吗？显然不是。

看到这里，可能有些人会说，新媒体运营的终极目标是出爆款，日常账号运营和内容推送，只是为了保持账号活跃度和增加出现爆款的概率。

这种观点显然并不准确。

如果你也有这种想法和观点，只需要问自己一个问题，那就是：**你为什么要策划所谓的爆款，最终是为了解决什么需求，达成什么目标？这个问题值得每一个新媒体人思考。**

如果仅仅是因为爆款内容可以间接带来更多的曝光，为什么不通过其他更直接的方式去获取流量完成曝光目标呢？

这里我们举一个例子：

假设，你制定的目标是在一周内通过新媒体平台获得 100 万的曝光量，如果能打造出一条爆款内容，就可以获得 100 万以上的曝光量，但出爆款的概率可能仅有 1%，甚至更低，最终是否能达成目标，具有很明显的不确定性。但是，若换一种思路，产出一条可以带来 1 万曝光量的内容，成功率几乎是 100%，通过矩阵批量化生产 100 条内容，同样可获得总计至少 100 万的曝光量，但成功率却是 100%，而这 100 条内容中，同样有一定的概率出现小爆款。这就是典型的用数量来对抗流量的不确定性。

显然，爆款只是达成某个目标的一种方式，而选择用什么方式，完全取决于最终想要达成什么样的目标结果，爆款不应该是新媒体人的终极目标。

1.1.3　打造爆款内容必须具备的 4 个条件

爆款一直在重复，只是与大家见面的方式不同。

虽然策划刷屏爆款有很大的不确定性，但是掌握底层逻辑和技巧，确实可以提高成功的概率。关于这一点，我会在本节与大家深入探讨。

策划爆款内容的前提，是让内容和用户产生关系，用户的兴趣和产品信息要有交点。在此基础上，我们聊一聊什么样的内容更容易成为爆款，爆款内容一般具备什么条件。

一般来说，爆款内容需要具备以下 4 个条件。

1. 满足用户需求——吸引用户关注

爆款内容对目标用户来说，一定是需求最强烈的内容。打造爆款内容，本质上就是解决用户的需求。类似的需求可以是好看、有趣、有用、使向往、有价值感等。

2. 调动用户情绪——获得用户认同

在传播链中，最容易获得用户认同的内容，通常都具备调动用户情绪的能力。例如，内容本身有共鸣、有感染力、有代入感等。

3. 具备社交属性——触发用户分享

社交是内容被传播的主要途径，当内容具备社交属性时，也就相当于提高了内容被传播的概率。如何为内容赋予社交属性，最好的方式就是加入有热度的话题，使其可以成为大家日常交流的谈资和社交货币。

4. 便于复述记忆——占领用户心智

好的话题内容和营销创意，必须是令观众看一眼就能记忆深刻，并且可以在极短的时间内完成复述的，而这个时间通常在 1 秒左右，这也是一个快速占领用户心智的过程。

除了以上 4 个条件，提供"及时的推广资源"也是你创作的内容能否成为爆款的一个影响因素。"及时的推广资源"在内容成为爆款的过程中，相当于"催化剂"和"加速器"。爆款内容虽然自带传播属性，但在短暂的热度期内，覆盖范围有限。对专业的运营来说，必须具备及时发现爆款内容的能力，一旦发现内容小规模刷屏，及时配合精准的推广资源，就可以使其扩散如虎添翼，加快引爆全网传播，扩大覆盖人群。

例如，你可以在创作的内容发布后，先小规模地分享到微信群、朋友圈，关注大家的行为反馈和后台显示的数据，如果效果明显高于日常平均数据，这时你只需要及时提供一定的推广资源，就可以快速引爆传播。

1.1.4 什么样的内容才算真正有价值的爆款

打造爆款，似乎已经成为当代新媒体人的执念。在我带新媒体团队的时候，常常和团队的伙伴说，要时刻具备用户思维、全局思维和闭环思维，KPI 重要但不是重点，所有工作安排要从团队最终的大目标需求出发，要发挥个人主观能动性，不要为了急于完成曝光量考核，盲目追求和打造爆款。爆款和有意义的爆款完全是两个概念。

以公众号为例，写个搞笑段子，编造个明星八卦，再配一个吸睛的"标题"，策划这样的内容显然更容易被网友们所关注。但是，通过这种方式短暂获取的流量，既无法留存用户，又不能转化用户；既不能增加用户好感度，又不能为品牌赋能。类似这种形式的爆款内容我们可以称为"伪爆款"。

所以，总结一下，伪爆款的特点就是：泛流量、人群不精准、无法被留存、不能被转化、不能增加用户好感度。

真正有价值的爆款内容，一定是让内容和用户产生关系，即在用户兴趣和产品信息之间要有交点。说得再直接一点就是，内容既要使用户感兴趣，又要与产品相关。具体如图 1-4 所示。

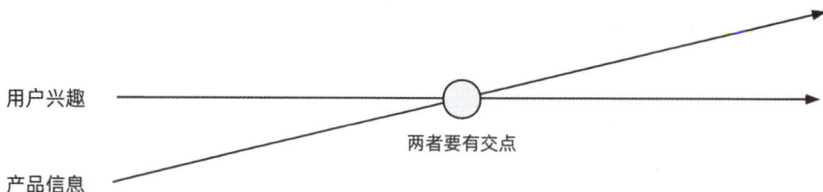

图 1-4

对企业来说，爆款内容的最大优势在于可以形成自传播，能够以足够低的成本，获取更多的高价值流量，为品牌传播或产品（销售转化）赋能。

大多数公司的老板，之所以会经常要求新媒体团队策划爆款内容，除了好看，最终的目的一定是希望通过爆款内容让品牌或产品获得更多曝光和关注，从而提高产品的渗透率和销量。简单来说，爆款内容，只是为了帮助企业达成销转目标的一种推广方式。

接下来，我来回答一下最初提到的问题："什么样的内容，才是真正有价值的爆款内容？"

真正有价值的爆款内容可以将用户的关注点或讨论点，引导到产品或品牌本身，能让用户记住并产生想尝试购买的欲望；同时要给出清晰的购买路径，甚至可以在浏览内容时，不用跳出就可以直接买到对应的产品，而不是让用户在看过爆款内容之后，只是简单地说一句"这个爆款内容创意不错"，对产品信息丝毫不提。

还记得 2017 年被百雀羚刷屏的营销事件吗？虽然时间比较久远，但是很经典。下面我带着你一起简单回顾一下：2017 年 5 月，一篇关于百雀羚品牌的创意文章"一九三一"刷爆朋友圈，一时间被大家评为"神级广告"，正当大家投出羡慕和赞赏的目光时，又因为一篇"哭了！百雀羚 3000 万+阅读转化不到 0.008%"的文章，使这个营销事件再次刷屏。从标题可以看出，这是一篇以"刷屏级爆款文章却几乎没有为文中提到的产品带来销量增长"为选题的文章。此文章发出后，迅速引起了广告、公关、新媒体等圈内人的关注和讨论，大家纷纷开始探讨，策划这种没能实现销转的爆款文章是否有意义？百雀羚这次的刷屏推广是成功还是失败？唇枪舌剑就此开始。

从广告创意的角度来看，这篇"一九三一"长图文章毫无疑问是成功的。一镜到底的长图设计，新颖的内容展现形式，文章一经发布就收获了一大波观众的认可，甚至大家在分享朋友圈时，还不忘直呼文章创意新颖、高级、有格调、高大上。

通常来说，在出现现象级爆款后，总有人会及时跟进热点，对刷屏案例进行盘点和分析。但是，当大家将关注点都放在了爆款文章中提到的产品最终转化效果不好时，这个营销事件就出现了巨大的变数。

在"一九三一"长图文章刷屏后，有一部分人对爆款文章中提到的产品转化效果存在质疑，最后通过搜索该品牌官方旗舰店前端显示的产品成交记录发现，至少千万级的曝光似乎也没有为产品带来太大的销量变化，这个新发现和矛盾点，再次引起了大量圈内人的关注，并以"爆款文章与转化""广告与获客"为话题形成讨论，这也使得百雀羚的这次营销事件，从另外一个角度再次刷屏。

从效果转化的角度来看，这次营销策划的确有着致命硬伤。在这篇广告文章中，既没有提供给用户看到产品后可以"直接购买"的入口，也没有给出其他形式的流量转化闭环，无形中浪费了巨大的流量，错过了商机。

从内容策划的角度来看，文章的广告创意和产品本身虽有结合，但关联不大，话题引导的方向也出现了偏差，大家更关注创意，与产品无关。即使最后又引起了话题讨论，也远远偏离了产品本身，更谈不上对主推产品的渗透和种草，百雀羚这个品牌词虽然被网友反复提及，但却几乎没有人关注和联想这次刷屏事件推广的是什么产品。

这个事件，成功地将"品牌传播"和"效果转化"之间的矛盾，再次推到了风口浪尖。

爆款文章"一九三一"被广大网友质疑效果，最根本的原因在于，该内容很幸运地成了少数大家公认的刷屏爆款，这是很多营销人一直想做却无法做到的事。大家对这个现象级爆款文章最终可带来的效果期望值难免过高，最后却发现，拥有千万曝光量的爆款文章，竟然没有为推广的产品带来销量增长。期望值过高，但是结果并不理想，难免导致巨大的心理落差，这也是为什么大家会对爆款内容带来的流量价值产生争议，并开始重新思考，什么样的内容才算真正有意义的爆款，如何才能实现真正的"品效结合"。

1.1.5　如何才能实现品效结合

如果你是新媒体领域的从业者或者求职者，则请稍加注意，现在越来越多的企业开始要求新媒体部门要品效结合，品效结合已不再是品牌部门的专属需求。

1. 什么是品效结合

这里提到的"品"主要指的是通过策划内容传播，为品牌扩大声量和塑造品牌形象。"效"就是通过内容传播带来用户增长和实现销售转化。而"品效结合"是指在通过新媒体传播带来品牌声量提升的同时，做到流量转化为销量。

品效结合的重要性和价值不言而喻，但在实际执行过程中却挑战重重。

前面我们在"新媒体策划和运营权重如何分配"的部分提到，新媒体团队一般可以分为"品牌传播型"和"流量运营型"。在实际工作中，两种类型的团队对目标结果的衡量标准大不相同，这势必会导致大家在前期的创意、策略和侧重点上都有所不同。

新媒体营销，无论现阶段的目标是为了品牌传播，还是效果转化，最终都应该回归到实现产品销转盈利这个核心目标上，只是彼此的策略不同。前者主打的是占领用户心智，塑造品牌形象，属于无形资产，一般适合行业头部企业和大型上市公司，而后者关注的是更直接的当下的转化收益。

那么，既然品牌传播很难通过"短、平、快"的方式直接创造收益价值，为什么还会有很多知名品牌花费大量的资源进行投放？

这个问题的关键点就在于，品牌传播是塑造品牌影响力的主要途径，品牌传播策略可以有效提高品牌知名度，占领用户心智，从而实现品牌溢价和品牌价值延伸。

2. 越是知名的品牌，品牌溢价就越明显

例如，总会有人情愿消费几千元去购买巴黎世家的"字母黑丝"，同样也有人愿意花费几万元去购买香奈儿的新款手袋。除了品牌溢价能力，通过品牌推广还可以有效地与用户建立情感联系和信任关系，加快消费者决策，为品牌创造延伸价值。以 Apple 品牌为例，对于喜欢用 Apple 的产品，认可其品牌价值的果粉来说，每当 Apple 公司旗下出了新产品时，无论是新款 iPhone，还是新款 iPad，品牌方甚至不需要支付太多额外的营销成本，仅通过一场新品发布会，就可以轻松让果粉下单，甚至有人愿意花费上百元购买一块擦显示屏的抛光布。

但是，塑造品牌影响力是一个长期持续的过程，对于大多数中小型企业或者个人来说，投入大量的推广资源，终归不希望当前只是叫好不叫座。与品牌传播的占领用户心智相比，这部分企业和个人会更在意眼前的实际效果转化，只有打好品牌传播与流量转化的组合拳，才能获取更大价值。

1.1.6 如何打好品牌传播与流量转化的组合拳

职场中有一个普遍的现象，那就是大多数领导都喜欢给员工"画饼"。当然，"画饼"本身没有任何问题，但真正需要的人，毕竟还是少数。所处的位置不同，大家关注的重点也一定不同，很明显，这就是为什么职场上会流传着这样一句话："如果'画饼'有用的话，还要绩效奖金干什么。"

还有一部分领导，会将品牌传播和效果转化的目标，强行落到员工的 KPI 中，或二八分，或五五开，企图通过控制 KPI 的绩效奖金，来找到两者之间的平衡点，从而达到"品效结合"的效果。最终的结果往往是，既没有做出有感知的品牌传播项目，又没有突出的效果转化结果。毕竟，很多团队即使只专注一个方面，也很难做出一些亮点。

如何才能打好品牌传播和流量转化的组合拳？

或者我们换一个说法，就是如何才能简单高效地调动负责品牌传播的员工，使其对实现销售转化的目标，同样拥有积极的心态？

我的观点是要"舍得分钱"。建议各位负责人直接一点，以利益驱动为主，口头画饼为辅，少一些套路，多一些真诚。

如果你的新媒体团队，重点考核的指标维度是创意感知、事件传播、占领心智等，则可以认为是"品牌传播型"团队，对于工作期间带来的产品转化效果应给予额外奖励。奖励可以是团队奖金、个人奖金、晋升加分或者荣誉称号等。

同理，如果你的新媒体团队，日常重点考核的指标维度是人群覆盖、用户新增、流量转化等，则可以认为是"流量运营型"团队，对于工作期间策划出的有感知的刷屏案例，同样应给予额外奖励。但这里与前者略有不同，需要特别注意，所谓的"感知"没办法被彻底量化，在没有统一认知的前提下，一般只能看老板的反馈态度。

记得几年前，在微信公众号产品刚刚兴起的那段时间，我曾负责过一家在线教育公司的新媒体业务，并为这家公司做过一个与"品效结合"相关的创新项目。这家公司规模不小，是一家上市公司。为什么会提到几年前的事例？原因在于，直到现在很多企业仍没有关注到，新媒体不仅可以作为企业宣发的出口，同时可以实现盈利，并且有很大的增长空间。

如多数企业一样，起初我所负责的新媒体团队，主要工作是"双微"的运营、官方粉丝的增长，以及策划品牌传播活动。基于流量创新和品效合一的战略背景，当时团队制定了一个运营策略，新媒体矩阵账号运营全部增加流量转化闭环，同时，凡是通过团队运营的新媒体账号渠道所获取到的"免费"线索，参考当前付费线索成本及转化率等数据，将新媒体每月提供的免费线索 GMV（商品交易总额）的 20%，给团队成员当作额外项目奖金。

事实证明，制定这个"新媒体矩阵传播+利益驱动分销运营"的策略，在当时效果十分显著，所有参与测试项目的伙伴都更像"合伙人"，大家干劲十足，极大地发挥了员工的积极性。

新媒体渠道从最开始 0 元线索转化，到一个月后的几万、几十万元成交额，甚至在不到半年的时间，仅团队内部的新媒体矩阵账号每月就可以实现几百万元的GMV，所有人每天都会自发参与运营和积极复盘，给出优化建议。在验证出基本的运营转化模型后，经公司业务调整，团队奖金由线索转化成交额的 20%下调至 10%，再从其中抽出一部分费用，用于粉丝拉新维护及营销事件的策划推广，彼此形成互补，不断积累粉丝量和扩大品牌影响力。即使这部分奖金比例有所调整，也并未影响大家不断探索如何获取更多流量的积极性。原因很简单，在已经初步跑通流量转化模型的基础上，这部分业务的 GMV 一直处于增长状态。

通过这个项目，我们收获的最重要的结果是从 0 到 1 成功地搭建了新媒体流量池，实现了真正意义上的品效结合，不仅保证了品牌建设及传播，同时有效验证出了创新流量的转化漏斗模型。其间，所有参与项目的伙伴都有参与感、成就感，同时还有获得感。很多职场人，在工作一段时间后就慢慢失去了激情，逐渐开始摸鱼、"躺平"，或许就是因为缺少这些吧！

拓展思考：如果按照这个模式，是否可以解决社群矩阵运营管理的人员成本问题？

假设，一个人每天可以有效管理的群数上限是 10 个，公司计划第一阶段要将私域社群流量覆盖 100 万人，按照每个群 500 人计算，共计需要将群数量做到 2000个。如果对所有群全部进行精细化运营管理，则预计需要 200 人。这样的人员成本，相信绝大多数公司老板都无法接受。如果你刚好负责公司的私域业务，遇到了类似问题，奉劝你，千万不要试图和老板说完成这个覆盖人数的目标自己需要

200 人，这绝对是一个糟糕的解决方案。

其实，我们完全可以换个角度思考，如果将群运营管理的一部分权限下放给用户，在每个群中选择至少一个核心用户作为合伙人，协助你对私域社群进行运营和管理，而你只需要设置一套完善的合伙人权益机制，用来激励和管理 200 个合伙人，换句话说，就是只需要侧重管理和维护 200 个品牌认可度和忠诚度高的核心用户，就可以解决将私域社群流量覆盖 100 万人的目标需求，有没有一种团队人效瞬间拉满的感觉？通过这种方式不仅可以有效触达私域社群用户，提高社群流量的转化率，还可以批量化复制，扩大规模，或许这才是老板想听到的解决方案。

看到这里，或许有一些做过私域社群的朋友会说，通过群管理软件代替人工运营，即可实现同时管理多个微信群的效果。基于私域社群流量的特殊性，下面给出一些我的个人观点：软件只能是辅助工具，仅依靠软件机械化的运营模式，永远无法实现真正意义上的促活社群好友，以及建立彼此的信任，同样无法对社群流量进行有效的高转化。试想一下，你愿意和机器人对话，还是愿意和有情感、有思维的好友交流。

关于如何构建私域流量池和社群私域，本书后面我会单独和大家探讨交流，这里不再赘述。

1.1.7　新媒体人必备的 3 个营销模式

1. 矩阵营销（Matrix Marketing）

1）什么是矩阵营销

这里我们所说的矩阵营销，一般特指新媒体矩阵营销。新媒体矩阵一般可以分为两种：站内矩阵和站外矩阵。

站内矩阵： 主要指所有矩阵账号在同一平台内，通常也被称为"纵向矩阵"。例如，你在抖音平台同时运营了 100 个不同的账号，我们就可以将这 100 个抖音账号称为你布局在抖音平台的矩阵账号。

根据需求不同，站内矩阵通常又可以细分为"领域矩阵"和"区域矩阵"。

以抖音平台为例：

- 抖音平台上根据不同领域矩阵运营的账号，例如"交个朋友直播间""交个朋友运动户外""交个朋友酒水食品""交个朋友美妆护肤""交个朋友轻奢时尚""交个朋友生活家居"；
- 在抖音平台上根据不同区域矩阵运营的账号，例如"樊登读书北京运营中心""樊登读书上海运营中心""樊登读书广州运营中心""樊登读书深圳运营中心""樊登读书郑州运营中心"。

站外矩阵： 主要指在多个不同的新媒体平台都有自己注册和运营的账号，通常也被称为"横向矩阵"或"全网矩阵"。例如，你或者公司在微博上有官方账号，在微信上有官方公众号，在抖音上也有官方账号，这时我们就可以将不同平台的官方账号统称为新媒体全网矩阵账号。

当然，你也可以换一个相对更高级的说法，就是覆盖了微博、微信、抖音、B 站、知乎、小红书等社交媒体阵地，以优质内容为载体，打造多元的新媒体流量传播矩阵。

2）企业品牌该怎样玩转新媒体矩阵

首先必须要解决 3 个核心问题，分别是：

- 统一标准的运营规范；

- 搭建完善的内容中心；
- 清晰的账号定位。

下面，我们具体聊一聊如何操作。

（1）统一标准的运营规范。

先分享一个认知：人格化运营≠看心情运营，这一点对于新媒体运营来说非常重要，特别是在运营公司的官方品牌账号时。

我们经常会看到某些企业在新媒体平台上频繁翻车，导致出现非常严重的品牌公关危机。出现类似的情况，绝大多数是因为这些企业的新媒体官方账号没有标准化流程和统一标准的运营规范。例如，官方账号发布的内容错别字连篇、随意使用明星图片配图、随意使用版权字体、随意站队发声传播负能量、随意表态发布不实信息、随意表达与公司价值观不符的言论等。这样的账号运营和管理方式，无形中增加了品牌危机的风险。

但是，如果过度约束，也可能适得其反。和朋友聊天时，曾听过这样一种工作流程，有一些公司确实考虑到了新媒体对品牌建设的重要性，为了避免危机事件的发生，甚至拟定了一项规定，新媒体部门日常发布的所有内容，需要全部以邮件的形式，提前发送给公关部或品牌部进行前置审核，在获得邮件确认后，才可以安排发布。这种工作流程，显然并不符合新媒体运营的特殊性，如果反复修改，反复确认，甚至审核部门迟迟不回复邮件，很可能错过跟进热点内容。实际上这种情况时有发生。在规则不断打压运营人员主观积极性的环境下，这样的官方账号是否还有继续运营下去的价值呢？当然，我也并不提倡大家按照这种方式去运营和管理新媒体部门。

如何既可以有效地避免因工作失误造成的不必要的品牌危机，又可以提高工作效率？

答案是遵守制度先行原则。**每个新媒体部门，都需要拥有一套标准化的运营规范。**

所有运营人员需要在统一的标准规范，以及设定好的账号人设基础上自由发挥。在新媒体部门内部，明确安排负责内容审核的人员，日常发布的常规内容，要提前发给团队内部负责审核的伙伴，请其协助完成审核工作，彼此确认没有问题，即可安排推送。统一的行为规范具体可以包括：统一账号昵称、头像、简介、菜单栏、自动回复、内容更新频次、内容排版规范、视觉风格等。其标准程度从某种角度来看，可以像公司 Logo 对外的使用规则一样清晰严谨。

当然，如果你所运营和管理的账号，是定位在流量转化需求上的矩阵账号，同样可以围绕统一标准的热门内容模型，批量生产内容。这样操作的好处是，既可以**通过复用已验证和总结出的模型，降低试错成本，又可以提高优质内容产出的效率，对抗流量的不确定性。**

（2）搭建完善的内容中心。

对于有多账号矩阵运营管理需求的团队来说，特别是对于需要在新媒体矩阵账号分发大量内容来实现获客的运营团队来说，通常最大的痛点就是优质内容供给不足。因为，你很难要求所有人都具备生产专业内容的能力，也很难解决矩阵账号日常对内容的大量需求，在这种情况下，拥有一个完善且素材丰富的内容中心，就显得非常有必要。

搭建完善的内容中心，主要有以下 3 个优势。

- **优势 1：**解决因账号运营人员不具备内容创作能力而导致的无内容可发的困境；

- **优势 2**：构建内容壁垒，提升新媒体传播内容的核心竞争力；
- **优势 3**：不断验证和沉淀爆款内容方法论，整体提高内容质量。

例如，业内矩阵账号做得比较好的樊登读书，最明显的标签就是"在短视频平台拥有几百个矩阵账号，累计粉丝量过亿"，甚至有一部分人在研究之后，尝试通过类似的矩阵方式进行获客，但最终的效果往往并不理想。这是因为其策略重心出现了问题。樊登读书矩阵能够成功，最根本的原因并不在于矩阵，矩阵只是一种运营方式，人人都可以复制，也并不存在所谓的核心优势。樊登读书矩阵之所以可以形成一定规模，最大的优势在于拥有丰富的内容素材。其关于读书的产品定位本就具备不会缺少内容素材的优势，同时拥有着大量的线下课、专访、节目录制等视频资料，而樊登本人又曾是央视的节目主持人，演讲的视频自带感染力，这些都属于他先天的专属优势，其他人很难成功复制。这种"搭建内容中心+授权合伙人代运营"的矩阵号管理模式，值得大家思考，前者可以解决优质内容的供给和优化问题，后者可以批量扩大矩阵账号的运营管理和实现获客。

例如，从樊登矩阵账号的往期内容中，我们可以看出，其矩阵账号曾经历过多次内容转型，包括书单推荐类视频、社会认知类视频、教育科普类视频，以及最常见的线下商业课现场视频的高光剪辑。接下来，只需要在此基础上，找到并验证出一个最适合传播的选题方向，以及内容呈现方式，再通过授权各矩阵账号，按照一套验证有效的短视频内容生产模型，批量产出并分享满足用户喜好的视频，即可获取更多的目标用户，获得更多的平台推荐流量，这又属于比较典型的"以数量对抗算法不确定性"的流量打法。

使用类似运营模式的还有"博商管理"。几乎每位博商讲师都在抖音拥有大量的矩阵账号，并授权这些矩阵账号使用和分享讲师线上或线下课程的精彩内容，以及短视频作品素材，从而快速扩大声量，提高课程转化率。

按照这种思路，我们甚至可以大胆畅想一下，"达人直播带货+矩阵号视频带货"

的组合带货模式，或将成为新的趋势和玩法。例如，带货达人不仅可以进行直播带货合作，还可以在直播带货时，将涉及的对应产品的视频片段，拿出来进行剪辑包装，并授权达人的矩阵账号批量分发，完成短视频矩阵带货。而这种运营模式的好处是，在快速扩大达人与带货产品声量的同时，还可以为彼此获得更多的收益。矩阵账号的数量可以是几十个，也可以是几百个，甚至更多。通常来说，带货达人的知名度越高，相应的短视频矩阵带货能力就越强。

（3）清晰的账号定位。

清晰的账号定位这里主要指的是明确矩阵账号的最大运营目标，也就是核心目标。例如，运营矩阵账号是为了实现品牌传播，还是流量转化？清晰的定位不仅可以吸引精准的粉丝人群，同时可以为后续运营减少很多不必要的麻烦。具体如何操作，我会在后面的章节中给大家详细介绍。

2. 社会化营销（Social Marketing）

社会化营销（Social Marketing）通常被称为 Social 营销。

1）什么是 Social 营销

Social 营销，其实早已不是什么特殊的营销方式，目前几乎所有企业的品牌传播都离不开 Social 营销，其本质是促使用户对传播的内容本身感兴趣，并将其判定为有价值的信息，通过社交传播扩大品牌影响力和积累社交资产，再利用有效的引导，形成营销闭环。

Social 营销是目前"品牌传播型"新媒体团队最常用的一种解决品牌传播需求的营销方式。成功策划一场完整的 Social 营销活动，主要可以分为 3 个阶段+6 个环节。

- 3 个阶段：预热期、引爆期、长尾传播期；
- 6 个环节：分析调研、确定主题、传播策略、内容创意、媒介投放、转化闭环。

关于 Social 营销，相信很多做市场营销、品牌公关的人并不陌生，在这里不做过多的说明。值得一提的是，在企业中，经常会出现一个与 Social 营销有关的比较有意思的现象——流量部和品牌相互鄙视。

2）流量部和品牌部相互鄙视

做流量的，吐槽做品牌的华而不实，没有"真实"效果；做品牌的，抱怨做流量的急功近利，忽略品牌"长期"价值。直到大家想出了"品效合一"的概念，彼此才仿佛终于找到了可以互相安抚的说辞。

现在很多 Social 营销，都以"品效合一"为意向目标，做着自嗨式传播。

分享一个真实的事例。

记得有一次和一个在互联网大厂负责流量的朋友闲聊时，他和我提到了一件很有意思的事情，大致意思是：前段时间他们公司有一场年中大促活动，在项目启动之前，各部门分别领取了自己的任务指标，其中，品牌部领到的任务是重点在新媒体渠道为本场大促活动宣传造势和引流。品牌部为此申请了 300 万元的预算，策划了一场 Social 营销活动，其间在公司内部几乎随处都可见到这场 Social 营销活动。例如，用于工作交流的微信群、员工个人的朋友圈、公司内网的首页焦点图、公司前台易拉宝、公司办公区挂墙海报等。最后流量部发现，这场 Social 营销对于大促活动页面的访问量和成交转化没有明显效果，说直接一点就是，通过 BI 部门跑出的数据分析发现，几乎没有任何流量增长。

可能有人会有疑问，为什么可以这么肯定地说，这场 Social 营销活动的流量增长不明显？这一点不难理解，只需要在推广链接前增加埋点，即可实现对流量来源和转化的精准监控。

要知道，目前对于大多数企业来说，一场营销活动有几百万元的预算并不算少。我问朋友，了解过预算具体是怎么分配的吗？他说问过，基本都用在了朋友圈广告投放（包含老板的人群包定向）、购买微博热搜资源位、TVC 视频制作，以及媒体发通稿。听到这里，我内心更加肯定，没错，这些明显是资深老品牌人惯用的操作。

3）如何解决内部感知的问题

业内通常的做法是找几个老板经常关注的账号，发几篇以这场营销事件为选题的业内经典营销案例盘点类公众号软文，再强制团队成员分享朋友圈。找一些广告、品牌、公关的行业交流群，发几个跪求分享朋友圈的红包，最重要的一步，把被当作优秀案例盘点的文章，以及（购买的）微博热搜截图，一并发到公司内部老板在的核心大群，言外之意就是，看看我们部门策划的营销活动，不仅得到了业内人士的肯定，并且成功上了热搜，营销话题已经获得几千万的曝光量。

如果以内部曝光为目标，值得恭喜，这一波操作下来，最终的结果是，老板肯定看到了，同事也看到了，可以说几乎成功做到了内部感知拉满。如果以品牌传播为目标，常规操作也没有太大问题。

但是，问题来了，如果以外部用户感知和最终效果转化为目标，则很明显仅靠采买资源位进行推广的营销策略并不能满足目标需求。从传播的角度来说，当前期策划拍摄的品牌 TVC 视频和广告投放的内容不具备社交属性时，也就无法引起用户参与讨论和形成传播，即使发布再多的媒体通稿也没用。对用户来说，没有参与感，自然也就无法形成自传播和达到刷屏的效果。从转化的角度来说，流量和转化没有明显增长，也就代表了在转化路径上，策划营销活动时并没有重视从品牌曝光到流量转化的闭环，自然也就无法实现流量和转化的增长目标。所以，我们甚至可以认为，所有只关注内部感知，不考虑流量转化的，单一的 KOL 账号采买、朋友圈广告投放、微博热搜资源位采买等营销行为，都不能算是真正的 Social 营销。

3. 事件营销（Event Marketing）

什么是事件营销？

我们先来看一下通过百度百科得到的相关解释：

事件营销是企业通过策划、组织和利用具有新闻价值、社会影响及名人效应的人物或事件，吸引媒体、社会团体和消费者的兴趣与关注，以求提高企业或产品的知名度、美誉度，树立良好品牌形象，并最终促成产品或服务销售目的的手段和方式。

简单来说，事件营销指策划人在不损害公众利益的前提下，通过策划和利用"具有新闻价值"的事件，吸引媒体和公众关注，提高品牌或产品的知名度，从而达到广告和促进销售转化的效果。

事件营销一般可以分为两种，分别是"借事"和"造事"。

- **借事**：借势而为，借助已有事件的热度；
- **造事**：造势而起，主动制造新闻事件，引起大家关注。

值得注意的是，不管选择哪种方式，最终被大家传播和讨论的事件本身，都应当是真实存在的。

如果你关注过小米营销就会知道，事件营销是小米公司最常用的营销方式之一。例如，小米橙色跑、米粉年夜饭、雷军十年演讲、小米换 Logo、小米请代言人等都属于事件营销。同样，小米手机的每一场新品发布会，也可以被看作一次经典的事件营销。因为我曾带过小米手机新媒体团队，所以经常有人问我：如何才能像小米手机一样玩转事件营销？有没有什么规律和方法？

关于这个问题，我从个人角度简单分享一些实战经验和技巧，供大家参考借鉴。

1.1.8　如何像小米手机一样玩转事件营销

事实上，想要策划一场事件营销很容易，你只需要懂得"借事"和"造事"，再具备一定的讲故事的能力，就可以获得不错的效果。但是，想要策划一场能够引起大家广泛关注的事件营销，并不是一件容易的事情，除了需要些许的运气，还必须要掌握一定的规律。

1.　如何判断一场事件营销是否具备引爆传播的潜质

或许，你可以着重关注这 6 个关键要素，如图 1-5 所示。

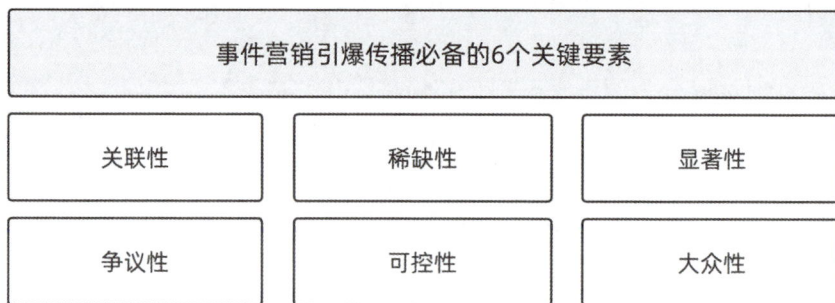

图 1-5

1）事件与发起方有关联性

事件本身，需要与企业品牌或者产品有一定的关联性，能够将大家的关注点和评论方向，引导到品牌或产品本身，这是成功策划一场事件营销的前提和基础。

2）事件具有极度的稀缺性

从某种角度来看，稀缺性就代表着价值，事件本身越具有稀缺性，就越具备新闻传播的价值。如果你掌握不好度，那么我给你的建议就是："尽量选择做别人没有做过的事，并将其做到极致。"

3）事件主体具有显著性

事件中出现的公司、人物、产品、地点等知名度越高，越具备新闻价值，也就越能提升事件的受关注度。

例如，小米、百度、字节、阿里等大公司发布的消息，明星、名人、企业家等有影响力的公众人物参与的事件，通常都会更容易引起媒体和大家的关注和讨论，这也是一种自带流量的表现。

4）事件具有话题争议性

传播需要话题，谈论需要谈资，事件话题争议性越大，越容易引起大家关注。值得注意的是，你需要做好对话题争议方向的正确引导，通常的做法是提前"给"到媒体一些指定的话题，以确保大家的讨论，会向着利于企业的方向发展。当然，你还可以安排一些垂直领域的 KOL 参与营销事件的话题互动，扩大传播声量，调动网友情绪，引导舆论方向。

关于这一点，可能有些人会有不同的观点，觉得提供有争议的话题，可能会有风险。我的观点是"没有争议的话题，那只能是硬广"。

5）事件话题具有可控性

机会通常与风险并存，当事件成为社会公众的议题后，就可能会出现各种舆论。所以，企业相关部门的工作人员，需要注意对事件营销的风险进行把控，随时做好舆情处理的准备，通过预案让事件营销变得更可控。

6）事件本身具备大众性

只有撬动大众传播，才是引爆传播的第一生产力。事件的传播主题要大众化，最好可以让大家联想到自己，甚至可以将自己带入角色中，积极参与互动讨论和分享传播。

2. 如何围绕"借事"和"造事"找到引爆传播的爆点

接下来，分享几个比较实用的技巧。

1）从市场和用户需求之间的矛盾角度分析

例如，iPhone 以环保为由，官方宣布在购买新手机时不再赠送充电器，如有需要，请在商城单独购买。针对 iPhone 的这个决策，小米在新品手机发布会上，也官方宣布了一个关于是否送充电器的决策，小米 11 将会发售两个版本，"标准版"不带充电器，"套餐版"带充电器，但两个版本价格完全一样，相当于免费赠送充电器，是否需要充电器由用户自己选择，这个决策既考虑了环保，又赢得了用户。

2）从明星影响力角度分析

例如，在大家都在关注和谈论东京奥运会时，小米邀请了"亚洲飞人"苏炳添成为小米的品牌代言人，邀请了东京奥运会首金获得者杨倩成为小米 Civi 代言人。两者的共同点是在当时都拥有着超高的人气和热度，同时自身特点与小米品牌理念和产品定位相契合。

当然，你还可以通过以下几个角度分析找到引爆传播的爆点和突破口：

- 从企业家影响力角度分析，例如雷军 10 周年演讲；
- 从用户粉丝角度分析，例如米粉年夜饭；
- 从营销活动角度分析，例如米粉节；
- 从产品角度分析，例如新品发布会；
- 从品牌角度分析，例如品牌升级，两百万换 Logo；
- 从圈层垂类媒体角度分析，例如线下影展；
- 从跨界联合的角度分析，例如最近火遍全网的小米徕卡相机水印。

3. 如何像小米手机一样在新媒体平台玩转事件营销

通过上面的内容我们可以了解到，策划事件营销的 6 个关键要素，以及如何找到引爆事件传播的爆点和突破口。接下来我们聊一些实操，即具体该如何通过新媒体做好一场营销传播。

下面，我们以小米 11 春季新品发布会为例。

一般来说，一场完整的传播活动需要分为 3 个阶段，分别是预热期、引爆期、长尾传播期。从什么时候开始预热，通常是大家比较纠结的问题，一般情况下可以提前 3 天开始预热。如果信息量足够大，则可以选择提前 7 天开始预热。

例如，小米 11 春季新品发布会的预热期，从正式官宣发布会主题和时间，到发布会开始前，围绕传播主线，每天都有一个核心点，持续吸引粉丝、网友及媒体的关注。

- 预热倒计时第 7 天的核心点 "生生不息"；
- 预热倒计时第 6 天的核心点 "安卓机皇"；
- 预热倒计时第 5 天的核心点 "拐点之战"；
- 预热倒计时第 4 天的核心点 "MIX 回归"；

- 预热倒计时第 3 天的核心点"澎湃芯片"；
- 预热倒计时第 2 天的核心点"超多新品"；
- 预热倒计时第 1 天的核心点"大师设计"。

传播主线的核心，即产品线、品牌线、公关线等，同样可以有自己的传播节奏，共同造势，为发布会提高热度。

如果说预热期最重要的是通过不断制造噱头，持续吸引大家的关注，为发布会当天引流做准备，那么引爆期就是发布会当天，最重要的就是全网覆盖，快速获取流量，引爆传播。例如 KOL、垂类媒体、企业矩阵号、蓝 V 联动、开机霸屏、热搜资源位、品牌大视窗、发现悬浮页、热点大视窗、直播广场热门推荐、搜索词流量拦截、语义橱窗等渠道，都是可以快速获取流量的不错选择。

长尾传播期的主要任务就是延续事件的热度，蓄势为新品开售引流，创造更多的销售转化机会。

如果你想深入地了解新媒体营销的底层逻辑和顶层设计，以及如何引爆传播，可以加入知识星球"浩然和他的朋友们"，随时掌握更多干货信息与实用技巧，与更多业内大咖一起互动交流。

1.2 如何通过 4W1H 法则打造个人 IP 账号

最近一段时间，很多人都说想做自己的 IP 账号，想打造一个有影响力的个人 IP 账号。那么，新人到底该如何打造自己的新媒体账号，有没有一些实用的建议？

在回答这个问题之前，你应该先了解一个概念——"商业模式"。什么是商业模式（Business Model）？我们先来看一下百度百科给出的解释：

企业与企业之间、与企业的部门之间，乃至与顾客之间、与渠道之间都存在着各种各样的交易关系和联结方式，统称为商业模式。

简单来说，就是讲清楚企业怎么赚钱，再具体一点，就是你准备卖什么产品？怎么卖？打算怎么交付？

个人做 IP 账号运营也是同样的道理，这里给大家一个比较实用的建议，就是：结果导向，策略先行。

不要盲目运营，避免因一直在辛苦运营账号，但迟迟无法变现，而导致最终逐渐失去动力，停止更新的情况出现。

如果你正打算自己运营一个自己的账号，不妨根据 4W1H 法则，完善一下自己的想法，具体参考如下。

1）Where——什么平台

想在什么平台做账号？

例如，抖音、快手、微信公众号、视频号、小红书、知乎、B 站、微博、TikTok，等等。

2）What——什么内容

例如，想做个抖音账号：

发什么内容？准备在什么垂直领域创作？

3）Why——什么目标

例如，想做个美妆产品测评类的抖音账号：

为什么要做这件事，做账号要达成什么目标？

4）How——什么方式

例如，想做个可以变现的美妆产品测评类抖音账号：

打算通过什么方式变现？接广告、卖线索、带货，或者其他什么方式？

5）When——什么时候

例如，想做个通过直播带货和接品牌广告可以变现的美妆产品测评类抖音账号：

准备什么时候开始？多久可以交付？

当你把以上问题都思考清楚后，账号的基础定位和框架也就清晰了。接下来要做的就是逐一细化，不要只停留在设想和计划的阶段，而是要制定可量化的阶段目标和落地执行。

在此分享一句我比较喜欢的话："始于规划，成于行动，终于坚持，万事皆如此。"感觉用在这里特别合适。分享这句话的原因是，通常情况下大家会觉得那些放弃做账号的人，认为行情不好，很难再起新号，所以才选择放弃。但事实并非如此，绝大多数说自己想做账号的人，常常都是在还没开始正式行动时，就选择了放弃。

一切没有被执行的计划都是纸上谈兵，毫无意义。

如果此时此刻，你刚好也有想做一个属于自己个人 IP 账号的想法，希望《新媒体之光》这本书的出现，可以为你提供一些前进的动力，提供一些有价值的参考与帮助。当然，也欢迎你关注我，我们一起探讨交流。

在实际执行中，你可能会发现，即使有了清晰的目标和运营策略，但还是很难长期坚持，很多创作者做了一段时间，迫于各种原因，中途选择停止更新，这其实是内容创作者基本都会遇到的问题。

下一节我会和大家具体聊一聊为什么会出现这种情况，以及该如何破局。

1.3　内容创作者的困局与突破

你是否遇到过以下场景：

- 想写文章，打开电脑，写了几行文字，似乎就写不下去了；
- 想发视频，历经几小时的辛苦拍摄和剪辑后，看到账号后台几十个浏览和毫无互动的数据后，坚持发布了 10 条，数据依然没有变化，就想放弃了；
- 想开直播，开播半小时，直播间一个互动的人都没有，面对屏幕也不知道该说些什么，用不了几天就想放弃了；
- 利用业余时间辛苦运营半年的账号，没有任何收入，也没有太多粉丝增长，久而久之就不再运营和更新内容。

那么，这里又涉及了一个问题，很多入局新媒体行业的新人创作者，即使已经成功将个人的计划全部落地执行，但还是在对账号运营一段时间后，明显感觉到自己很难坚持下去，是什么导致了这种情况的发生？

我们该如何判断一个"Flag"能否被自己坚持完成？或者换一个更具体一点的角度来说，对于计划想做个人 IP 账号这件事，有哪些因素会影响大家坚持的动力？

对于新人创作者，通常来说至少需要满足以下 4 个必要条件，如图 1-6 所示。

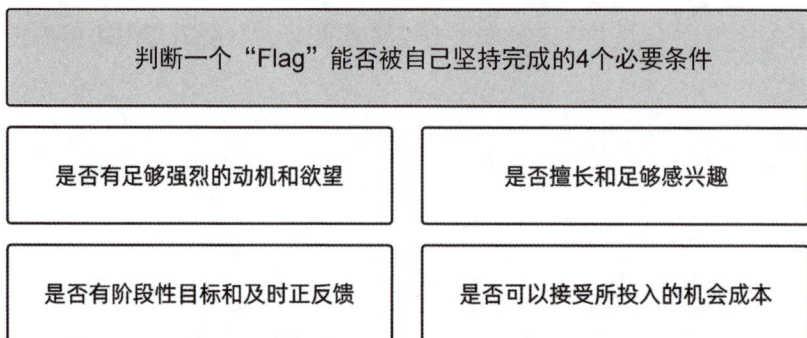

```
┌─────────────────────────────────────────────────────────────┐
│        判断一个"Flag"能否被自己坚持完成的4个必要条件          │
└─────────────────────────────────────────────────────────────┘

┌───────────────────────────────┐   ┌───────────────────────────────┐
│      是否有足够强烈的动机和欲望  │   │       是否擅长和足够感兴趣     │
└───────────────────────────────┘   └───────────────────────────────┘

┌───────────────────────────────┐   ┌───────────────────────────────┐
│      是否有阶段性目标和及时正反馈│   │     是否可以接受所投入的机会成本│
└───────────────────────────────┘   └───────────────────────────────┘
```

图 1-6

1）是否有足够强烈的动机和欲望

这里所提到的动机和欲望，主要指可以实现自己某种期望的目标，或者获得某种好处。例如，可以是名，提高个人名气、知名度、影响力或者获得更多认同感等；也可以是利，成功变现或者获得一些特权等。

2）是否擅长和足够感兴趣

每个人都有自己擅长的方向，无非是被日复一日的忙碌所遮挡，而未被自己发现而已。

这个擅长的方向，可以是你的专业技能、工作经验、求职技巧、穿搭技巧，也可以是你独特的审美能力、幽默感、私房厨艺等。例如，你喜欢品尝美食，就可以选择做一个美食测评、探店打卡类的美食领域账号；如果你是全职宝妈，就可以发挥个人身份优势，选择做一个分享萌娃日常、育儿好物种草类的母婴领域账号；如果你喜欢旅游，擅长拍照，就可以选择做一个分享旅游 VLOG、游玩攻略、景点打卡体验类的旅游领域账号。

只有在自己擅长的专业领域创作内容，你才更有发言权，输出的内容才更容易获得受众的认可。

擅长使你可以找到源源不断的选题，创作出足够多的优质内容，这种持续生产优质内容的能力，有很大的概率会让你被平台的创作者运营部门的工作人员关注，并获得平台垂直领域的创作者流量扶持。要知道，平台更需要优质的内容创作者持续产出高质量内容。

假设你通过分析，发现自己确实找不到擅长的方向，则最好的解决办法就是从兴趣出发，找到自己足够感兴趣的方向，然后选择你学起来最快且容易变现的领域进行创作。

如果你没有爱好，找不到感兴趣的方向，则还可以尝试利用排除法，先排除自己不感兴趣和无法变现的方向。因为一件你不感兴趣，又不能获得好处的事情，你一定无法长期坚持。

3）是否有阶段性目标和及时正反馈

阶段性目标不难理解，就是将一个大目标拆解成多个可量化的小目标。很多人做账号坚持不下去，其中一个重要原因是前期投入大量资源，却没有得到及时的正反馈，导致付出与回报失衡，这部分人的心态往往是这样的：

- 已经连着推送一星期文章了，除了自己和几个好友阅读，也没人看啊，算了还是放弃吧，微信公众号已经不适合新人了……
- 已经连续发了 10 条视频了，每条视频的播放量都不超过 500，上热门涨粉丝更别想了，变现无望，果断放弃……

换个角度来看，这和我们通常所说的想通过去健身房健身来达到减重的想法很像，办卡前信心满满，但去了几天之后，健身房就几乎不再有自己的身影，总是期望着去健身房跑两天就能马上瘦几斤，当减重效果不能立竿见影，也就没有了坚持的动力，结果不出意外，往往以减重失败而告终。

如何提高及时获得正反馈的概率？

这个问题可以拆解为如何正确选择账号内容定位和找到适合自己的领域，我们这里暂且定义"正反馈"是内容阅读数和账号影响力，那么想在自己创作的领域及时获得正反馈，仅仅擅长和感兴趣显然并不够，还需要在读者需求和粉丝商业价值间找到一个平衡点。

内容定位=个人优势（擅长感兴趣）+读者需求（有价值）+粉丝商业价值（容易变现）

内容创作不能盲目自嗨，专业擅长和足够感兴趣是创作者本身的自我优势，是输出优质内容的前提和基础，但是否被读者需要，以及粉丝是否具备商业价值，则是内容能否被阅读传播和成功实现商业变现的关键。

4）是否可以接受所投入的机会成本

我们这里所说的机会成本（Opportunity Cost），也可以被称为替代性成本，主要指你为"运营个人 IP 账号"这件事而放弃另一项活动的机会，那么，另一项活动应取得的收益，就是你选择运营个人 IP 账号的机会成本。

举个例子，假设你因为选择加班写稿而放弃了和女友约会看电影的机会，那么对你来说，"加班写稿"的机会成本就是"和女友约会看电影"所能产生的最大价值。（当然，这只是个假设，我劝你不要这样做，敢不陪女友看电影，想想就可怕，这后果绝不是你能承受的。）

做任何事情都需要付出成本，只是成本的表现形式不同。

利用一定资源获得某种收益时，必定会失去利用这些资源获取其他收益的机会。对于个人而言，拥有选择的机会越多，意味着放弃的成本越大。因为每个人的情况不同，机会成本的高低也有所不同。

如果你发现了一个新的更好的发展机会，当现有的回报产出与投入的机会成本不成正比时，势必会选择放弃原有的坚持。

举个例子，假设你信心满满想做一个属于自己的 IP 账号，而这时一个朋友和你说，他的公司缺人，想邀请你去负责某项业务，报酬是月薪 5 万元，你拒绝了！从经济学角度看，这个决策让你每个月至少损失了 5 万元。你决定继续做账号，前期在做账号这件事上，你每天都投入至少 8 小时去生产内容和运营账号，这样坚持了两个月后，你发现账号的各项数据并没有达到预期效果，也没有额外的变现收益，这就代表着现有的回报产出（无限接近 0 元）与投入的机会成本（至少 10 万元）完全不成正比，就在你纠结是否要继续坚持的时候，朋友再次来邀请你，结果显而易见了。

这就是为什么说"是否可以接受所投入的机会成本"，将是直接影响你能否坚持的重要条件，而这也是最容易被大家忽略的因素。

1.4　如何正确选择最适合自己的新媒体平台

随着近几年新媒体的不断发展和技术革新，呈现给用户的内容形态也在不断丰富，不仅有图文、音频，还有短视频及直播。个人和企业对新媒体平台的运营需求，也在不断发生变化，从早期被视为新媒体运营标配的双微（微博、微信公众号），到 2018 年大家开始侃侃而谈的双微一抖（抖音），再到现在被频繁提及的直播带货、新媒体矩阵、私域流量池、元宇宙等。市场上可以触达用户的平台不断增加，不同平台的用户喜好也有着巨大差异，而每个平台也都有着自己的独特属性和受众圈层，大家的目标需求不同，定位不同，受众也不同。这就决定了不是每个人或每个企业都需要运营所有平台，而是要知道将精力集中在哪里会对自己更有帮助。

如何正确选择最适合自己的平台，已成为新人进入新媒体行业的第一步。所以，对于一个新媒体人或者新营销人来说，首先，必须要了解和清晰地知道，各大新媒体平台分别有哪些优势和特点。

例如，有些平台非常适合品牌传播和事件营销，如新浪微博；而有些平台更适合做服务和销售转化，如微信公众号和社群；有些平台适合围绕年轻女性用户进行内容种草和打造爆款产品，比如小红书；还有一些平台则是年轻人的聚集地，可以更有效地触达 95 后和 00 后等新生代人群，比如 B 站……所以，我们在平台选择上和运营策略上同样要有所差异，以往那种一招鲜吃遍天的打法已然不复存在。

那么，对于初入行的新人来说，如何才能快速找到更适合自己发展的新媒体平台？下面是我给大家的一些建议。

1. 掌握各大新媒体平台的优势和特点

还是以打算自己做个人 IP 账号为例，想要玩转新媒体，找到适合自己侧重运营的平台，第一步需要我们先对各大平台的优势和特点有一定的基础认知。

目前，大家日常使用的新媒体平台主要如下。

- 国内：微博、微信、抖音、快手、知乎、小红书、B 站、视频号、百家号、头条号、腾讯企鹅号、UC 大鱼号、简书、搜狐号、网易号、趣头条、一点资讯号、豆瓣、喜马拉雅、企鹅 FM、蜻蜓 FM、荔枝 FM 等；
- 国外：TikTok、YouTube（油管）、Facebook（脸书）、Twitter（推特）、instagram（ins）等。

就当前的新媒体环境而言，内容表现形式主要可以分为以下四大类：图文、视频、音频、直播。根据各平台内容展现特点不同，大致又可以细分为 8 小类。

（1）短图文形式：微博等。

（2）长图文形式：微信公众号、头条号、百家号、腾讯企鹅号等。

（3）种草笔记形式：小红书等。

（4）中长视频形式：西瓜视频、B 站等。

（5）短视频形式：抖音、快手、视频号等。

（6）直播形式：映客、斗鱼、花椒、一直播、虎牙直播等。

（7）音频形式：喜马拉雅、蜻蜓 FM、企鹅 FM 等。

（8）问答形式：知乎问答、百度知道、悟空问答等。

部分常见的新媒体平台如图 1-7 所示。

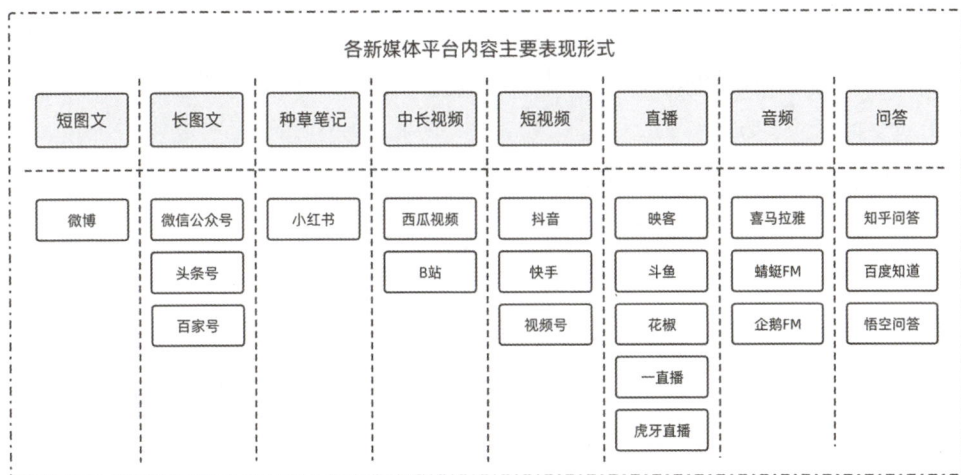

各新媒体平台内容主要表现形式

短图文	长图文	种草笔记	中长视频	短视频	直播	音频	问答
微博	微信公众号	小红书	西瓜视频	抖音	映客	喜马拉雅	知乎问答
	头条号		B站	快手	斗鱼	蜻蜓FM	百度知道
	百家号			视频号	花椒	企鹅FM	悟空问答
					一直播		
					虎牙直播		

图 1-7

需要说明的是，以上仅列举了部分常见的新媒体平台，大家可以根据自身需求自行搜索了解。类别的划分，仅按照当前平台上内容主要的呈现形式作为区分，不作为平台官方的战略定位，毕竟每个平台都在不断丰富和完善内容形态。

例如，抖音、快手、视频号，不仅是主流的短视频平台，还是重要的直播阵地，小红书不仅可以发种草笔记，还可以发布短视频和做直播。

2. 找到自己最舒服的位置

找到自己最舒服的位置，是保证可持续输出内容的基础。很多文笔好的创作者，可以写出一篇阅读量不错的公众号文章，但不一定能够拍出一个受观众喜欢的短视频。同样，在抖音拥有百万粉丝的短视频达人，公众号很可能账号粉丝不超过1万。

这里给新人一些建议：在新媒体内容创作前期，一定要找到自己最舒服的位置，再无限放大自己的优势，快速为自己的账号获取第一波种子用户，切勿盲目跟从。

例如，如果你本人并不擅长出镜，也不擅长拍摄，甚至不知道该如何剪辑视频，身边又没有专业的视频团队协助，那么，短视频平台即使热度再高，也绝不是你的首选。

3. 善于运用 ROI 做决策

同样的付出，在不同的平台，最终收获的结果，可能天差地别。我曾看到过一个多次被提及的问题："在预算有限的情况下，同时有很多平台需要运营，如何科学合理地分配资源和做出正确的决策？"

既然涉及投入，显然这个问题就已经不再是单纯的兴趣和喜好问题。内容创作者，需要善于运用 ROI，帮助自己做出理性的决策。

特别是在运营账号的初期，如果你擅长做短视频，投入成本低，产出效果好，那么就优先选择短视频。如果你更擅长写文章，又拥有一批忠实的读者，那么公众号才是你最好的运营阵地。

1.5 新媒体人必须具备哪些技能

业内流传过这样一个段子：

其实做新媒体很简单，只要你掌握了传播学、营销学、CRM 理论、4P 理论、市场调研、策略制定、推导创意、Concept、受众心理、整合营销、新媒体研究、社会化营销、微信传播、BBS、SNS、EDM、门户网站、户外广告资源、站台广告、机场广告、产品开发、交互设计、流程管理、报价策略、品牌洞察、渠道管理、供应商协调、谈判技巧、互动策略、客户关系维护、成本核算、大数据理论、PPT 制作、方案逻辑、平台运营、用户体验、Excel 数据库、电视投放策略、网站刊例、报刊专题策划、新闻采编访谈、软文撰写、产品文案、Social 文案、措辞修饰、Wording、格式、修辞、成语、歇后语、谐音、起承转合、结构调性、主题提炼、抠图、描边、勾勒、光影关系、透视、景深、构图、渐变、矢量、UI、渲染、滤镜、字体设计、插画、动画、多媒体制作、3D、Cinemagraph、HTML5、Canvas、数据库、前端开发、PHP、.Net、音频音效、Adobe Premiere、Final Cut Pro、Audition、视频拍摄、剪辑、特效制作、字幕、楼书、印刷厂打样、印刷单价、宣传别册、DM 设计、刀旗、易拉宝、模特资源、舞台搭建、舞美、音响灯光、机位、场馆、六度人脉理论、二次传播、热点营销、快速反应、效果评估、点击成本、访问人数、转化率、跳出率、下载转化、客单价、CPC、CPA、KPI、PS、AI、Sketch、LR、明星资源、KOL 库、税点、发票等，再加上多年的经验就差不多了。

虽然是一个段子，但也间接映射出了新媒体是一个综合能力很强的行业。

1.5.1 新媒体相关岗位职责和能力划分

准确地说，2010 年当大家开始逐渐关注到新媒体时，新媒体行业涉及的岗位并没有明确的界限和标准，各岗位的边界也相对模糊，大多数早期新媒体从业者，都一人身兼多职，甚至有很多企业的老板希望招一名新媒体人，来满足企业日常所有的新媒体传播需求。

时至今日，这种情况依然存在，仍有很大一部分企业，对新媒体人的职责存在着一定的误解。比较常见的就是，要求一个新媒体人负责所有平台的运营工作，包括从写稿排版到活动策划，从海报设计到视频剪辑，从账号运营到营销转化，甚至对生产爆款内容以达到全网刷屏的目标，也有一定的考核。

难道真的是这部分公司的老板完全不了解新媒体行业吗？当然不是，在我看来，如果你所在的公司出现了这种情况，真正的原因或许是公司对这部分的成本支出不知道该如何评估回报率，换句话说，就是公司根本不知道该如何衡量这部分产出的价值。这种矛盾也无形中加快了大家从"唯粉丝论"到"品效结合"观念转变的节奏，现在，越来越多的企业负责人，更加关注粉丝和流量背后的商业价值。

庆幸的是，经过多年的市场教育和沉淀，各企业对新媒体人才的需求已趋于理性，并且细分出了多个专职岗位。可以直观看到的是，现在绝大多数企业招聘时发出的岗位职责，已变得更加清晰。

下面仅根据岗位主要职责进行一些划分，以便让大家对新媒体团队各岗位人员当前主要的工作内容有更直观的了解，以及在接下来招人或面试时，可以更加清晰地知道，所需候选人应该具备哪种专业的能力。

根据当前新媒体环境和市场需求，相应的专职岗位大致可以分为 8 个方向，分别是编辑、策划、运营、编导、摄像、后期剪辑、主播、设计。

1. 新媒体编辑

近几年，随着微博、微信公众号、抖音、快手、视频号、知乎、小红书、B 站等以内容为中心的新媒体平台的兴起，市场对于新媒体内容生产相关岗位的人员需求也趋于火热，新媒体编辑作为内容的生产者，恰好能满足这方面的需求。

与传统编辑不同，一个优秀的新媒体编辑，不仅要对文字有很高的把控能力，还要可以驾驭各类新媒体平台的内容风格，产出符合账号人设和用户阅读喜好的优质内容，要对内容质量负责，同时需要具备赋能品牌建设、产品种草、粉丝促活等能力。服务平台对象侧重以图文类传播为主，例如微信公众号、小红书等。

新媒体编辑的核心能力模型如图 1-8 所示。

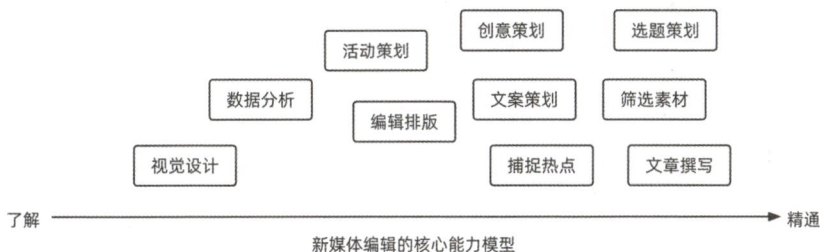

新媒体编辑的核心能力模型

图 1-8

2. 新媒体策划

一个刷屏案例的背后，一定离不开优秀的新媒体策划。

传统策划的主要工作一般围绕项目核心目标，从前期市场分析、竞品分析、用户分析、产品分析，到提出创意策略，匹配各种媒介资源，最终形成一个完整的项目方案。

新媒体策划在工作流程上与传统策划基本相同，但对于传播方式和渠道的选择会更有针对性，主要传播阵地是线上的各大新媒体平台，面向的受众是聚集在线上各社交平台的用户，通常需要通过调动用户情绪，吸引用户关注和参与互动，实现平台用户的自传播，以达到覆盖更多人群的目标。

总体来说，传统策划更注重策略的逻辑合理性，新媒体策划更注重别出心裁的创意脑洞。与新媒体运营和编辑相比，新媒体策划需要产出的应该是更感性的结果。

新媒体策划的核心能力模型如图 1-9 所示。

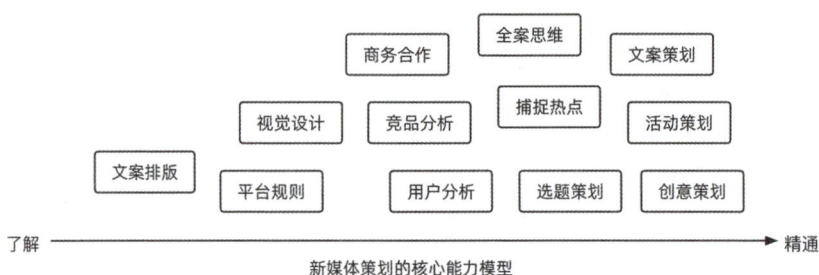

图 1-9

3. 新媒体运营

首先，可以肯定的是，运营是一个非常有发展前景的职业。当然，运营也是一个苦差事，至少目前我认识的大多数人都是这么认为的。运营具体可以细分为新媒体运营、产品运营、店铺运营、活动运营、用户运营、平台运营等。我们在这里侧重说一下新媒体运营，其主要工作是基于各大新媒体平台，通过各种运营手段，触达用户，完成拉新→促活→留存→转化→分享的全链路过程。

新媒体运营是一个相对全能的岗位，你甚至可以认为"新媒体运营都是全能型人才"。他们不仅需要熟知各平台的运营规则和用户行为喜好，同时要对各平台账号的粉丝增长、粉丝维护、内容运营、账号运营、达人合作、平台广告投放、活动策划、异业合作（蓝 V 联动、互转互推、资源置换）等负责。

根据运营的平台不同，新媒体运营可以进一步细分出：微博运营、微信运营、短视频运营、直播间运营、小红书运营、社群运营等。

新媒体运营的核心能力模型如图 1-10 所示。

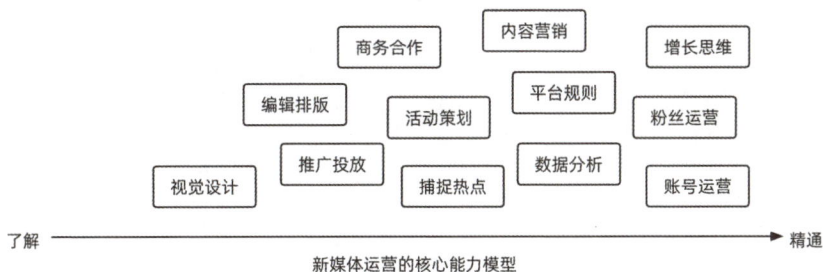

图 1-10

4. 短视频编导

从字面上理解，编导就是既能编又能导的复合型人才，以往多出现在电视节目和影视制作等团队中。近几年随着短视频的兴起，这里提到的编导更多指主要负责短视频平台（抖音、快手、视频号等）账号 IP 定位、视频选题策划、脚本输出，以及指导演员、摄像、后期完成作品产出的人。部分较完善的专业视频制作团队，可能有专职的编剧来提供视频脚本，但现实情况是大都由编导、运营或创作者自己负责。

作为视频作品最重要的策划者，短视频编导必须要具备的能力就是：要知道策划什么样的视频选题更匹配平台受众，如何通过内容设计提高完播率，如何将想法变成可传播的视频素材。

短视频编导的核心能力模型如图 1-11 所示。

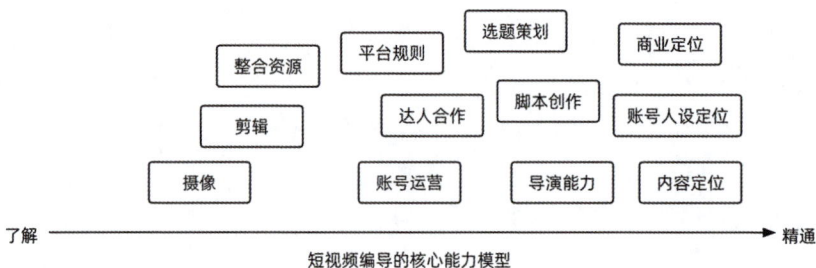

图 1-11

5. 视频摄像

视频摄像主要负责短视频的拍摄，以及与拍摄相关的工作。随着各平台直播带货的兴起，摄像的职责同样有所变化，通常还涉及直播间的设备搭建和摄像支持等。

摄像需要与编导深度合作，协助编导产出视频作品。一个优秀的短视频摄像，除了需要掌握各种专业拍摄技巧，还需要具备一定的视频剪辑能力。

为什么说一个优秀的视频摄像需要具备一定的视频剪辑能力呢？

主要基于两方面的考虑。

- 从视频作品的生产流程考虑：后期剪辑工作非常依赖摄像提供的视频拍摄素材。具有一定视频剪辑能力的摄像，可以在拍摄视频素材的过程中，知道哪些画面需要重点表现，配合编导或导演，有针对性地拍摄出作品所需的各种视频素材。
- 从团队配置和成本考虑：据了解，目前除了专注视频制作的服务商，很少有公司会为短视频团队单独配置专职的摄像岗位，一般摄像和后期都是由短视频运营或者编导兼职。如果你的短视频不仅对拍摄技巧要求非常高，而且视频需求量足够大，则很有必要为团队配置专职的摄像岗位。

视频摄像的核心能力模型如图 1-12 所示。

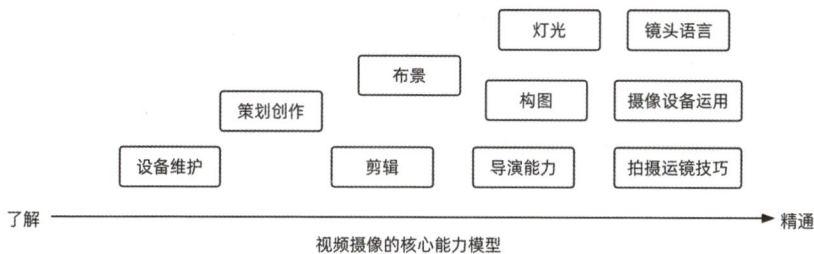

图 1-12

6. 后期剪辑

后期剪辑主要负责完成对视频素材的甄选镜头、调整画面、配音字幕、制作特效、渲染输出等专业工作。一个优秀的后期剪辑，除了需要掌握必备的专业剪辑能力，还需要拥有一定的创意想法和独立思考能力，这一点，在实际工作中的作用尤为明显，也是保证高效率、高质量产出视频作品的关键。

在短视频团队中，经常会遇到后期剪辑与编导，或者与运营出现争议的情况。很惭愧地说，这一情况，之前在我的团队就曾出现过两次，常见的问题有"谁来整理视频素材""后期剪辑感觉自己被孤立，没有参与感""编导觉得后期剪辑效率太低，无法产出自己需要的效果"等。

下面给大家一些建议，供参考：对于后期剪辑的定位，绝不能简单地定义成接收需求的一方，在工作流程上，后期剪辑虽然是视频生产流程的最后一个环节，但是，依然需要时刻与团队的每一位成员保持紧密沟通，并且积极参与前期的选题讨论。

后期剪辑的核心能力模型如图 1-13 所示。

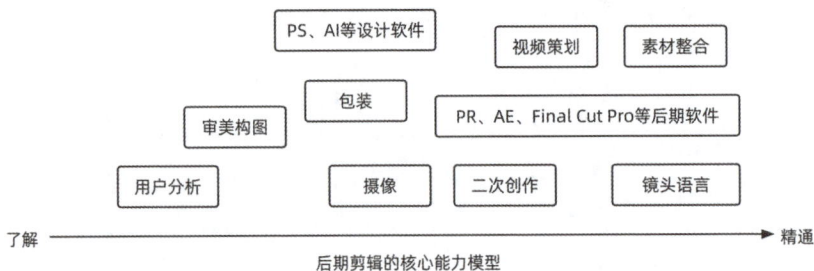

图 1-13

7. 带货主播

通常情况下，我们可以将主播分为娱乐主播（颜值、游戏、才艺等）、带货主播、新闻主播等，这里我们侧重聊一聊在当下备受关注的新职业——带货主播，也可以称之为"好物推荐官"。

直播带货崛起于 2019 年，爆发于 2020 年，一直到现在依然热度不减。带货已经成为传统电商突围和零售数字化转型的重要渠道，而带货主播则是直播带货团队架构中，必不可少的核心角色，其核心就是带货。带货主播更像线上的直播销售员，主要职责是在直播间里向观众介绍所售卖的产品，用专业的促单话术，引导用户下单，同时与直播间的在线观众互动交流。

一个好的带货主播，一定有着属于自己的差异化直播风格和特定人设。人设，是主播与粉丝建立信任的关键；而信任，则是转化下单的基础。对于"如何为带货主播打造鲜明人设"这个问题，我会在直播带货的章节和大家探讨交流。

带货主播的核心能力模型如图 1-14 所示。

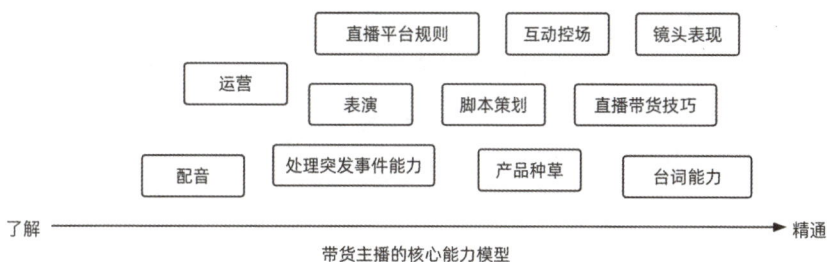

图 1-14

在一个新媒体团队中不得不提及比较特殊的岗位——设计。新媒体视觉设计这个岗位，在企业 HR 的传统认知里，不应该放在新媒体团队架构中，但是从工作需求上考虑，新媒体又和设计几乎密不可分。

下一节是我对视觉设计与新媒体传播之间的一些关联性思考。（你觉得新媒体团队是否需要安排设计的岗位？欢迎关注我，我们一起探讨交流。）

1.5.2　论视觉传达在新媒体传播环节的重要性

对于新媒体团队是否需要配备专业的设计人员，业内一直存在着一些争议。

每一张创意巧妙的热点海报和条漫长图，在被呈现出来之前，一定离不开一个优秀设计师的支持。特别是一些对视觉传达要求较高的新媒体团队，都额外配备了新媒体设计师或插画师职位。对于这样的团队，新媒体平台输出的每一张图片、海报都代表着品牌形象。显然，这些重要的视觉物料，不能仅仅依靠一个新媒体运营去兼职完成。

如果你所在的团队日常输出的内容，主要以条漫、海报等视觉物料为主，同时，公司非常重视是否及时产出了紧跟热点的创意海报，以及品牌对外的视觉传达，那么，你的新媒体团队拥有自己专属的设计师，就显得非常有必要。好处在于，团队拥有自己专属的设计师，既可以配合新媒体运营或新媒体策划及时跟进热点输出借势海报或者创意条漫等视觉物料，又可以避免运营在编辑新媒体内容时使用的配图是侵权图片。提到侵权，相信很多从业多年的新媒体人都接到过图片侵权律师函。

永远不要试图将全部的设计需求都丢给设计部，即使你和设计部老大关系再好，也不要这样做。众所周知，新媒体最常用的营销手段之一就是借势，而影响借势营销效果最重要的因素之一就是抢时效。在职场工作多年的朋友都知道，只要涉及跨部门协作的需求，一般都很难被及时解决，偶尔几次可以，经常强行插队借人，恐怕有很大的概率会被拉进黑名单，毕竟设计部要承接和解决的是整个公司的设计需求。

提到借势，很多人第一时间会想到杜蕾斯。每逢热点节日，必定会出现杜蕾斯创意海报的身影，甚至带起了一波各品牌间彼此比拼借势海报的创意和响应速度的热潮，对外传达的信息仿佛就是，在某个可预知的节日热点（例如春节、元旦、情人节等），或者某个突发的全民热点出现时，你的新媒体部门如果不能及时扔出一张供大家传播的借势海报，那就是不称职。杜蕾斯在营销圈内能达成这种效果，除了创意，不能说没有设计的功劳。

在我的团队架构中一直都留有设计的位置，有的设计的工作职责是配合策划解决微信公众号日常创意条漫的设计需求，有的设计的工作职责是解决短视频二次元IP 视频素材的制作需求，有的则是为了及时解决借势热点海报的设计需求，以及日常内容和活动运营对视觉物料的高频需求。

例如，我在小米科技带队负责小米手机新媒体业务期间，同样在团队中安排了专属的优秀设计师。以往大家说到小米手机时，经常会提及"高性价比"这个词，而如今用户对小米手机的认知，已然多了一个"高端机"的标签，甚至有部分旗舰机型被用户和媒体称为"安卓之光"。能实现这样的转变，小米手机除了在产品性能和品质上不断提升，市场部通过新媒体在对外传达产品信息时，同样需要符合高端化战略定位。在团队中安排设计的目的就在于，他们可以在将产品功能、亮点、调性、定位，以及人设的情感等不可视的信息，转化成可视的视觉物料，再通过增加符合社交平台传播属性的元素和文字，将所想表达的信息，通过小米手机的新媒体账号准确地传达给受众粉丝。

第 2 章

"0 基础玩转抖音、快手、视频号"：短视频平台运营实操

2.1 如何做好短视频的账号定位

短视频的账号定位主要可以分为目标受众定位、内容定位、商业定位。这三个定位，将决定你所运营的短视频账号的最终商业价值。

短视频账号定位示意图如图 2-1 所示。

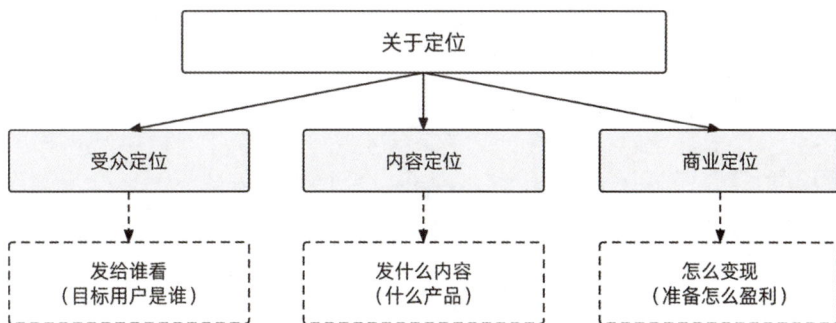

```
┌─────────────────────────┐
│        关于定位          │
└─────────────────────────┘
     ↓        ↓        ↓
┌────────┐ ┌────────┐ ┌────────┐
│ 受众定位 │ │ 内容定位 │ │ 商业定位 │
└────────┘ └────────┘ └────────┘
     ┊        ┊        ┊
┌──────────┐┌──────────┐┌──────────┐
│  发给谁看  ││ 发什么内容 ││  怎么变现  │
│(目标用户是谁)││(什么产品) ││(准备怎么盈利)│
└──────────┘└──────────┘└──────────┘
```

图 2-1

2.1.1 如何对账号进行受众定位

"受众定位"在这里的含义等同于"用户定位、人群定位"，目的就是要清晰地知道，我们的用户到底是谁？每一个专业的新媒体人，在运营初期制定账号运营策略时，都需要对目标受众进行调研和充分了解，不仅仅包括用户性别、年龄和地域，同时要分析出用户的兴趣偏好、可能感兴趣的高频话题，以及经常关注的同领域账号等。

根据运营的账号注册主体不同，在做受众定位时分以下两种情况。

- **企业账号**：简称蓝 V 账号，这类账号的目标受众一般由产品本身决定，所以可以优先从产品切入，对受众人群进行分析。例如，你的产品提供月嫂、育儿嫂等家政服务，那么你的账号目标受众就应该侧重一二线城市，80 后、90后、00 后的宝妈群体。

- **个人账号**：对于个人创作者来说，在账号运营初期，一定要明确哪部分人群是自己最需要触达和最想吸引关注的，这对于接下来确定账号的盈利模式至关重要。当你的账号拥有了一定体量的精准粉丝，也就为变现提供了无限的可能性。而对于这部分目标受众来说，你能提供什么有价值的内容，则是他们最关注的问题。这里提到的"有价值"，可以是提供话题谈资、干货知识，也可以是提供搞笑的欢乐，等等。

1）跳出"唯粉丝论"的误区

如果你是行业新人，准备做一个自己的短视频账号，我的建议是：一定要跳出"唯粉丝论"的误区。在短视频行业里非常普遍的情况是，100万泛粉丝账号的变现能力，比不上10万精准粉丝账号的变现能力。

例如，一个拥有100万粉丝的影视剪辑类短视频账号，几乎没有太多变现的可能，甚至有可能涉及侵权。而一个拥有10万精准宝妈粉丝的母婴类短视频账号，商家想付费合作推广的需求几乎天天排满。特别是在带货一些客单价高的产品时，账号拥有的粉丝越精准，转化效果越好。之前我和一些甲方朋友交流过品牌方在投放广告时的选号逻辑，最终得出的结论是，他们更倾向于选择垂直领域的精准达人账号，而不是泛娱乐类达人账号。

2）粉丝量的高低，已不再是衡量账号商业价值的唯一标准

如何保证账号内容生产的可持续性？如何快速获得收益？这两个问题对于刚入行的新人来说至关重要，需要仔细思考。

2.1.2 如何确定账号的内容定位

内容定位的基本原则：生产用户感兴趣的内容，而不是自己觉得好的内容。

内容定位主要是为了解决账号持续生产什么内容的问题。专业的内容创作者和普通大众发视频最大的区别在于：前者发布的视频内容，是有目标、有计划、可持续性的，用户喜欢什么，自己就生产什么；而后者发布的视频内容，大都根据心情而定，并不需要什么规律，也没有持续性的规划，自己喜欢什么，就发什么。

市场上，那些已成功变现的短视频大号，在内容创作方向上，都有着清晰的属于自己的内容定位，并非什么话题火，自己就要发什么内容。同理，热门领域赛道并不一定适合所有人，选择在适合的垂直领域持续创作内容，比盲目跟风更重要。

为什么说创作用户感兴趣的内容，比内容本身更重要？

举一个例子。

之前做过一组测试，同样是知识分享领域，A 组测试和 B 组测试如下所示。

- A 组测试：教大家如何进行职业规划。内容很专业，PPT+思维导图+专业术语解读，应有尽有，确实可以称之为实用的干货内容。
- B 组测试：告诉大家一个轻松月入 10 万元的挣钱方法。内容通俗易懂，人人都可习得，但几乎都是一些无法落地的可有可无的信息。

同一账号，在发布时间和展示时长等数据一致的情况下，A 组最终的视频播放量为 52 万，而 B 组的视频播放量约是 A 组视频播放量的 3.5 倍，达到了 186 万，其他各项互动数据也明显高于 A 组。

- A 组：从创作者角度出发，因为觉得职业规划很重要，想分享自认为很有价值的干货内容给用户。
- B 组：从用户角度出发，一步到位，对于观众来说，掌握赚钱的方法远比研究职业规划更为重要。

很多想做知识分享类账号的创作者，账号规模一直做不起来，还有一个最重要的原因，就是用错了表达方式。

千万不要把传道授业解惑的观念，带入短视频场景中，正确的表达方式应该是"**拒绝说教，寓教于乐**"。学习本就是一种"反人性"的行为，别让观众把看视频当作一种负担，适当地把表达方式换成朋友之间的日常交流，或许会有意想不到的收获。

内容定位的万能公式：细分赛道+表现形式。

1. 细分赛道

短视频平台有很多热门赛道，热门不仅代表着流量，也代表着激烈的竞争。并不是每一个人都适合选择热门赛道，特别是对于大多数没有资本光环加持的创作新人来说。

选对短视频赛道，意味着就已经成功了一半。要优先选择适合自己的赛道，小众的垂直领域账号同样有很强的变现能力。

在这里分享 10 个热度高、好变现的垂直赛道，分别是搞笑、情感、生活、颜值、美妆、美食、母婴、知识、三农、户外。

搞笑：具备受众范围广、易出热门爆款等特点，内容创作方向以搞笑剧情类居多。例如，"疯产姐妹""陈翔六点半""疯狂小杨哥"。

情感：具备受众范围广等特点，内容创作方向一般可以细分为剧情演绎、恋爱情感分析、婚姻情感分析、家庭情感分析、星座情感分析、心理情感分析、人生感悟等。例如，"一禅小和尚""姜十七"。

生活：目前在短视频平台最常见的创作领域就是生活类，这类视频最大的特点就是真实、有代入感、好变现，一般不需要刻意准备拍摄脚本。内容创作方向主要包括记录日常生活、分享生活感悟和生活小妙招等。

颜值："颜值即正义""流量密码"常常形容的就是颜值类达人账号，这类视频出镜的达人一般颜值出众、气质佳，内容通常围绕制造热梗、跟拍热梗。

美妆：时尚美妆领域一直都是一个非常容易变现的热门赛道，当然内部竞争也相当激烈，成为头部账号很难，但是掌握正确的方式，站稳中腰部位置还是比较容易实现的，内容创作方向包括美妆教程、种草、测评、变装等。

美食：具备受众范围广、入行门槛低、变现能力强等特点，内容创作方向可以细分为同城探店打卡、美食教程、测评试吃等。其中，美食教程又可以细分为家常美食、地方特色美食、中餐美食、西餐美食等。例如，抖音账号"麻辣德子""安秋金"。

母婴：与美妆一样，几乎是公认的最容易变现的热门赛道，内容创作方向可以细分为记录萌娃日常、母婴育儿经验分享、母婴好物测评等。

知识：这一领域的账号通常都通过简短几十秒或者 1 分钟左右的短视频，与用户分享相关领域的干货知识。内容创作方向可以细分为财经、职场、医学、文学、语言、美术、音乐、认知等。例如，"李叔凡律师""仙鹤大叔张文鹤"。

三农：一般以乡村生活纪实居多，内容创作方向可以细分为农村生活纪实、农村旅游、农村美食等。例如，"李子柒""张同学"。

户外：户外领域的内容创作属于相对小众的垂直赛道，具备粉丝黏性高、转化率高的特点。创作方向可以细分为户外垂钓、户外旅游、户外唱歌等。例如，以分享户外钓鱼剧情相关内容为主的账号"天元邓刚"。

2. 表现形式

在确定了细分赛道之后，接下来需要做的就是确定表现形式，这一选择会直接影响视频制作成本。短视频表现形式根据最终呈现效果、制作成本、前期脚本策划，以及后期剪辑难易程度等，主要可以分为 4 类，分别是剧情类、口播类、VLOG 类和特效类。

大家可以参考以下对这 4 类短视频表现形式的相关介绍，再结合自身情况和优劣势分析，选择最适合自己的即可。

剧情类：拍摄成本高，由于剧情类短视频在生产过程中涉及视频脚本、出镜演员、拍摄场地、专业的摄像和后期剪辑等资源支持，所以更适合资源配置完善的专业视频团队。根据垂直领域不同，一般可以分为搞笑剧情、情感剧情、职场剧情、科普短剧等。例如，抖音账号"四平警事""陈翔六点半"。

口播类：拍摄成本低，一般一个人就可以独立完成内容创作。具备出片快、后期工作量小、不需要额外找演员等明显优势。这里提到的口播类短视频，主要指创作者通过分享经验、知识、观点等作为短视频选题和脚本，以个人自拍、采访对话、演说，或者通过后期配音的形式呈现视频作品。口播类短视频适合于商业、财经、情感、教育、励志等偏口述表达类的内容创作领域。

VLOG 类：严格来说 VLOG 类短视频的制作成本并不低，最早兴起于 YouTube 平台，VLOG 类短视频强调的是通过更加真实、自然的方式，记录和分享达人的日常生活，这也决定了达人自己就是视频的主角，而每一个 VLOG 类作品的制作过程，通常都需要用到大量的创作素材，然后由专业的后期剪辑对素材进行拼接。相对抖音、快手上搞笑类、剧情类的短视频来说，一个具有传播力的 VLOG 短视频，虽然不需要达人自己按照视频脚本刻意"表演"，但对其个人的感染力、镜头表现力、后期剪辑能力要求更高。目前短视频平台上出现的大多数 VLOG

类短视频，为了达到出片快的效果，创作者一般不会对所需拍摄的视频刻意策划包装，所以也就呈现了"轻剧本策划，轻后期制作"的特点。VLOG 类短视频适用于数码、美食、旅行、生活、时尚等内容方向的创作。例如，旅游 VLOG、生活 VLOG 等。

特效类：属于技术流派，同领域内竞争小、易做出差异化，但制作成本和门槛相对较高，一般对后期剪辑和特效合成有较高的技术要求。常见的形式有虚拟 IP、二次元、真人+特效组合等。例如，抖音账号"柳夜熙"。

2.1.3 如何给账号进行商业定位

商业定位的核心就是确定运营的最终目标，解决如何变现的问题。根据账号类型不同，可以分为企业账号商业定位和个人账号商业定位，下面针对这两种账号类型分别展开分析。

企业账号商业定位：根据需求和目标不同，又可以拆分出"品牌宣传"和"获客转化"两个不同的定位方向。商业定位以"品牌宣传"为主的短视频账号，运营策略应侧重品牌曝光、塑造品牌形象、价值观输出、占领用户心智等；商业定位以"获客转化"为目标的账号，运营策略应侧重用户增长、产品种草、产品转化等。

个人账号商业定位：相对没那么复杂，简单来说就是你的账号准备怎么变现，想通过什么方式获得收益。

个人短视频账号变现方式主要包括 5 类，分别是广告收益、带货收益、直播打赏收益、平台任务收益和知识付费，如图 2-2 所示。

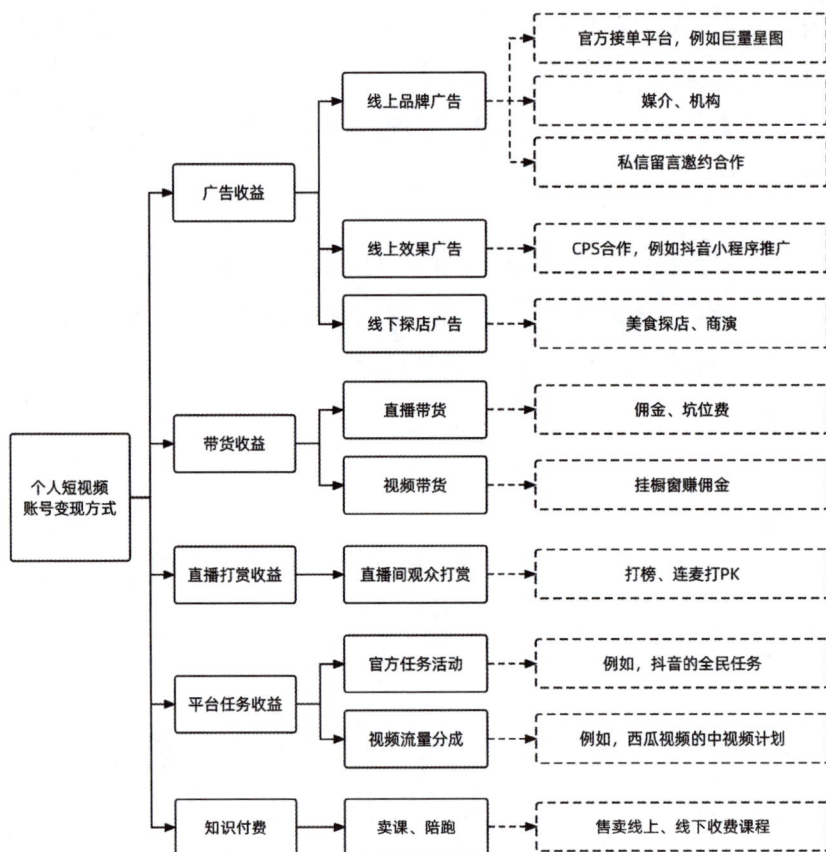

图 2-2

1. 广告收益

广告收益又可以分为线上的品牌广告收益和效果广告收益，以及线下的探店广告收益。

1）线上的品牌广告收益

线上的品牌广告收益也就是通常大家所说的通过抖音巨量星图任务平台接广告的收益，巨量星图是字节跳动官方的优质创作者一站式服务平台。快手平台，同样为创作者提供了可以接广告的官方任务平台磁力聚星。

2）线上的效果广告收益

达人一般通过 CPS、CPL 等形式，与需求方达成效果类广告合作。达人通过个人账号的影响力，将收集到的线索以收费的形式提供给合作方，然后获取对应的线索收益；或者通过引导用户下载、注册某 APP 获得收益。

3）线下的探店广告收益

一般多见于同城本地的商家邀约达人探店打卡，或者出席商演活动，这部分商家会向被邀约的网红达人支付一定的广告费用。

2. 带货收益

带货一般可以分为视频带货和直播带货两种形式。

1）视频带货

视频带货是指通过在发布的短视频内容下方挂产品橱窗的形式，进行推广带货。视频被观看的人数越多，橱窗产品曝光量也就越高，最终产品成交额也就越高。

2）直播带货

直播带货时主播通过在直播间里售卖商品的方式获取收益。具体细节见第 3 章直播带货的相关内容，这里暂且不做过多分析。

3. 直播打赏收益

直播打赏收益主要指的是主播通过粉丝在直播间刷礼物获得的收益。以抖音为例，主播在直播间与粉丝互动时，通常有一部分粉丝为了表示对主播的喜欢和支持，会选择在平台充值购买直播间礼物，然后通过在直播间刷礼物的形式打赏主播。主播在收到粉丝打赏的礼物后就会获得平台的音浪，而这部分音浪可以用来转换成现金进行提现。

这里插入一个很有意思的关于打赏的话题："为什么我们经常会看到，某网红直播间榜一大哥豪刷百万元打赏，榜一是怎么想的？"

这是前段时间在和几个朋友一起吃饭时，一个非同行好友提出的问题，这个问题相信很多朋友都感兴趣。其实打赏背后的逻辑很简单，如大家猜测的一样，有目的是肯定的。有的是"单纯"地欣赏主播，有的是为了蹭网红主播的热度，借势宣传自己的账号。绝大多数情况，榜一账号都是 MCN 公司的相关工作人员或老板，既可能是不同的 MCN 公司彼此合作，相互配合打赏，也可能是与网红相关的 MCN 公司的自我打赏。这样操作可以带来的好处无外乎以下几点：

- 获取平台特殊权益；
- 获得更有优势的分成比例；
- 为签约达人造人气造热度；
- 为账号引流；
- 利用羊群效应收割路人打赏，从而获取更多收益等。

可以将直播打赏理解为一种非标的推广行为，只要测出 ROI，最终获得的综合效果很可能远高于常规的推广投放。

4. 平台任务收益

创作者可以通过参与平台发起的活动任务，瓜分活动奖金而获取收益。例如，抖音的全民任务或者通过参与中长视频创作者扶持计划等方式，获取平台补贴和视频流量分成。

5. 知识付费

知识付费是指通过短视频平台售卖视频课程、资料、服务等获取对应的收益，俗称"卖课"。常见的知识付费类视频课程有健身教学课程、办公技巧课程、短视频创作课程、思维训练课程、少儿美术课程、英语教学课程等。如果你有知识、有课程，那么通过知识付费获取收益，对于你来说或许是当下最适合的短视频变现方式。

2.2 如何从 0 到 1 打造千万级超级 IP 人设

2.2.1 打造超级 IP 人设的万能公式

打造 IP 人设就是一个不断为自己贴标签，与用户建立信任关系的过程。有鲜明的人设标签会让个人 IP 账号更有辨识度，并且有助于获得更多用户的关注和认同。

基础的 IP 人设一般至少需要包括三个维度的信息，分别是身份、人格和专长。

- **身份**：打造身份的标签至关重要，其作用是让大家可以清晰地知道你是谁，同时可以让关注你的用户，在和身边好友交流分享时，能够一句话说清楚你是谁。例如，身份标签可以是医生、律师、健身教练、育儿专家、歌手、演员、学霸等。身份越特殊，越容易被关注。
- **人格**：这里所说的人格主要包括人物设定的性格、情绪、情感等。人设情感越丰富，人格魅力就越大；人格魅力越大，就越容易吸引用户的关注。
- **专长**：专长指你所擅长的专业领域、兴趣喜好。例如，擅长唱歌、跳舞、主持、编曲、拍照、健身、厨艺、穿搭、化妆、情感、搞笑等。每一个擅长的专业领域都是你的独特标签。

换个角度来看，这几点其实和现实生活中，男女生在初次见面自我介绍时，彼此所关注的重点很像，大家都会通过简单的交流，让对方掌握自己的基本信息。首先你要让对方清晰地知道：你是谁？平时喜欢做些什么？有什么特长或喜好……甚至能够让对方感受到你的性格如何？三观怎样？这些信息将会构成你的人设，成为对方决定是否要和你继续交往的基础。

在此基础之上，你有哪些优势和特别之处可以成功吸引住对方，让对方记住你，甚至产生强烈的好感，这将是对方是否愿意继续和你保持长期交往的关键。而这些优势和特别之处，其实就是我们常说的"差异化"，也是你超越其他人的最重要的亮点和关键点。

想将普通 IP 人设，成功打造成一个超级 IP，同样需要具备一个最重要的关键点——差异化。

有鲜明差异化的 IP 人设，可以让大家清晰地知道你与其他达人有什么明显的不同，能让你的人设更有辨识度，更容易被记忆。

超级 IP 人设万能公式：差异化+身份+人格+专长。

我们为什么要特别强调差异化这个概念呢？从市场竞争的角度来看，差异化是一种竞争策略。只有在市场竞争中实现差异化，才能创造出竞争优势，从而使自己的产品从众多竞品中脱颖而出，走到最后。

差异化，实际上是"特点+记忆点"的结合体。

没有差异化特点的 IP 人设，很难被大家所关注，同样，也很难被大家想起和提及，自然更不可能成为超级 IP。

对短视频平台来说，最不缺的就是普通创作者。想从众多创作者中脱颖而出，行之有效的，最快捷的方式就是从差异化角度切入，无限放大自身优势，或将其做到极致，或另辟蹊径，做到真正与众不同，以此快速占领用户心智。

2.2.2 如何为自己的 IP 人设制造差异化

关于"如何为自己的 IP 人设制造差异化"这个话题，我们可以从"前期挖掘优势"和"后期策划包装"两个方向展开分析，如图 2-3 所示。

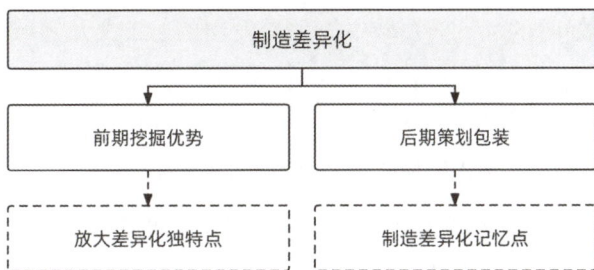

图 2-3

下面，我们聊一聊具体该如何操作。

1. 从前期挖掘优势出发

主动寻找和放大自身独特的差异化特点，具体可以遵循"人无我有，人有我优，人优我特，人特我专"16 字基本原则。

- **人无我有**：别人没有的，我们抢先拥有，抢占先机，比别人更新颖；
- **人有我优**：别人有的，我们也要有，在此基础上进行优化，要比别人更优质；
- **人优我特**：别人侧重优质时，我们在此基础上，另辟蹊径，做到足够独特和与众不同，比别人更有特色；
- **人特我专**：别人侧重特色时，我们就选择做到极致，比别人更专注。

如何通过"人无我有，人有我优，人优我特，人特我专"16 字基本原则，放大 IP 人设独特的差异化特点呢？

具体来说，就是在对 IP 人设定位的过程中，拒绝盲目跟风和完全模仿他人。定位与众不同的 IP 人设，策划生产比别人更有新意、更有特色的观点和内容，将是制造差异化和从众多创作者中脱颖而出的关键。

例如，你的人设定位可以是美食领域中最会砍价的、教育领域中颜值最高的、颜值领域中唱歌最好听的、手工领域中作品最没用的、二次元领域中最懂人生哲理的、三农领域中拍情景剧最用心的……

下面，我们以抖音账号"张同学"为例，当大家都在说抖音头部达人已经饱和，很难再起新的大号时，就是这样一个看上去很普通的账号，在 2021 年年底迅速走红，从 0 到 1，仅用了两个月时间涨粉千万以上，"张同学"算得上一个现象级爆红 IP。在账号的定位上，当大家都选择拍搞笑段子、颜值变装、美食教程等易上热门、流量高的领域时，"张同学"选择了创作者相对较少的三农领域，以分享自己在乡村生活的日常为题材，而这也正是平台重点扶持的领域。

在定位和选题确定后，接下来要解决的问题就是如何产出与同领域其他创作达人作品不同且更有新意的优质视频。通过分析他的视频作品可以看出，他选择了在视频策划和视频制作上发力，注重视频分镜脚本的设计，每个视频几乎都运用了大量的分镜，且镜头衔接非常专业，不拖沓，同时增加了表现怀旧情怀的信息元素，以达到引起观众共鸣的效果。视频整体呈现一种真实感，让观众隔着屏幕就可以感受到乡村质朴的生活气息。看到这里可能有人会说，他的爆火，背后一定有平台在推，因为恰好那段时间，相关领域的"李子柒"账号因某种原因停止更新，市场急需一个新的 IP 账号。当然对于这种猜测，我并不否认。但在我看来，"张同学"之所以可以从平台上的众多优质作者中脱颖而出，最核心的原因是在视频的设计上，形成了自己独特的风格，极具辨识度。在视频制作环节的把控上，他拥有自己标准化的制作流程，不仅可以降低视频制作成本，同时保证了爆款视频的输出质量。借助这些持续产出的爆款视频，"张同学"成功为自己的 IP 人设打上了"三农领域代言人"的差异化标签。在这之后，我们可以看到他的视频风格和特点，被其他创作达人争相效仿。甚至有网友对他的视频进行了拆解分析，发现其中一段仅 7 分钟的视频，运镜就有 290 多次，普通的个人很难独立完成，网友纷纷质疑其背后有专业的团队操盘。他以此为选题，通过一期视频揭秘了自己一个人创作视频的全过程，利用短视频相关的专业经验，从创意策划到设计分镜脚本、从专业的素材拍摄到后期剪辑出片，每一个环节都从专业的角度融入了个人特色，成功构建了"张同学"这个 IP 的内容壁垒，很难说这不是另一种通过极致打造差异化的体现。

同样，我们可以思考一下超级 IP 刘畊宏、垫底辣孩等，他们成功的背后，IP 人设是否同样具备独特的差异化？

2. 从后期策划包装出发

通过后期，主动制造差异化的记忆点。例如，你可以通过为自己的短视频作品设计一个超级符号，强化个人 IP 人设的辨识度。

如何通过设计超级符号制造差异化的记忆点？

掌握以下设计超级符号的 5 个维度，可以快速打造差异化记忆点，使你的 IP 人设更有辨识度和持续吸粉的能力，如图 2-4 所示。

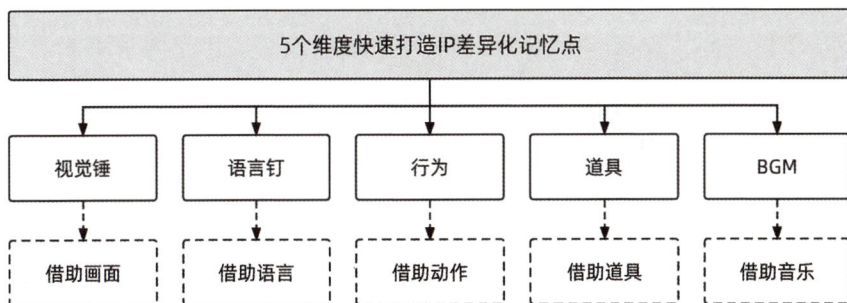

图 2-4

1）视觉锤

在营销战略中，你如果想给你的用户留下深刻的印象，就需要涉及"品牌定位"，也就是占领用户心智。而"品牌定位"通常都是通过语言表达（语言钉）的方式，将品牌差异化卖点植入用户心智。关于这一点，美国公认的新一代营销战略大师劳拉·里斯认为，将"语言钉"钉入潜在顾客心智的最佳方法，就是借助一个"视觉锤"。

"视觉锤"可以快速帮助品牌建立视觉上的优势。简单来说，就是形成视觉上的记忆点，通常会用在品牌 Logo 的设计上。一个好的 Logo 在表达品牌差异化方面，将会发挥非常重要的作用。例如，互联网大厂的那些动物园 Logo：百度 Logo 的熊爪、美团 Logo 的袋鼠、京东 Logo 的金属狗、天猫 Logo 的黑猫等，每一个 Logo 都是品牌被用户差异化记忆的超级符号。

在短视频领域，我们可以把"视觉锤"理解为帮助用户对短视频账号的 IP 人设进行识别的视觉非语言类信息。"视觉锤"可以通过对用户视觉产生刺激，强化个人 IP 的差异化记忆点，从而吸引用户的注意力，形成用户认知。

2）语言钉

"语言钉"就是用语言的形式来表达品牌定位，传播差异化特点。例如，品牌 Slogan、广告文案、金句语录等。这里侧重聊一下 Slogan，在短视频领域提到的 Slogan，主要指的是为你的个人 IP 设计一句符合人设定位的经典金句，并添加到所有视频脚本中。通过在后续发布的短视频作品中反复出现，不断触达观众，加深观众的记忆，使其成为 IP 人设的差异化记忆点。

我们先来看几组大家熟知的品牌 Slogan。

● **溜溜梅**："你没事儿吧，你没事儿吧，没事儿就吃溜溜梅"；

- **农夫山泉**："农夫山泉有点甜"；
- **六个核桃**："经常用脑，多喝六个核桃"；
- **特仑苏**："不是所有牛奶都叫特仑苏"。

每一个 Slogan 都是用简单、易懂、口语化的形式，向目标用户清晰地传达自己品牌或产品的差异化定位。

我们再来看几组在短视频场景中经常出现的 Slogan。

- papi 酱："我是 papi 酱，一个集美貌与才华于一身的女子"；
- 老宋的微醺 23 点："好酒莫贪杯，微醺胜买醉"；
- 设计师阿爽："我是阿爽，爱设计超过爱男人"；
- 李叔凡律师："法律无非柴米油盐，关注叔凡给您说法"。

综上，我们可以总结如下。

设计一句好的 Slogan 需要同时符合 3 个标准：定位清晰、简短易记、好读易懂。

这 3 个标准不仅适用于企业品牌 Slogan，同样适用于短视频。区别在于，前者侧重表达企业的品牌定位和产品定位，后者侧重表达账号的个人品牌和人设定位。两者在本质上都是强调差异化的体现。所以，大家在策划短视频账号人设金句或 Slogan 时，需要尽量同时满足"定位清晰、简短易记、好读易懂"3 个标准。

如何为短视频个人 IP 策划一句经典的 Slogan？

这里分享 3 个比较实用的方法，或许你会用得上。这里我们还是用上面提到的案例辅助介绍，以便大家更好理解。

（1）制造场景+动作指令：例如，"你没事儿吧，你没事儿吧，没事儿就吃溜溜梅""经常用脑，多喝六个核桃"。

（2）表明身份+价值主张：例如，"农夫山泉有点甜""我是 papi 酱，一个集美貌与才华于一身的女子""我是阿爽，爱设计超过爱男人"，这几个都属于价值主张式 Slogan。

（3）价值主张+动作指令：例如，"法律无非柴米油盐，关注叔凡给您说法"。

3）行为

设计一个专属的招牌动作，并固定下来，反复地、重复地在接下来的视频作品中出现，使其成为大家最期待看到的画面。

4）道具

在短视频作品中适当植入道具，不仅可以渲染气氛，推动情节发展，还可以成为记忆点，帮助用户加深对人物的记忆。例如，一把扇子、一顶假发、一个面具、一顶帽子、一副墨镜、一身亮眼的服装等都可以成为用户的记忆点。值得注意的是，在道具的选择上应尽量保证足够有特色和辨识度，道具越夸张，效果越明显。

5）BGM

选择一段适合自己人设的 BGM（背景音乐），并固定下来作为自己视频内容的常用 BGM。对于短视频来说，BGM 就是内容的灵魂，好的 BGM 不仅可以有效地控制用户的情绪，还可以成为 IP 的记忆点。

我们先以影视剧作品为例，当经典人物出场时，往往都会配有专属的 BGM，也就是大家常说的"自带 BGM"。例如，在电影《夏洛特烦恼》中，当尹正饰演的袁华出场时，通常都会响起《一剪梅》作为背景音乐，以至于在很长的一段时间内，我只要听到《一剪梅》的旋律，就会想起袁华出场的画面。

当然，这一点同样适用于短视频领域。2021 年年底抖音账号"张同学"，在个人

IP 迅速走红的同时，还带火了作品中常用的 BGM《Aloha Heja He》，不仅"张同学"的视频多次上了热门，与其相关的"张同学视频 BGM 是什么歌"在当时也一度成了热门话题，显然 BGM《Aloha Heja He》已经成了他的 IP 记忆点。还有抖音常用的超魔性 BGM《猪突猛进》，当你听到这个背景音乐时，相信你一定会想起某位短视频领域的超级 IP，不妨现在就试听一下，看看效果是否真的如此。

2.3　抖音短视频推荐算法与内容传播规律

2.3.1　抖音短视频流量推荐规律

对于一个新媒体内容创作者来说，了解平台规则，不仅可以有效提高运营效率，同时能规避不必要的风险。

以下，仅以抖音短视频推流规则为例。

首先，创作者需要通过移动端抖音 APP，或者在 PC 端创作者中心，上传高清版的视频文件。在上传成功后，视频会进入系统审核阶段，通过初审的视频，平台会推荐少量的基础流量进行测试和收集观众反馈，再通过对视频反馈的完播率、互动率等数据，分析出视频质量，并判定该视频是否需要进行下一步的流量叠加推荐。一般到最后的环节，都会由人工参与复审并深挖优质内容，给予优质的视频作品更多流量。至此，也就是行业内大家所说的视频上了大热门。

对于刚开始尝试运营短视频的新人来说，在运营前期，由于并不了解抖音平台对视频作品的各项审核规则，经常会出现视频在成功上传后，过了很长一段时间，却发现播放量仅有几十，甚至零的情况。如果你刚好遇到了类似的情况，可以尝试通过在抖音 APP 设置中找到"创作者中心"，选择"账号检测"，通过官方系统分析出视频不被推荐的具体原因，然后根据提示修改并重新上传视频即可。

具体可以参考抖音短视频作品推流规律示意图，如图 2-5 所示。

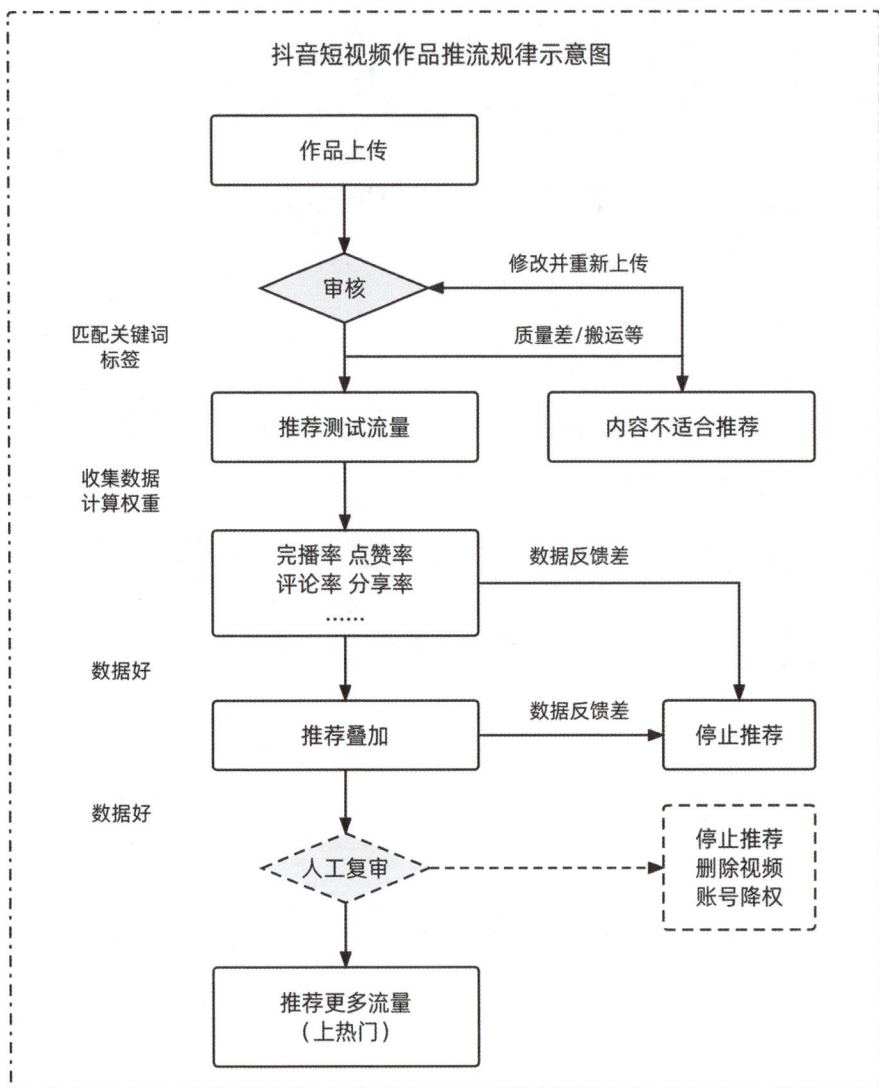

图 2-5

2.3.2　抖音短视频话题内容生产与传播规律

PUGC+PGC+UGC 三种模式协同造势，共建抖音热门话题内容。

这部分内容，我们以具有代表性的"抖音挑战赛"为例，一起来分析一下抖音挑战赛背后的传播规律。一场抖音挑战赛，通常的运作模式都是由职业内容创作者发起，首发一个热门挑战视频，然后被部分有一定粉丝基数的专业视频创作者"发现"，并以此为题材参与创作挑战，再一次引爆话题。而每个专业创作者在作品发布后，又会影响各自账号的粉丝，并吸引更多的普通用户，参与视频创作，这部分粉丝和普通用户既是内容的浏览者，又是内容的创作者，至此全面爆发形成多圈层扩散传播趋势。

如果用一个示意图来表示整个传播链路，则大概如图 2-6 所示。

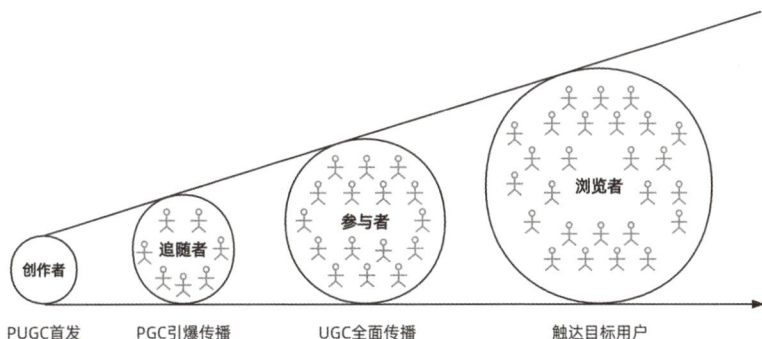

图 2-6

2.3.3　如何让你的短视频内容快速上热门

在短视频平台，什么样的短视频内容更容易吸引用户关注？更容易上热门？通过大量的数据和案例分析，我们可以总结出如下规律。

更容易上热门的内容主要具备 8 大特点，分别是新奇特、使享受、使向往、使感动、有价值、有冲突、有期待、有共鸣。如图 2-7 所示。

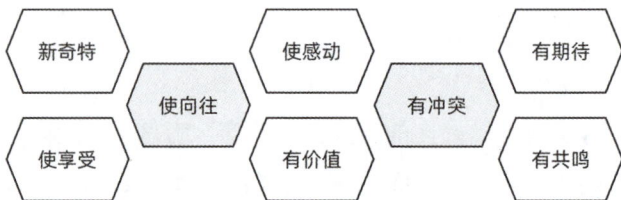

图 2-7

1. 新奇特

通过提供新鲜、新奇、独特的内容满足用户的好奇心。例如，未知的事物、美食新做法、美食新吃法、新潮的生活方式、新奇打卡地、新鲜的事物等。

2. 使享受

享受主要可以分为视觉享受和听觉享受两种。好看的景色、好看的人物都属于视觉享受，而好听的音乐、搞笑的脱口秀、有趣的口音都属于听觉享受。

3. 使向往

满足人们喜欢幻想和追求美好事物的心理欲望。例如，有钱人的生活、明星的日常、完美的爱情、诗和远方等。

4. 使感动

一般指那些传递正能量的视频内容。例如，帮助老弱病残孕、公益捐款、帮助小动物、励志感人故事等。

5. 有价值

可以解决某些问题，观看视频后可以获得某些有用、有价值的信息，提高用户的获得感。例如，分享干货知识、Excel 办公技巧、PS 技巧、拍照技巧、化妆技巧、生活小妙招、美食教程、旅游攻略、好物测评等。

6. 有冲突

通过在视频中设置剧情反转、身份冲突、语义反转，以及反常识的方式，吸引用户持续观看。在短视频业内一直流传着"有反转必爆款"这样一句话，这句话之所以能在众多创作者之间广泛流传，也间接反映了在作品中设计冲突环节的重要性。

7. 有期待

通过建立用户的期待感，吸引用户持续观看。例如，常见的影视剧剪辑类账号通常会将一部影视剧的精彩片段，分为上、中、下 3 条视频展开介绍，而每一条视频又会和前后视频衔接。当你某天刷到其中一条视频时，相信有很大的概率你会通过主页把前后相关的视频全部观看一遍，这就是典型的利用期待感来提高视频作品完播率的一种表现形式。

8. 有共鸣

共鸣主要指视频内容在情感或者思想上与观众相互感染所产生的特有情绪。一般包括情感共鸣、经历共鸣、身份共鸣和三观共鸣等。

下面仅以"有共鸣"这个特点，举一个曾在抖音平台上过大热门的视频案例，聊一聊如何通过视频结构设计引起用户共鸣，促使视频快速上热门。

假设，有一个以分享自己在北京奋斗故事的生活类账号，目标是通过视频内容快速吸引粉丝关注，视频主要构成信息有 A、B 两个方案，具体如下。

- 方案 A：普通人+普通生活+在家过年；
- 方案 B：单身+花季女孩+5 平方米的狭窄出租房+北漂生活+异乡过年。

仅看以上信息，你会更倾向于观看哪个视频内容？没错，相信大多数人都会选择后者。原因就在于，方案 A 所呈现的视频内容相对常规，与大众用户的经历所差无二，无法通过视频内容促使用户达到共鸣，也就很难激起大家观看的欲望。如果换成方案 B 的视频结构"单身+花季女孩+5 平方米的狭窄出租房+北漂生活+异乡过年"，每一个信息单独拿出来，可能也很常规和普通，无法让大家产生观看的欲望，但如果将这些元素信息组合在一起，就等于构建出了一个特殊故事情境："一个花季女孩，在本应该与家人团聚的时候，却因为春节要加班工作，只能独身一人，在他乡仅有 5 平方米的狭窄出租房过年。"这样一个场景的出现，很自然地会吸引和触动那些同样有着异乡生活和北漂经历的观众，特别是在春节这个具有特殊意义的时间节点。抖音账号"飒飒"就是一个通过引起观众共鸣，而实现成功上热门的典型案例，其账号作品中有一条在 2021 年 2 月春节期间发布的视频，选题为一个人在北京过年的体验，这条仅 7 秒的视频，当时收获了212 万个赞，11.4 万条评论，吸引了众多同样有着北漂经历的人的关注。

2.4 95%的爆款短视频选题都来自这 9 个方向

2.4.1 如何快速找到适合自己创作的爆款选题

9 成以上的短视频创作者在账号运营初期，都会遇到一个问题，就是不知道该如何选择短视频选题。即使在自己最擅长的领域创作，一段时间过后，同样会感觉内容匮乏，找不到适合继续创作的爆款选题，这也是你关注的很多短视频账号经常断更的主要原因之一。

短视频创作者，该如何快速找到适合自己的爆款选题呢？

下面分享 9 个找选题的好方法，具体如图 2-8 所示。

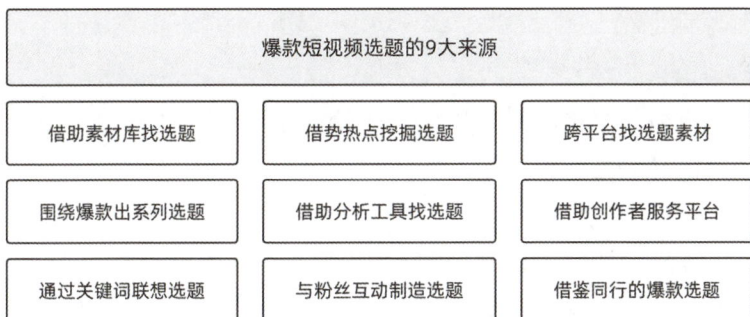

图 2-8

1. 借助素材库找选题

我一直认为，每一个新媒体人都应该拥有适合自己创作的素材库和选题库，并且要持续更新和补充。

一个持续更新的短视频素材库，可以源源不断地为创作者提供选题素材和创作灵感，帮助创作者持续输出短视频内容，从而形成长期稳定的内容输出模式。

搭建选题库并不是一朝一夕可以完成的，而是一个需要不断积累和沉淀的过程。日常浏览的平台推荐的爆款视频、同领域账号数据反馈好的优质视频内容等，都可以通过筛选和分析归类，提炼出选题关键词，然后加入自己的选题库中。当然，你也可以称它为素材库或内容的源泉。

2. 借势热点挖掘选题

当下的热点话题，本身就具备传播属性，而视频作品是否具备传播属性，则是视频发布后能否能被成功推上热门的关键。每一位短视频内容创作者，都需要随时关注短视频平台的热门视频、热门话题、热门 BGM 及热门挑战等，以便及时发现和挖掘出适合自己创作的选题，借势传播，快速收割一波免费流量。

3. 跨平台找选题素材

这是一个非常有效的找选题的方法，可以利用不同新媒体平台热门话题的时间差和信息差，及时找到适合自己创作的选题。

例如，你可以优先关注微博热搜，通常来说，大家日常交流谈到的实时话题，绝大多数都来源于微博热搜；其次，你可以关注今日头条、百度、微信等跨平台的热门话题。通常情况下，内容创作者将微博热搜话题的内容，放到抖音、快手、视频号等平台，可以快速登上热门，反之亦然。

4. 围绕爆款出系列选题

通过分析已发视频的后台反馈数据，找到数据表现好的选题创作方向，可以延展出更多同系列选题，这也是一个不断复盘、自我迭代的过程，即通过数据反馈对视频内容进行优化。

5. 借助分析工具找选题

我们可以借助第三方数据分析、点评资讯等工具，找出适合自己的热点话题。例如，新抖、蝉妈妈等数据分析平台。

6. 借助创作者服务平台

官方平台为了扶持创作者生产更多的优质内容，通常都会为各领域创作者推荐和整理出一部分适合当下创作的选题，短视频创作者可以在抖音或快手 APP 中搜索"创作灵感"。当然，你还可以关注和参与官方平台发起的"创作者扶持计划"等活动，借助官方提供的各种免费服务和扶持资源，找到适合自己的创作方向，以获得更多推荐流量。

7. 通过关键词联想选题

通过对行业、产品、服务等核心关键词进行发散，可以联想出不同的选题方向，再匹配目标用户的痛点关键词，从而确定出适合创作的最佳选题。

例如，母婴领域，关键词可以延展出辅食教程、找月嫂攻略、育儿经验、亲子互动游戏、母婴好物推荐、避坑攻略、种草指南等；健身领域，关键词可以延展出有氧、无氧、减脂操、减脂餐、产后修复、健身器材、室内健身、室外健身等。通过这种利用关键词延展的方式找选题出内容，不仅可以缓解选题焦虑，还可以有效地获取精准粉丝。

8. 与粉丝互动制造选题

可以通过主页简介、评论区置顶等位置提示邀请粉丝私信投稿，与其他创作者联动，或者发视频@他人发起挑战或接受挑战。

例如，抖音账号"玲爷"，最常用的策划选题方式就是与粉丝互动，主动向全网发起挑战，或接受全网粉丝挑战，凭借"玲爷挑战"系列视频强势圈粉 1500 万+，各种"花式挑战"再配合一句挑衅文案"我敢说这个动作，全网能做到的不超过3 个……"有效激发了粉丝参与互动的欲望。

当然，你还可以通过关注爆款视频作品，以及评论区点赞最高的前 10 条评论内容，挖掘出粉丝最关心的话题，把它变成下一期视频选题，这种通过互动方式筛选出的视频选题，也算是"师出有名"，不仅可以提高互动率，而且更容易获得粉丝的认同感。

9. 借鉴同行的爆款选题

每一条新的爆款内容出现后，都可能会带来更多相似爆款，我们要善于发现有价值的爆款视频。优秀的短视频创作者，总是能够从不同角度挖掘出新的创意点，然后给用户带来全新的视听体验。

例如：

（1）你可以悄悄关注一些相关的头部大号，以便及时掌握其视频动态；

（2）通过搜索关键词进行排序，找到相似领域排名靠前、点赞量高、互动量多的热门视频；

（3）你还可以尝试以一个更高级的玩法，通过训练平台，借助算法推荐找选题，让平台记住你所感兴趣的视频选题方向，并将相应的优质视频推荐到你的浏览界面。

通过以上 3 种方式，你一定可以成功借鉴同行的优质视频，找到适合自己创作的选题灵感。

2.4.2　掌握这 5 个万能的系列选题，告别选题焦虑

"做短视频总是为选题发愁，怎么办？"

"如何才能持续稳定地输出优质内容？"

"有没有不容易断更的选题？"

如果你也有类似的选题焦虑，相信这部分内容对你将会有很大的帮助。接下来，我分享 5 个短视频创作者必须要知道的系列选题。

1. 挑战系列

例如，你可以像短视频账号"垫底辣孩"一样，每期视频挑战一个不同的城市场景，然后形成固定的风格和系列：

- 挑战拍一组城市宣传大片之《四川·甘孜》第一站；
- 挑战拍一组城市宣传大片之《广西·桂林》第二站；
- 挑战拍一组城市宣传大片之《云南·大理》第三站；
- 挑战拍一组城市宣传大片之《浙江·乌镇》第四站。

具体示意如图 2-9 所示。

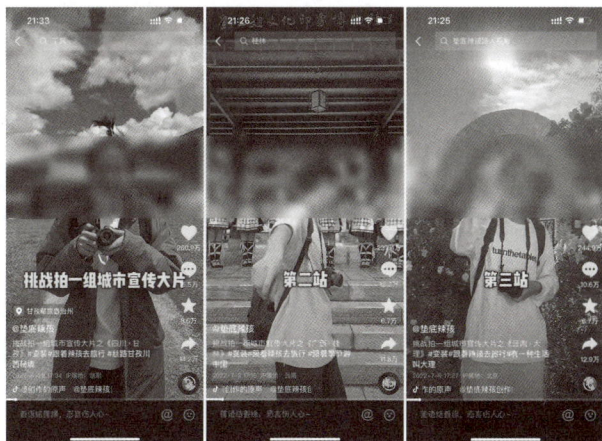

图 2-9

当然，你也可以像短视频账号"玲爷"一样，加入一些互动元素，与明星或全网粉丝互动，接受挑战或主动发起挑战。

具体示意如图 2-10 所示。

图 2-10

2. 假如系列

例如，以下这些选题，每一个都可以独立成长期的系列选题，只要你想，就会有源源不断的选题素材，第一期、第二期……第 n 期。

- 假如食物会说话；
- 假如器官会说话；
- 假如人人说真话；
- 假如人人说废话文学；
- 假如老板对员工特别好；
- 假如生活有旁白。

具体示意如图 2-11 所示。

图 2-11

3. 盘点系列

盘点系列最常见的创作方式就是将用户感兴趣的内容，围绕一个中心点，搜集和归类素材，然后创作出一个新的短视频作品。

例如：

- 盘点那些你没见过的零食；
- 盘点那些猝不及防的搞笑瞬间；
- 盘点让老板憟圈的名场面；
- 盘点十大超治愈的名场面；
- 盘点 2022 年最火的 50 首热门歌曲；
- 盘点抖音一月份最火的歌曲前 10 名；
- 盘点小时候的迷惑行为；
- 盘点全网那些带货翻车现场；

- 盘点火爆全网的流行梗；
- 盘点那些刷屏网络的万恶之源。

当然，盘点系列的视频还有两个独特的优势：第一个优势是视频制作成本低，通常不需要剧情脚本和出镜演员；第二个优势是非常容易植入广告，甚至可以做到毫无违和感。

4. 数字系列

如果问营销人最喜欢的数字是什么，那么一定离不开数字 9。作为短视频创作者，你知道最受观众欢迎的是哪个数字吗？答案就是数字 21 和数字 100。当然，这两个数字同样适用于任何平台的内容创作和活动策划。

举几个例子，以下都是与数字 21 和数字 100 有关的选题，第一眼看上去你的感受是什么？

- 100 个真实的农村故事；
- 100 个中国女孩的家；
- 100 个买房人访谈录；
- 红薯的 100 种吃法；
- 小米 100 位梦想赞助商；
- 爱上北京的 100 个理由；
- 21 天自律打卡计划；
- 21 天腹肌马甲线训练计划。

5. 不看后悔系列

利用后悔情绪唤醒用户，使其对视频产生观看的兴趣。

例如：

- 不看后悔的××避坑指南；
- 不看后悔的××旅游攻略；
- 不看后悔的××拍照技巧；
- 不看后悔系列之××；
- 不看后悔的 10 部经典电影；
- 不看后悔的生活小常识（第一期）。

2.5 短视频脚本的设计技巧与实践

短视频剧本的核心 3 要素分别是选题定位、剧情框架和人物设定，如图 2-12 所示。

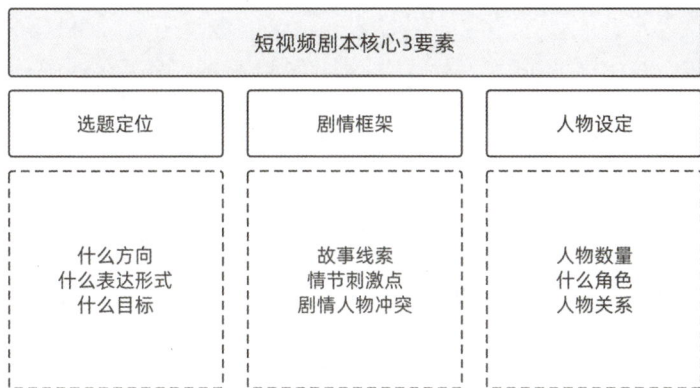

图 2-12

- **选题定位**：主要指在视频制作前，作为创作者需要明确视频创作的主题和动机，例如，准备呈现什么方向的视频内容、用怎样的表达形式、希望达成什么目标等；

- **剧情框架**：主要指剧情该如何发展，通常包括故事线索、情节刺激点、剧情人物冲突等；
- **人物设定**：主要指视频场景预计设定几个人，分别承担什么角色，有怎样的人物关系。

对于有一定故事情节的短视频来说，在有了初步的视频剧本后，接下来，就是将确定好的剧本内容，细化成视频分镜头脚本，把视频中包括的具体内容，拆分到每个镜头，通过分镜脚本呈现。

其中每个分镜头需要包括画面描述、演员台词、画外音、景别、运镜、音乐等信息。同时，还要尽可能地提前标注出单个镜头的时长，方便现场拍摄和后期剪辑有侧重点，提高工作效率。以上信息点，对于大多数新人创作者来说，估计只有"景别"和"运镜"看上去比较陌生。

接下来，我重点和大家聊一聊短视频创作中常用的"景别"和"运镜"方式，以及在短视频脚本设计中该如何运用。

2.5.1 爆款短视频脚本常用的 5 种景别

什么是景别？

我们都知道，镜头越接近被拍摄主体，画面显示的场景范围越小；镜头越远离被拍摄主体，画面显示的场景范围越大。这种被拍摄主体在镜头中所呈现出的范围大小的区别，就是景别。

景别一般可以分为 5 种，分别是远景、全景、中景、近景、特写。再细分还可以有大远景、大特写、大全景、小全景、中近景等。运用不同的景别，会产生不同的视觉效果。

短视频拍摄常用的 5 种景别如图 2-13 所示。

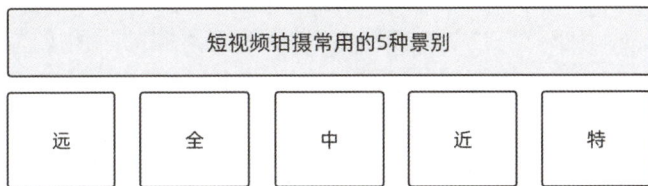

图 2-13

下面，我们分别介绍"远、全、中、近、特"这 5 种景别分别代表什么含义，以及适合应用于哪些场景。

- **远景**：一般用来交代故事的发生地点和拍摄的空间环境；
- **全景**：一般用于表现场景的全貌与人物的全身动作，交代人物与周围环境的关系；
- **中景**：拍摄画面在人物上半身，重点表现人物上身动作和上肢语言，特别适合应用于人物采访的场景；
- **近景**：拍摄画面在人物胸部以上，或者物体的局部，常用于刻画人物脸部表情和表现人物性格；
- **特写**：拍摄画面在人物肩部以上，或者物体的局部，常用于刻画人物脸部细节，表现人物的内心活动。

2.5.2 爆款短视频拍摄常用的 10 种运镜技巧

什么是运镜？

简单来说运镜就是在运动中拍摄的镜头，所以运镜也可以称为"运动镜头"或者"移动镜头"。在拍摄短视频时，摄影师一般会通过移动摄像机位，或者通过改变镜头光轴、焦距的方式，拍摄出满足不同需求的画面。

拍摄短视频时常用的运镜方式一般可以分为 10 种，分别是推镜头、拉镜头、摇镜头、跟镜头、移镜头、升镜头、降镜头、环绕镜头、旋转镜头、甩动镜头，简称"推拉摇跟移，升降环转甩"，如图 2-14 所示。不同的运镜方式，同样可以呈现出不同的视觉效果。

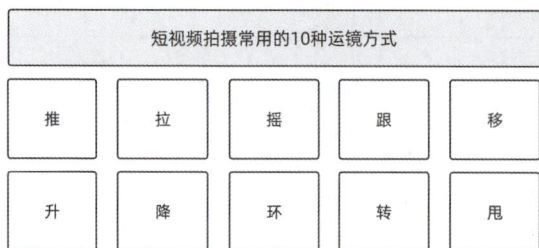

图 2-14

接下来，我们一起了解一下"推拉摇跟移，升降环转甩"这 10 种运镜方式分别适用于哪些需求场景。

1. 推镜头

由远及近，将摄像机向着被拍摄主体推近，取景范围会由大变小。当你想突出人物主体或聚焦观众的注意力时，一般可以采用推镜头的方式。

2. 拉镜头

由近及远，将摄像机对着被拍摄主体向后拉远，逐渐远离被拍摄主体，取景范围会由小变大，一般可用于表现被拍摄主体与环境之间的联系。

3. 摇镜头

简称摇摄，一般指摄像机位不动，机身借助三脚架上的活动底盘，或者拍摄者自身的人体，做上下、左右等运动进行拍摄，适用于表现主体的运动和介绍所处的环境等。

4. 跟镜头

始终跟随运动的被拍摄主体进行拍摄，摄像机与被拍摄主体的移动速度基本一致，通过这种运镜方式既可以突出主体，又能交代主体的运动方向、速度、体态及其与环境的关系，还可以增强观众的现场感和参与感。

5. 移镜头

一般指摄像机在水平方向上，按照一定的运动轨迹进行运动拍摄，通过移动摄像机，使得画面主体始终处于不断移动的状态。

6. 升镜头

摄影机在垂直方向上做上升运动并拍摄画面，可用于表现事件或场面的规模、气势和氛围。

7. 降镜头

摄影机在垂直方向上做下降运动并拍摄画面，多用于拍摄大场面，以营造气势。

8. 环绕镜头

被拍摄主体保持不动，摄影机围绕被拍摄的中心主体，做环绕运动并进行拍摄，镜头与中心主体的距离基本保持一致，通过这种运镜方式可以更好地渲染被拍摄主体，也可用于表现紧张的气氛。

9. 旋转镜头

旋转摄影机对着被拍摄主体进行拍摄，使画面呈现"盗梦空间"的效果，多用于表现人物的眩晕感觉。

10. 甩动镜头

通过快速甩动摄影机，使镜头从画面 1 快速切换到画面 2，自然地衔接两个完全不同的场景，通常用于表现内容的突然过渡，可以使画面更有爆发力。

2.5.3 零基础新人如何策划爆款短视频脚本

作为短视频领域的内容创作者，如果想创作出好的短视频作品，只是掌握一定的拍摄技巧，是无法满足创作需求的，你还需要具备输出分镜头脚本的能力，特别是对于一些剧情类短视频创作者来说。

想要使最后呈现出的视频内容，符合你的创作初衷，不能仅仅依靠现场发挥。在拍摄之前，你要提前准备出一份详细的分镜拍摄脚本，这个环节必不可少。

如何才能写出一份实用的短视频拍摄脚本？

这里给大家分享一份可以直接使用的短视频脚本模板和内容排期模板，具体如图 2-15 和图 2-16 所示。

短视频拍摄脚本							
出镜演员			人物关系				
场景场地			拍摄时间				
选题							
剧本概述							
镜号	画面场景描述	台词（画外音）	景别	运镜	音乐/音效	时长	备注
1							
2							

图 2-15

短视频内容排期表（6月）							
星期	星期一	星期二	星期三	星期四	星期五	星期六	星期日
日期			1	2	3	4	5
视频选题							
负责人							
日期	6	7	8	9	10	11	12
视频选题							
负责人							
日期	13	14	15	16	17	18	19
视频选题							
负责人							

图 2-16

短视频创作新人，该如何快速提高对爆款短视频内容的策划能力？

最快捷的方式之一就是找到对标账号，找到同领域已知的爆款短视频案例，对其进行拆解分析和学习借鉴。关于这一点，相信很多短视频创作者都在做，甚至养成了一个特别的习惯，在日常刷短视频时，经常会下意识地去分析和研究他人的爆款短视频。

这种习惯在持续一段时间后，大家通常都会出现一种情况，虽然分析和研究了很多爆款短视频，但是自己创作时，短视频呈现的质量和观众反馈数据总是不太理想。似乎自己的爆款短视频脚本策划能力，并没有得到太大提升，为什么会出现这种情况？究其本质，问题还是出在了对爆款案例的分析方法上。

提高爆款短视频的脚本策划能力，实际上就是提高创作者的编导思维。

下面，我分享一种有效拆解和分析爆款短视频的方法——拉片，通过拉片大家可以快速提高自己的编导思维，也就是提高爆款短视频的脚本策划能力。

爆款短视频拉片表格如图 2-17 所示。

在此和大家聊一个比较有意思的话题：

为什么很多专业做视频宣传片的团队，做得了华丽的电视广告片，却做不好短视频？

有一个导演朋友 Y 曾给过我这样一个答案：

虽然都是拍摄视频，但是视频的目标受众不同，宣传片这种作品，都是给老板看的，只要提前对老板的需求和喜好进行分析，老板喜欢什么就拍摄什么，一般只要场景够大、画面够美、产品露出够多、企业展示信息够丰富，让老板满意了，方案也就能通过了，一切都万事大吉。但抖音短视频完全不同，抖音短视频的受众是目标用户，所以要解决的是目标用户的需求，这就需要对目标用户的画像和喜好进行精准分析，爆款内容不仅要在视频结构的设计上，满足平台的传播规律，还需要在选题策划上，符合目标用户的需求和喜好。总结一下就是"平台喜欢什么样的视频就设计什么样的视频，观众喜欢什么就拍什么"。

爆款短视频拉片表格				
发布视频的账号名称		视频标题		发布时间
拍摄主题				
剧情梗概	遇到什么问题，有何矛盾冲突，怎么解决，结果如何……			
起——如何引出话题	画面描述		技巧	时间
承——话题承接/故事叙述/剧情铺垫	画面描述		技巧	时间
转——反转/矛盾/意外/冲突	画面描述		技巧	时间
合——片尾提炼升华/引导互动	画面描述		技巧	时间
BGM音效运用技巧				
运镜技巧				
灯光技巧				
剪辑技巧				
布景技巧				
其他亮点				

图 2-17

这个答案，似乎也回答了为什么很多知名企业，在官方蓝 V 账号发布品牌宣传片的视频后，得到的数据反馈惨不忍睹。即使有一定规模的粉丝基础，播放量和互动量也一样效果平平，甚至不如一条常规视频。

短视频的传播规律是，视频内容是否满足受众的需求，才是影响传播效果的直接因素。

2.6　短视频快速上热门必备的 4 个诱因与 6 个技巧

2.6.1　视频开场 3 秒留人法则与 4 个关键诱因

"短视频怎样才能快速上热门？"

"万粉的账号，发布了几十条视频，单条视频的播放量一直不过百，这样的账号还有运营的价值吗？是不是该注销了？"

"为什么有些营销号发的视频看上去质量不高，但数据表现却一直很好？"

"看过很多大号的热门短视频案例，为什么一直无法成功复制？"

相信很多短视频新人，在运营初期都会遇到类似的困惑。在解决这些困惑之前，我们先来了解一个在短视频行业经常被提及的概念"黄金 3 秒法则"。

什么是"黄金 3 秒法则"？

对于一个短视频作品来说，开场的前 3 秒是决定内容最终能否上热门的关键。所谓"黄金 3 秒法则"就是指在视频开场前 3 秒，通过话术引导、画面刺激、剧情诱惑等方式，快速引起用户的兴趣，促使其对后面的视频内容有强烈的期待感，产生想继续观看下去的欲望，提高视频的完播率，从而免费获得平台更多的推荐流量。

如何才能在视频开场前 3 秒吸引住用户，提高视频的完播率？

在回答这个问题之前，大家可以先想象一下，我们在刷短视频的时候，为什么有的视频被刷到后，刚看不到几秒钟就会直接划走，甚至有的视频观看还不到一秒就会划走，而有的视频则会一直看完，甚至会出现反复观看的情况，视频中的什么在吸引我们，使我们产生了想继续观看下去的欲望？

关于这个问题，我总结了以下 4 个关键诱因，分别是：

- 热门的 BGM；
- 精美吸睛的视频画面；
- 自带影响力的 IP 人设；
- 有诱惑力的开场话术。

视频开场 3 秒留人的 4 个关键诱因如图 2-18 所示。

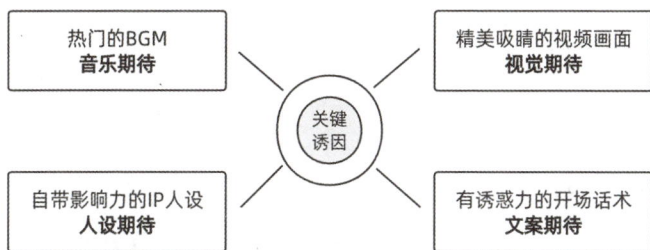

图 2-18

1. 热门的 BGM

不同的音乐，可以让观看视频的用户产生不同的情绪。有些 BGM 一听就很上头，在视频开场尽量使用当下最火的且符合视频脚本情绪和节奏的 BGM。我们甚至可以认为，当用户被某个 BGM 洗脑之后，每当听到这个音乐时就会产生特定情绪，会不自觉地对视频内容产生期待感。有时候，同样的视频素材，将背景音乐更换成一个合适的当下热门的 BGM，视频的曝光量就会有明显的提升。

2. 精美吸睛的视频画面

出镜即巅峰，人人都喜欢追求美的事物，人美、景美、画面美的短视频内容，往往更容易获得流量和关注。例如，经常被大家所提到的"流量密码"，一般指的就是视频中有高颜值的美女出镜。

3. 自带影响力的 IP 人设

自带影响力的 IP 人设，通常自带流量和热度。例如，有明星出镜的视频，通常自带流量，也更容易激发用户观看的兴趣。这也就是为什么我们在刷短视频时，会看到很多网红的视频里经常出现明星的身影。

4. 有诱惑力的开场话术

好的台词文案往往是热门视频的点睛之笔，而有了好的开场话术，你的视频就已经成功了一半。这一点与微信公众号的标题很像，只是在表现形式上从文字变成了视频，从视觉变成了"听觉+视觉"。

如何通过有诱惑力的开场话术留住用户持续观看？

举个例子，同样是美食领域的内容创作，下面有 A 和 B 两版不同的视频开场话术，大家可以一起来想象一下，在视频场景中，同样的选题，不同的开场话术，会呈现怎样的效果？

A：今天教大家一道"黑椒牛柳"的制作教程，首先我们需要准备……

B：要想每天坐躺瘦，每周三顿吃牛肉，只需 30 秒，你将学会一道被当代无数人喜爱的经典菜肴"黑椒牛柳"的制作教程，视频的最后我会分享一个米其林三星的摆盘技巧，艺术感爆棚……

这两个不同版本的开场话术，你更容易被哪一个所吸引？显然，大多数人都会选择 B，这种通过先制造需求场景，然后提供方案和解决办法的方式，往往更容易吸引用户的关注。

如果还是比较困惑，没关系，我们再来看看下面这个案例。

为什么很多人做不好抖音，发布的视频只有几十的播放量，如果你或者身边的朋友遇到过同样的问题，点赞分享这条视频，好好看一看。我会分享 4 个可以彻底改变现状的技巧，第一个你可能知道，后两个你可能真不知道，尤其是最后一个，真的太重要了……

这样的视频开场话术，是否可以快速引起你的注意，使你产生想继续看下去的欲望呢？

2.6.2　提高视频完播率的 6 个实战技巧

前面我们了解了如何通过视频开场的前 3 秒留住用户，以及短视频开场 3 秒留人的 4 个关键诱因。

接下来我们来聊一聊在视频脚本创作过程中，有哪些实用的技巧，可以提高视频作品的播放量和完播率，助力打造爆款短视频。

如何快速提高视频完播率，打造爆款短视频？

这里我分享提高视频完播率的 6 个实战技巧，分别是利益前置、痛点前置、悬念前置、高潮前置、意外反转、行为指令，如图 2-19 所示。

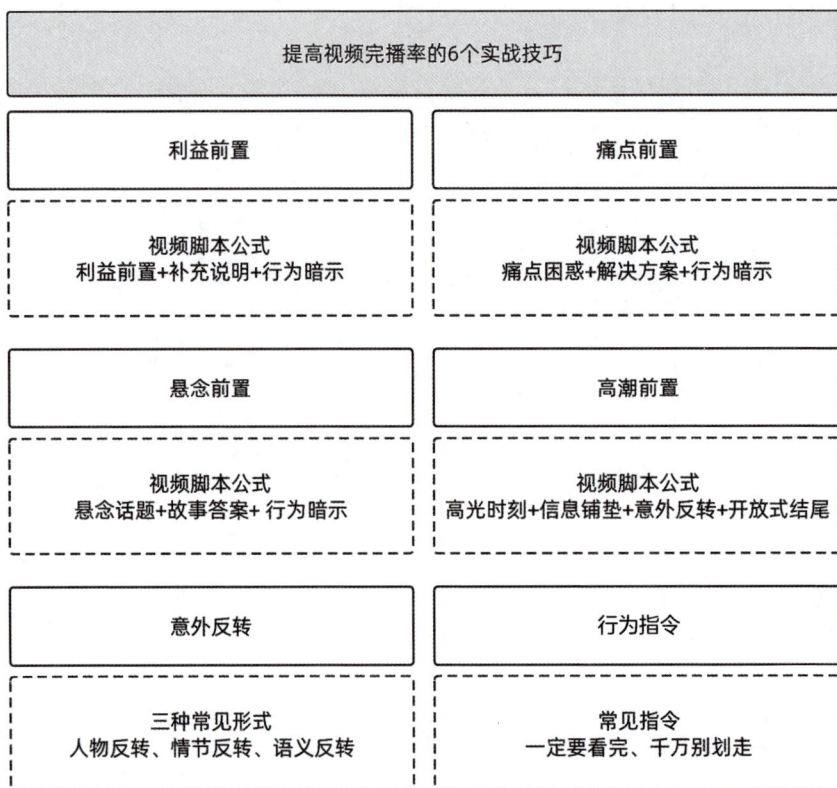

提高视频完播率的6个实战技巧	
利益前置	痛点前置
视频脚本公式 利益前置+补充说明+行为暗示	视频脚本公式 痛点困惑+解决方案+行为暗示
悬念前置	高潮前置
视频脚本公式 悬念话题+故事答案+ 行为暗示	视频脚本公式 高光时刻+信息铺垫+意外反转+开放式结尾
意外反转	行为指令
三种常见形式 人物反转、情节反转、语义反转	常见指令 一定要看完、千万别划走

图 2-19

由于文字描述具有很大的局限性，这部分内容，我们以口播类短视频脚本为例进行具体讲解。

1. 利益前置

通过利益驱动，将好处前置的方式，在视频开场就开门见山地告诉大家，看完这条视频你可以获得什么，获利冲动可以促使用户产生好奇心和求知欲，快速建立心理预期。要知道，很少有用户会拒绝仅需要十几秒就可以快速获得新知的诱惑。

常用的视频脚本公式：利益前置+补充说明+行为暗示。

下面我们一起来感受一下，在实际应用中，如何通过"利益前置"开场，快速提高视频完播率。

- "用好这 5 个网站，让你的工资轻松翻一倍……"
- "谁用谁火的万能公式，掌握这种方法，你发的视频也可以轻松上热门……"
- "分享一种短视频快速变现方式，让你 1 个月内视频收入轻松过万元……"
- "看完这个视频，你会获得 n 个××方法，最后一个方法最实用，学会了可以让你秒变高手……"
- "这条视频是我总结了 10 年的××干货，保姆级攻略教程，看完你一定会受益匪浅……"
- "这可能是我有史以来分享干货最多的一期，这次我会一步步手把手教大家××，希望对你有帮助，耐心看完，视频结尾有彩蛋……"
- "我总结了 n 个××领域的××，精华都在这条视频里，视频的最后会给大家一个非常详细的××方案……"

当你看到上面的开场文案时有何感受？

试想一下，如果遇到类似这种，在开场的前 3 秒就直接抛出利益点的短视频，你会不会有继续看下去的冲动？或者产生"先点赞收藏，未来可能会用得上"的想法？

除了口播类视频，"利益前置"如何应用在其他短视频领域？我们以同城本地探店打卡美食短视频剧本模型为例。

一个完整的视频脚本可以按照以下流程创作：抛出利益亮点引出话题+顺势介绍活动+表明活动来源+放大活动细节+展示店铺实力+放大店铺服务+强调如何购买+引导用户下单。

举例如下。

旁白：点这么多你吃得完吗？

演员：99元全包括，不吃白不吃。（利益驱动，好处前置。此处开始介绍套餐细节，各种超值性价比。）

旁白：某某店出了一个99块钱的团购，包括某某……某某和某某，这都没完、居然还有××。（辅助产品画面特写镜头，例如服务员上菜镜头画面……）

旁白：（介绍店铺品牌实力，全国连锁，多少家门店……）

旁白：除了某某，还有各种好吃的小吃，统统都免费。例如，某某、某某、某某。（画面配合口播出现小吃特写镜头。）

演员：赶快点击左下角链接，多团几份，赶紧来吧！（行为暗示，强调怎么购买。）

2. 痛点前置

痛点指用户期望达到某种状态或者某个目标时，因为需求一直无法被满足，所产生的"难受"的心理情绪。在这种环境下，需求越迫切，痛点越强烈。

常用的视频脚本公式：痛点困惑+解决方案+行为暗示。

我们一起来看一看下面这几个案例。

- "为什么很多人做不好抖音，发的视频永远只有几百播放量，甚至是0，如果你或者身边的朋友遇到类似的问题，这条视频对你很重要，记得点赞收藏看到最后，尤其在视频的最后，我会送你一个彻底改变的技巧……"
- "各位短视频创作者，你是不是有这样的困惑，视频发了很多一直没有流量，播放量一直卡在500以内……先点赞再收藏，今天这条视频将会告诉你，怎样才能突破播放量限制，轻松上热门……"

- "在职场工作中，你总是喜欢吐槽和抱怨公司的领导或者老板，有想过为什么吗？通常可能是因为有些领导态度很恶劣，但是最常见的原因是……那么，怎样才能……这也是本条视频要分享的主题……"

- "不想错过短视频红利，但是又没有特长怎么办？今天这个方法，可以让你立刻成为一个短视频知识博主……"

- "为什么你拍出的照片，人物总是显矮，缺乏高级感，问题出在哪里？这条视频将教会普通人如何拍出明星范儿……"

- "为什么你的账号做了几个月，视频发了几十条，粉丝数依然没有过万？方法不对，努力白费，那些一个月粉丝数从 0 做到 100 万的起号秘密都在这条视频里……"

如果我们稍微将前面的公式做一些变化还可以得到：

提出痛点问题+给出解决方案+引出下一个新问题。

例如：

"为什么很多人做不好抖音，发的视频永远只有几百播放量，甚至是 0 ，如果你或者身边的朋友有类似的问题，这条视频对你很重要，记得点赞收藏，看到最后，尤其在视频的最后，我会送你一个彻底改变的技巧……下一条视频我会揭秘一个知名 MCN 机构都在用的快速起号技巧。"

3. 悬念前置

悬念主要指内容创作者为了激活目标受众"紧张与期待的情绪"，在艺术处理上采取的一种积极手段。在短视频的脚本创作过程中，通过在视频开场处设置悬念，可以快速抓住精准用户，激发用户的好奇心。

常用的视频脚本公式：悬念话题+故事答案+行为暗示。

例如：

- "揭秘你不知道的直播带货行业内幕，这条视频可能会得罪很多人……记得点赞收藏……"
- "蜂蜜到底能不能放冰箱？原来之前的保存方法都错了，这条视频将告诉你……关注我，掌握更多……"
- "一个月成为百万粉丝大号，他做对了什么？这条视频将……"
- "你的人生转折，将从看过这条视频开始。当你看到视频的最后时，一定会感谢我，因为视频结尾将会彻底颠覆你的认知……"
- "千万别划走，接下来的 1 分钟，或许可以彻底改变你的一生……"
- "为什么你曾刷到的很多百万粉丝账号，现在都停止更新了……"
- "星巴克的矿泉水二十多块一瓶，几乎无人购买，为什么还要在柜台上摆着……"

4. 高潮前置

一个经验丰富的短视频创作者，通常会将视频素材中最吸引人的、可以引起用户好奇的精彩片段提取出来，放在视频开场的前几秒，以达到快速吸引用户关注的效果，促使用户产生持续观看行为，这就是对高潮前置技巧的运用。高潮前置也是目前短视频领域剧情类和影视解说类账号最常用的视频开场方式。

常用的视频脚本公式：高光时刻+信息铺垫+意外反转+开放式结尾。

先通过高潮前置，快速吸引观众的注意力，再通过情理之中和意料之外的完美配合，制造出剧情反转的效果，时刻调动观众的情绪，从而提高短视频内容的曝光率和完播率。

由于文字介绍有一定的局限性，大家可以在日常浏览短视频时，侧重关注和感受一下剧情类短视频的视频结构。

如果你想快速提高短视频的完播率、互动率、转化率等数据指标，那么一定要掌握和运用好下面介绍的两个创作技巧。

5. 意外反转

所谓反转，本质上是通过主动制造意外悬念，使剧情产生更具有戏剧化的效果。剧情反转最早多用于影视领域，导演往往会在整部影视作品中增加多个反转环节，通过不断地反转，让观众目不暇接，永远猜不到剧情下一秒的走向，有时，甚至会在结局设计一个精彩的大反转。

在短视频创作中，很多头部的创作者，通常也会在短视频中加入一些反转剧情，以打破观众的惯性思维方式，使短视频剧情跌宕起伏，看上去更加精彩。

这类在剧情中增加意外反转的短视频作品，因为能够更好地抓住观众，激发观众的好奇心和持续观看的欲望，往往都会收获不错的播放效果。

常见的反转剧情一般可以分为 3 种形式：人物反转、情节反转和语义反转。

1）人物反转

设计人物反转的关键，是在出现反转点前，通过铺垫快速对人物进行完整塑造，让观众产生心理预期，然后突然给观众一个与心理预期截然不同的结果，一般可以是对人物身份、命运、形象的突然转变。例如，将人物身份向对立面转变，比较有代表性的就是"碟中谍"式无限反转，使得观众永远猜不到结局。

2）情节反转

通常会先将观众引入思维定式，然后通过增加某些信息元素，使故事情节突然向相反的方向发展，打破观众原有的思维定式。

以《你好，李焕英》这部电影为例，如果你刚好看过这部电影就会知道，在这部电影中我们可以看到很多细节的铺垫，以及反转情节的设计。

2001 年高考成绩放榜后，母亲李焕英帮贾晓玲举办庆功宴，在庆功宴上，当贾晓玲伪造假录取通知书的谎言被揭穿后，母亲李焕英并未生气，遗憾的是在从庆功宴回家的路上遭遇了意外车祸。在简单交代了故事背景之后，剧中贾晓玲在情绪崩溃的状态下，通过穿越的方式获得了一个身份反转，意外成了母亲李焕英年轻时的"姐妹"，至此，两人形影不离，宛如闺蜜。如果说以上只是电影剧情的常规操作，则接下来的一个情节大反转，彻底触动了我。在情节大反转出现之前，估计大家和剧中的贾晓玲一样，一直以为只有贾晓玲自己意外穿越到了 20 世纪80 年代，在那里，她与年轻时的母亲李焕英相逢，为了弥补现实生活中的遗憾，铺垫了大量帮助母亲李焕英改变命运和实现愿望等一系列剧情。但是，当结尾出现年轻的李焕英帮贾晓玲缝补裤子上破洞的场景时，故事情节再次出现了意外的变化，电影中的贾晓玲突然想起，在 1981 年时，母亲李焕英还不会缝补，而此刻的她却帮自己缝补好了裤子上的破洞，回忆起之前发生的一切，恍然大悟的贾晓玲突然号啕大哭，终于知道了，原来母亲也同自己一样穿越到了这个年代，眼前开始不断浮现穿越后跟母亲相处的点点滴滴，也正是这个故事情节的大反转，在电影结束前，再次引爆了观众的泪点，收获了无数好评。

3）语义反转

语义反转运用的关键点在于不按常理出牌，人们通常因为惯性思维，会根据前面听到的话，来对后面可能出现的话进行预判，而此时出现一个意料之外的"神"回复，可以使得整个剧情出现颠覆性的反转效果。

语义反转句式的组合公式：情理之中+意料之外。

一些比较有趣的网络段子经常应用语义反转设计剧情，大家可以自己去感受一下。

6. 行为指令

在日常的短视频运营工作中，完播率、点赞率、互动率、分享率等都是影响短视频作品能否获得平台更多推荐流量的关键因素，因此，我们可以在视频台词文案中，加入明确的行为指令，以此引导和提示用户，促使点赞、分享、收藏等互动行为的发生，从而提高短视频的各项数据指标。

例如，以下视频脚本都明确加入了行为暗示的指令。

- "揭秘 MCN 公司暴力起号流程，因为涉及很多行业机密，可能很快就会被下架，赶紧下载收藏，以后做账号遇到瓶颈肯定用得上……"
- "如果你××，一定要赶快关注我，点赞收藏好这条视频，不然待会就找不到了……"
- "千万别划走，这条内容对你很重要，一定要看完，看到最后，你一定会感谢我……记得点赞收藏加关注……"
- "这个××的方法非常简单，一学就会，我不知道这条作品可以留多久，数据不好的话我会删除，所以赶紧点赞和下载保存……"

这里分享两个常见的快速提高视频播放率和互动数据的套路，虽然我本人并不提倡这种套路行为，但是只有了解套路，才能避免被套路。

- 套路一：如果你的账号创作方向刚好是知识分享，可以将知识点以思维导图或者干货图片的形式，置于视频开场或视频结尾，重点在于尽量缩短露出时长，浏览视频的用户通常会因看到干货知识点很全，但还没等全部记住画面内容就结束了，而不得不反复观看和点击收藏。

- 套路二：在剧情中故意制造槽点话题，甚至引战，以此达到刺激用户参与互动的效果。这种行为从某种角度来看，与我们在短视频结尾设计开放式结局，或者设计一个开放话题很像，都是为了有效提高视频评论区用户的留言互动率。

在此也表达一下个人的观点，我不建议创作者使用此类套路，它和"标题党"很像，会严重影响用户体验。

第3章
重塑"人、货、场"：直播带货技巧与实践

如果要问最近两年新媒体领域有哪种变现方式最火、受关注度最高，答案一定离不开直播带货。不断有新闻媒体爆出某明星单场直播达到几亿元的 GMV，某个网红达人直播一个月收入几百万元，还有些带货主播连补税都达到了几千万元，甚至金额过亿元。也正是因为这些新闻报道，使得各企业老板和个人激动得都想加入直播带货的队伍，仿佛错过了直播带货的风口，就错过了一个时代的红利。

通常，一条完整的传统产品销售链路，一般要解决以下几个问题：谁来销售？产品卖给谁？卖什么产品和准备怎么卖？

总结一下，核心就是搞定"人、货、场"，如图 3-1 所示。

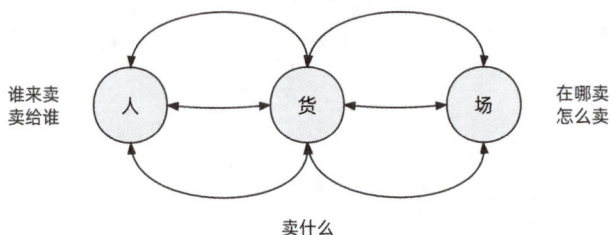

图 3-1

不管是传统的线下零售实体，还是线上电商，只要售卖产品，本质上都是要解决"人、货、场"的问题。直播带货作为传统电商的延展和升级，对商家来说并非完全陌生，其本质也依旧是电商。

直播带货，只是对传统电商"人、货、场"3 者的定义和关系进行了重构。

或许，你曾听到有些人提过类似"货人场、货场人、人带货、货带人、人找货、货找人……"的概念，甚至有一部分人非要把"人、货、场"三者排出先后。但对于大多数新媒体从业者来说，如何能持续生产出优质内容，如何能获得更多流量，如何能取得更高的转化率和变现的可能性，这些才是当下最需要关注的问题。在我看来，那些所谓的概念对于绝大多数人来说毫无意义，所以本章我们不对它们做重点探讨。

本章我将会以直播带货"人、货、场"为背景，和大家一起聊一聊直播带货的相关话题。例如，作为行业新人到底该如何打造一个高转化率的直播间？如何才能玩转直播带货？

3.1 "人"——找到流量，找对主播

以往我们提到"人、货、场"的概念时，其中的"人"主要是指用户，是指消费

者流量，但在直播里"人"多了一层新含义，其还包括直播间的带货主播。所以，对于直播带货来说，在"人、货、场"3 个维度中，"人"主要包括以下两个方面。

（1）解决目标人群和流量来源的问题；

（2）解决主播以及直播团队的问题。

在直播带货兴起之前，当大家想在线上购买一款产品时，通常的行为都是先打开淘宝、天猫、京东等电商平台的官网或者 APP，然后通过浏览所需购买产品的宝贝描述（例如静态图文介绍和与产品相关的参数等），了解和掌握所需产品的基本信息，最终在线完成下单。在整个购买流程中，大家所关注的重点更多的是产品本身的价值，最终是否下单购买该产品，并不会受到太多因素的干扰。整个购物过程属于有计划性的、主动的自我说服。

而直播带货兴起后，带来了一种全新的购物模式。用户可以在某个带货主播的直播间边看、边互动、边买，通过这种在直播间购物的形式，用户可以更真实、更全面、更有代入感地了解一款产品。大家所关注的重点，也不再只是产品本身的价值，还多了一些情感价值。

主播的人设定位和个人感染力，将会直接影响用户的最终行为决策。

甚至我们可以这样认为，在带货主播的直播间中，大部分消费者都是被主播所说服的，产生的购买行为属于非计划性的、被动的。

优秀的带货主播，无疑是转化流量的利器。

同样的产品、同样的价格，带货主播不同，最终的成交总金额会有巨大差异。一个优秀的主播和直播团队可以完美地掌控直播间的带货节奏，主播只需要在直播间通过个人的感染力和专业的话术引导，就能够很轻易地让用户种草，并在直播间营造紧迫感，推动用户尽快参与抢购，完成下单转化。

3.1.1　高转化率带货主播必备的 3 个条件

根据带货主体的不同，直播带货一般可以分为"品牌自播"和"红人代播"两种形式。无论哪种形式的直播带货，最终拼的都不是粉丝数量，而是主播的带货能力和供应链的整合能力。这也就是为什么在直播带货行业，大家交流的时候，关注的重点似乎已不再是直播账号的粉丝数量。

那么，如何才能成为一个优秀的带货主播？

一个优秀的带货主播，至少需要具备以下 3 个条件。

1. 鲜明的 IP 人设

所谓的人设就是对人物设定的简称，类似于为人物打标签，同一个主播可以有一个或多个人设。在前面的章节中我们提到过，拥有鲜明人设的主播往往更有感染力，更容易留住用户，也更容易与粉丝建立信任关系。而信任度的高低，将会直接影响转化率的高低。

2. 专业的带货能力

专业的带货能力可以分为以下两部分。

第一部分：带货产品、行业、领域的专业度。

主播本人是某一领域的专家或达人，在特定圈层内具有一定的话语权和影响力，在带自己所熟知领域的产品时，可以拥有相对高的转化率。他们此时对选择的商品品类有一定的要求，一般适合带垂直领域产品。例如，美妆达人带美妆产品，育儿专家带好用的母婴产品，英语老师带英语课程等。

第二部分：直播带货过程中，主播的互动、留人、控场、催单能力。

具备这些能力的带货主播，可以通过专业的逼单话术以及控场能力，很轻松地将直播间的路人转化为直播间的消费者。他们的选品范围广，对于带货品类一般没有限制。

3. 强大的后端支持

每一场高 GMV 的直播带货，都是整个专业直播团队共同完成的，每一个头部带货主播的背后，都拥有着强大的运营团队、完善的供应链、一站式服务平台等后端支持，例如交个朋友直播间、东方甄选直播间等。

3.1.2　带货主播的 5 种常见类型

当前的带货主播，主要可以分为 5 种常见类型，分别是专家主播、明星主播、职业主播、老板主播、虚拟主播。

1. 专家主播

主播本人是某领域的专家，在特定圈层内具有一定的话语权和影响力，直播带货只作为其触达用户和能力变现的渠道。例如，某健身教练推荐减脂课程、健身好物、减脂代餐、在线教学等；某旅游达人推荐某酒店、景点等；某美妆达人推荐口红、面膜、水乳精华等；某测评达人推荐各类种草好物等。

2. 明星主播

一般指具有一定知名度和粉丝规模的主播，这类带货主播通常自带流量光环属性。例如，明星艺人、演员、歌手的直播带货专场或平台头部网红主播。

3. 职业主播

以直播带货为本职工作的带货主播，通常这类主播本人并不是明星艺人，也不是某领域的专家，他们将在直播间带货当作一个稳定的职业，称呼他们为"网络销售员"可能更为贴切。

4. 老板主播

老板亲自参与直播带货的优势在于，用户可以直接与老板对话和互动。知名品牌老板亲自为产品背书，不仅可以增加用户对品牌的好感度，还能够让用户对直播间售卖的产品有很强的信任感，从而促进转化率的提升。

用户内心的潜台词就是："老板亲自来直播带货，这优惠力度一定是最大的，老板天然具备现场决策权优势，不用担心价格和质量等问题，放心购买就是了。"例如，携程董事长梁建章就曾多次出现在携程网的带货直播间，格力的董明珠也多次出现在格力的带货直播间。

5. 虚拟主播

虚拟主播主要指利用虚拟形象代替真人出镜的视频主播，与真人主播的直播场景类似，虚拟主播同样可以在直播间唱歌、跳舞、带货产品、与粉丝互动交流，只是换成了虚拟形象。虚拟主播具备更可控、更有趣、全年无休不断播等明显的优势。由于运营成本和技术门槛等因素，目前国内市场虚拟主播相对较少，但随着技术的不断完善和元宇宙概念的普及，虚拟主播或将成为企业品牌渗透新生代年轻人的标配。例如，京东美妆的虚拟主播"小美"，花西子推出的同名虚拟主播

"花西子"，欧莱雅的虚拟代言人 "M 姐"、国外 YouTube 平台上的虚拟主播 "绊爱（Kizuna AI）"、国内虚拟偶像主播 "洛天依"、现象级虚拟 IP "柳夜熙" 等。

3.1.3　引爆直播间人气的 9 大流量来源

做过运营的伙伴们都知道，不管在什么平台，什么渠道，只要谈到流量，主要就分两种：免费流量和付费流量，如图 3-2 所示。

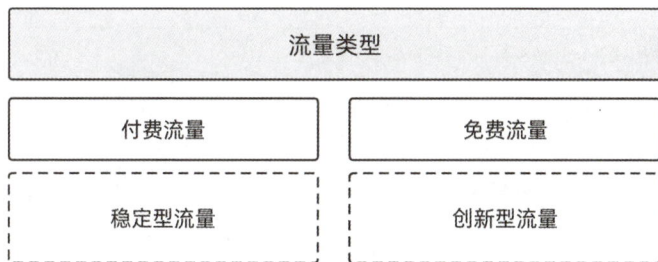

图 3-2

- **免费流量**：一般指通过平台运营、内容运营、私域流量运营等手段获取的自然流量。
- **付费流量**：一般指通过花钱的方式直接购买的平台流量，也就是大家所说的付费投放。目前绝大多数专业的直播带货团队，都会配有专业负责付费投放的推广人员。

大多数新人在刚开始研究直播带货时，基本上都会遇到同一个问题，那就是："为什么我的直播间没有流量？" 如果你也遇到了类似问题，正在思考如何为抖音直播间拉流，避免出现开播后仅仅十几个在线人数的尴尬场面，建议你重点关注下面的内容。

要想回答 "为什么我的直播间没有流量" 这个问题，首先你需要清晰地知道，目前直播间主要有哪些流量来源。

在本章中，我们将以当下比较火的抖音直播为例进行讲解。根据抖音电商罗盘分析，目前抖音直播间的流量主要有 9 大来源，如图 3-3 所示。

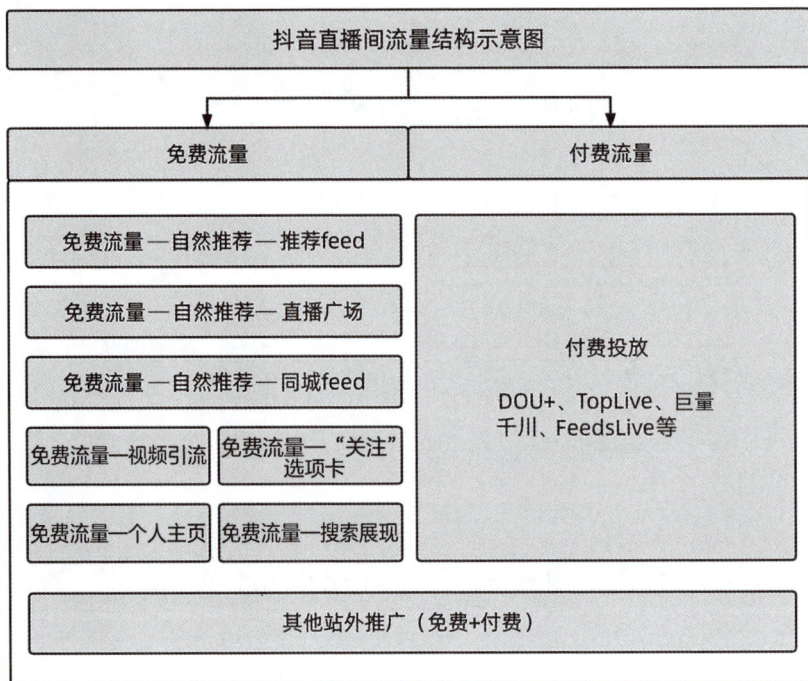

```
┌─────────────────────────────────────────────┐
│          抖音直播间流量结构示意图               │
└─────────────────────────────────────────────┘
        ┌──────────────┴──────────────┐
        ▼                              ▼
┌───────────────────┐    ┌────────────────────────┐
│     免费流量        │    │       付费流量           │
├───────────────────┤    ├────────────────────────┤
│ 免费流量—自然推荐—推荐feed │ │                        │
│ 免费流量—自然推荐—直播广场 │ │       付费投放           │
│ 免费流量—自然推荐—同城feed │ │  DOU+、TopLive、巨量     │
│ 免费流量—视频引流│免费流量—"关注"选项卡│ │  千川、FeedsLive等      │
│ 免费流量—个人主页│免费流量—搜索展现│ │                        │
├───────────────────┴────────────────────────┤
│        其他站外推广（免费+付费）               │
└─────────────────────────────────────────────┘
```

图 3-3

掌握这 9 大流量来源，轻松引爆直播间流量。

1. 免费流量—自然推荐—推荐 feed

用户通过抖音直播的推荐算法（例如匹配垂直标签、用户浏览喜好等），在推荐feed 流中看到直播间和直播间的入口，并进入直播间。自然推荐—推荐 feed 属于免费流量，不需要支付费用。

2. 免费流量—自然推荐—直播广场

用户通过直播广场入口进入直播间。通常情况下，从直播广场过来的流量，大都是被你的直播封面、标题文案和直播间排名吸引来的。我们可以换个角度看，也就是说，你的直播间排名越靠前，封面和标题文案越吸引人，用户刷到和进入你的直播间的概率就越大。给新人的建议：一定要重视标题文案和直播间封面。例如，标题文案尽量控制在 10 字以内，突出直播亮点，选择 1∶1 有吸引力的高清图片做封面。

3. 免费流量—自然推荐—同城 feed

在我们为直播账号开启同城选项后，抖音平台就会把我们的直播间推荐给同城用户，用户通过 "同城" 选项卡下的入口就可以进入直播间。一般建议开启同城选项，特别是对于做本地同城业务的账号，这部分流量也是相当可观的，例如，美食餐饮行业可以开同城直播带货团购券、提货券等。

4. 免费流量—视频引流

视频引流同样是直播间流量的重要来源之一。当用户刷到被系统推荐的短视频内容时，可以直接点击右侧的主播头像进入直播间。直播前的视频预热、直播中的视频拉流，都可以有效地为直播间获得更多的平台推荐流量。

5. 免费流量— "关注" 选项卡

这主要是指用户通过粉丝推荐和关注页面进入直播间。给新人的建议：一定要养成引导直播间在线用户加入主播粉丝团的习惯。大家可能在日常观看直播的时候，经常会听到主播提示你尽快加入粉丝团，但是你并没有考虑过主播为什么要这么做。这一行为的好处就在于，在用户加入粉丝团后，会在第一时间收到主播账号开播的消息推送，特别是当用户正在抖音 APP 刷视频的时候，这可以非常有效地引导用户一键进入直播间，这个行为可以提高直播间的初始流量。

6. 免费流量—个人主页

通过在账号主页展示直播相关信息，借用户查看个人主页的习惯，为直播间预热和引流。特别是对于通常在固定时间直播的主播来说，个人主页是一个可以自由、高效展示信息的免费资源位。例如，主页个人签名可以是"每晚 8 点准时开播，欢迎进入直播间"。

7. 免费流量—搜索展现

用户通过搜索关键词或者搜索账号名称进入直播间。在有直播预热需求时，通过开播账号的昵称预热，同样是一种可以为直播间引流的有效方式。例如，直播预热期间，你可以将个人账号昵称改为"×××-每晚 8 点直播""×××-今晚 8 点××直播专场"。

8. 付费流量

付费流量主要包括 DOU+、TopLive、FeedsLive、巨量千川等。你可以把 DOU+ 理解为一款视频/直播间加热工具，它可为发布的短视频或直播间提高曝光量及互动量。DOU+在直播带货引流中的作用，主要是通过直接加热直播间和视频加热直播间的方式，促使更多用户在浏览视频时看到关于直播的推广信息，提高直播间的曝光量，为直播间快速增加人气。

DOU+可以算是抖音创作者最熟悉和最常用的一种推广方式了，其优势在于操作相对简单，基本不需要投放基础。而 TopLive、FeedsLive、巨量千川的功能较多，操作相对复杂，一般会由专业投放推广团队负责。大家可以根据自己的实际情况和需求，选择适合的推广方式。

下面我们聊聊在为抖音直播间付费引流时，经常会被提到的问题：DOU+和巨量千川有什么区别？

很多人经常会把巨量千川和 DOU+推广两者混淆，虽然两者都可以推广直播间和短视频，但还是有很大不同的。最根本的区别是，DOU+是内容加热工具，主要用于增加内容的热度，偏内容营销；而巨量千川是投放工具，主要用于提高转化率，偏效果营销。

9. 其他站外推广（免费+付费）

其他站外推广通常是指在直播带货平台以外的各大新媒体平台、APP、线下门店等渠道，通过免费或付费的形式广而告之，为直播间引流。预热信息一般包括直播平台、直播时间、直播产品、直播优惠、直播卖点等。

举个例子，假设今晚 8 点你在抖音直播间安排了某美妆品牌直播带货专场，我们就可以提前或者在马上开播前，通过微信公众号、微信群、广点通等站外渠道，推送今晚 8 点直播的信息，借站外流量为直播间预热和引流。

3.2　"货"——招商选品，搞定货源

直播带货中的"货"主要指直播间售卖的商品，其涉及的具体问题包括：如何选品，哪些产品更适合在直播平台售卖等。对于大部分刚开始尝试直播带货的运营者来说，即使解决了流量问题，接下来依然要面对"选品难、无货源、转化差"

等一系列直播带货相关问题。本章我将会围绕如何选品、如何组货等方面展开介绍。

3.2.1 直播带货选品的 3 个基本原则

直播带货一般包括：带自己的产品、带别人的产品和带混搭的产品。

带自己的产品：账号主要以品牌自播为主，直播带货只是为产品增加了一种创新的销售渠道。例如，以小米直播间、华为商城等品牌自播账号为例，品牌方有自己的专属产品，直播团队只需在品牌旗下产品中根据需求选品、组货即可，不需要额外拓展货品供应链。

带别人的产品：账号主要以用达人身份带别人的产品为主。例如，罗永浩直播间、李佳琦直播间、广东夫妇直播间等，主播团队主要负责提供流量和售卖渠道，发货、售后等由合作的品牌方负责，或由带货团队和合作方联合负责。

对于售卖别人产品的带货团队，供货来源主要分为两大类：第一类依赖精选联盟、星图、商务合作等方式解决供货问题，这是目前直播带货团队选择最多的一种方式，适合大部分人；另一类是通过整合供应链解决供货问题，可以将其理解为头部 MCN 机构的转型升级。

带混搭的产品：很好理解，就是自己的产品+别人的产品混搭售卖，其中带自己产品的收益通常会相对较高。

在直播带货领域，不管是个人还是企业，都会面临选品的问题，到底该如何进行科学选品？有哪些规律可循呢？

一般可以遵循 3 个选品基本原则：低风险、高转化、高收益，如图 3-4 所示。

直播带货选品的3个基本原则		
低风险	高转化	高收益
质量、品质、价格、供货渠道、库存量、物流能力、发货速度，以及售后服务等是否有保障	符合账号定位 匹配粉丝画像 高性价比 热搜人气好物	完善产品供应链 高佣金产品

图 3-4

1．低风险

选品前期做好充分调研，可降低带货翻车风险。带货团队需要在开播前的准备工作中，尽量规避不必要的潜在风险，这一点对于有一定知名度和影响力的带货团队来说格外重要。

一般来说风险点包括：

（1）产品的质量和品质是否有保障；

（2）直播间的产品价格是否有保障；

（3）是否有官方授权；

（4）供货渠道是否正规；

（5）是否有充足的库存；

（6）物流能力是否有保障；

（7）发货速度是否有保障；

（8）是否为平台禁售品类；

（9）是否有完善的售后服务。

通过各种直播带货翻车案例可知，很多知名带货主播、网红、明星都曾在以上问题上出现过翻车和重大危机事件。例如，某些知名直播带货团队直播间曾发生过的假燕窝事件，某明星直播带货期间曾出现的直播间茅台酒优惠价格远高于市场价的乌龙事件。

2. 高转化

如果你的产品价格、主播人设和粉丝体量没有绝对优势，可以参考 4 个维度进行选品，分别是账号内容定位、粉丝画像、性价比、热搜人气好物。

接下来，我们一起聊一聊如何通过"账号内容定位、粉丝画像、性价比、热搜人气好物"4 个选品维度，优化选品策略，提高直播带货产品的转化率。

1）选择契合账号内容定位的产品

这主要指的是在账号垂直领域内选择匹配的产品。

从流量运营的角度分析，如果想要提高转化率，最有效的方式之一就是找到精准的目标用户；从平台推荐算法的角度分析，推荐算法可以有效地将视频观看者（目标用户）和视频生产者（带货主播）更好地连接起来。

从某种角度看，最了解你的不是你自己，而是算法。借助推荐算法找到精准目标用户，可以降低精准获客的成本。我们甚至可以这样认为：推荐算法是这个时代给营销人的最好的红利。

选品策略上的优化建议是，以通过平台推荐算法来找到精准目标用户为基础，选择用户感兴趣的产品，再通过账号在垂直领域长期进行的内容种草，以及主播专业人设的信任背书，提高带货产品的转化率。

例如，如果你是美妆达人，可以优先选择水、乳、精华、面霜、口红等美妆护肤类产品；如果你是时尚达人，可以选择服装、配饰等与时尚穿搭相关的产品；如果你是美食达人，可以选择厨具、特产、调料、水果、零食、本地同城美食优惠券等；如果你是泛娱乐领域的达人，没有明显的品类属性，仍可根据粉丝画像进行选品，这也是我们即将要提到的另一个可实现高转化的选品维度。

2）选择匹配粉丝画像的产品

通过数据分析来了解粉丝的男女比例、年龄范围、地域范围等信息，根据粉丝画像选择产品类目。一般可以借助数据分析工具，例如官方的创作者后台和第三方的抖查查、新抖等数据分析平台。

3）选择高性价比的产品

选择在产品价格上有优势的高性价比产品。粉丝在直播间下单的前提一定是信任，而主播在选品时，优先选择价格有优势的高性价比产品，可以最大限度地保证粉丝权益，在带货他人产品的同时，提高粉丝对主播的信任度和好感度。

对于头部带货主播来说，一般都能够从品牌方拿到"全网最低价"的特殊权益，而绝大多数的带货主播在知名度不够高的前期，基本很难拿到类似"全网最低价"的特殊权益，但他们依然可以通过组合赠品福利的方式，保证粉丝权益。例如，可以选择采用"买一送多"的组合策略。

以抖音、快手平台上的头部搞笑主播为例，他们虽然拥有超高粉丝量和流量，但由于账号属于泛娱乐领域，刚好这个领域又不具备对应的垂类产品，所以在选品上最常用的策略是选择高性价比的产品，打价格战。主打的噱头基本上是为家人谋福利，保证在直播间购买的产品全网最低价，买一送多超高性价比，从而引导粉丝下单抢购，提高转化率。

4）选择热搜人气款的产品

判断一款产品能否在直播间成为爆款，最直接有效的方法是，分析该产品在现有直播带货平台和其他电商平台上最近一段时间内的销售数据。

已有销售数据越高，说明该产品在当下这段时间内被关注的程度越高，越容易实现转化，甚至可以自带流量。

在没有特定带货品类的情况下，可以优先选择同时具备单价低、受众广、易耗三个特点的产品，例如食品饮料、服饰、美妆个护等品类。

3. 高利润

正如前面我们多次提到的，运营新媒体的最终目标一定是营收，无论是短视频还是直播带货，本质上都是为了实现获客和变现。对于带货主播来说，在直播观看人数和成交量相对较低的情况下，想要提高当场直播的收益，除了提高产品的转化率，最简单直接的方式就是尽量选择一些高利润或者高佣金的产品。

3.2.2　带货达人常用的选品渠道

想做直播带货，没有商品供应链，不知道怎样找货源该怎么办？你是否有过类似的问题和困惑？在本节的内容中，或许有你想要的答案。

由于商家自播和头部带货主播的团队一般都有相对完善的供应链和产品库，不需要为货源发愁，所以这部分内容我们以"售卖别人的商品，自己不提供物流仓储"为前提，分享一些适合的选品渠道和提供一些有效建议，适合零基础冷启动的带货团队或者个人。

1. 抖音精选联盟

你需要登录抖音账号，进入"个人主页"，找到并点击进入"商品橱窗"，然后选择"添加商品"，就可以实现通过抖音进行带货的需求。

需要注意的是，目前的平台规则是，只有申请成为带货达人（推广他人商品）并开通带货权限，主页下面才会出现商品橱窗，抖音的普通用户在个人主页看不到商品橱窗。具体开通条件和如何开通将会在下一节关于"场"的内容中和大家详细介绍。

对于品牌商家来说，入驻后就可以将自己的产品上架到抖音精选联盟的产品库，你只需要根据需求设置好佣金比例，带货主播和视频达人即可通过联盟在线选品并售卖。在产生订单后，作为商家，你需要及时发货，最后根据规则定期进行佣金结算，就可以实现快速去库存的效果。对于带货主播来说，开通带货权限后，可以挑选适合自己的产品进行带货。其实这种形式并不复杂，本质上和淘宝联盟很像，都是通过分销别人的产品赚取分销佣金。

2. 招商/商务合作

通过在账号主页、私信、评论等渠道，直接或间接留下招商联系方式，等待合作方带着需求主动来聊，或者通过商务外拓的方式与品牌方直接达成带货合作。带货合作的形式，可以是品牌专场，也可以是多品混播；可以是实体商品，也可以是虚拟商品。实体商品很好理解，目前绝大多数带货团队选择的都是实体商品。

我们这里侧重聊一下针对虚拟商品该怎么合作。

举个例子，假设你专注于保险理财领域，是该领域的专家。在这样的背景下，你完全可以选择与某保险或理财品牌方直接合作，在直播间上架类似"帮助用户免费规划理财和保险方案"的产品或者"粉丝福利1元购某商业保险"的产品等，这类虚拟产品最大的优势就在于，用户下单后，不需要物流发货，其主要的盈利模式是通过获取到的用户手机号作为线索，二次转化其他高价值产品或者促进复购。

对于品牌方来说，通过这种和领域专家类主播合作的形式获取线索的成本，一般远低于传统投放渠道获取线索的成本。

对于带货主播来说，既可以通过 CPL 获得收益，也可以选择 CPS 合作获得佣金。如果你是有一定粉丝基础的带货主播，还可以通过坑位费获得一笔不错的收入。

还有极少一部分人会通过神秘的淘客组织、工厂、各种行业微信群、一站式服务平台等渠道，解决货源问题，对于刚开始尝试直播带货的行业新人并不推荐这些方式，原因很简单，"水太深"，建议优先选择官方的选品广场。

3.2.3 头部直播带货团队常用的"黄金组货策略"

如何通过多款产品组合，提高整场直播带货的最终成交额？

目前做得比较好的头部带货主播，其直播间最常见的产品类型有以下 5 款：高补贴的引流款、低客单价的福利款、自带流量的畅销款、佣金够高的利润款、稀缺的特色爆款。

各种产品类型及其作用具体如图 3-5 所示。

为了帮助大家更好地理解这部分内容，下面我会对这 5 款产品分别展开介绍，以便大家在之后的实际操作中，根据自身情况对产品进行自由组合，找出最适合自己的组货策略。

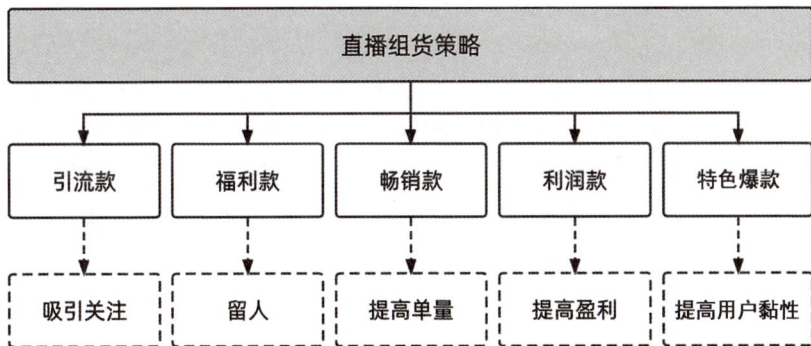

直播组货策略

引流款	福利款	畅销款	利润款	特色爆款
吸引关注	留人	提高单量	提高盈利	提高用户黏性

图 3-5

1. 高补贴的引流款

主要以"补贴让利"为营销噱头，通过预热推广为直播间引流。引流款不作为利润的主要来源，通常情况下设计引流款产品的目的并不是获利，这款产品多出现在品牌自播和有一定规模的带货团队的直播中。

设置高补贴引流款的本质就是通过补贴换免费流量。

举个例子，苹果发布新品 iPhone 13 Pro 时，其内存 512GB、官方指导价 10399元，某头部主播为借 iPhone 新品的热度，以在直播间购买 iPhone 13 Pro 每台补贴 1000 元为噱头疯狂引流，这样做既赚到了粉丝好感度，又吸引了一波流量。当然进行补贴的 iPhone 产品数量一定是有限的，且这些产品是分批次上架的。

2. 低客单价的福利款

福利款又可以被称为"留人款"，在直播期间可以分阶段插入福利款，带货主播可以此为噱头，通过专业话术引导直播间在线用户参与互动、关注主播和加入粉丝团。

具体可以将"受众范围广、使用频率高、成本低"作为福利款的选品标准。

例如，如果是 3C 数码产品的专场，就可以选择"9 块 9 包邮秒杀"的数据线作为福利款；如果是美妆专场，可以选择设置"1 元秒杀面膜"；如果是综合品类的带货专场，还可以在超低价包邮的产品库中，选择高频、刚需类生活用品，作为低客单价的福利款。即使你设置成 3 块 9 包邮，也极有可能拥有盈利空间，很多小商品算上产品、物流等成本也不会超过 3 块钱。保守估计，福利款就算最终不盈利，也可以实现刷高销量和赚足人气的效果。

设置福利款的本质是让用户产生占便宜的快感。

需要注意的是，个别直播平台可能对商品价格有所限制。例如，1 元秒杀可能会触碰平台规则，可以将其灵活地改成类似限时秒杀 3 块 9 包邮、9 块 9 包邮等，根据实际情况调整即可。

通过在直播间设置福利款，同时配合直播期间的各种营销活动，可以维持直播间的活跃度和用户数，营销活动的形式一般包括免单、抽奖、福袋、优惠券、红包等。

3. 自带流量的畅销款

这款产品一般属于大众消费，可以满足绝大部分用户的需求。产品本身有一定知名度，具有市场渗透率高、自带流量、转化率高的特点。自带流量的畅销款可以主推，用来提高整场直播的客单价和最终成交额。

4. 佣金够高的利润款

利润款一般可以选择非标品、白牌或者自营产品，特点是产品供应链有价格优势，利润够高或佣金够高。

5. 稀缺的特色爆款

特色爆款是指具备一定稀缺性的特色产品或新奇好物。若直播间拥有稀缺的特色爆款，可以在一定程度上增加用户好感度和粉丝黏性。

例如，品牌直播粉丝专属特别定制款、主播和品牌之间的独家定制款、联名款、IP 限定款、抢先首发的新品等。

3.2.4　如何写出让用户抢单的直播带货脚本

如何才能写出让用户抢着下单的直播带货脚本？关于这个问题，我们可以从以下两个维度进行思考和分析。

（1）消费者为什么需要买这个产品？

（2）消费者为什么要在你的直播间购买这个产品？

下面我们针对这两个维度分别聊聊。

1. 用户为什么需要买这个产品

解决这个问题，实际上就是要给用户找到一个购买产品的理由。理由越充分，转化率越高。所以，问题的根本是产品，可以从产品本身的亮点出发，从用户的角度思考，在什么场景和需求下，用户会用到这个产品。

设计一个需求场景，给用户一个购买理由。我会在后面关于如何提高 GMV 的直播带货技巧的内容中，给大家详细介绍。

2. 用户为什么要在你的直播间购买这个产品

给用户一个在你的直播间购买产品的理由。解决这个问题的根本是主播，我们可以从用户在主播直播间购物后可获得的"显性"或"隐性"特权出发，具体特权包括：

- **巨大的优惠政策**：全网最低价、买一送多等。
- **额外的附加价值**：下单即可获得参与抽奖的资格、购物有积分、额外赠送独家好礼、获得加入专属社群的机会等。
- **情感价值**：表达情感，为爱买单。例如，疫情期间多地农产品滞销，扶贫助农成为直播带货的关键词。对于消费者来说，所关注的主播经常做公益捐款，经常扶贫助农，支持主播就等于支持慈善，传递正能量，寄托情感。也可能单纯地就是想支持"爱豆"，支持"老铁"，以达到自我情绪的满足。

以上这些特权，都有可能促使用户在直播间完成冲动型消费。

3.3 "场"——确定场景，解决场地

通常大家所说的"场"主要指消费场景。具体来说，就是消费者可以在什么场景下，接触和购买到特定的商品。在直播带货所提到的"人、货、场"中，"场"主要指的是带货的平台和场地，展开来说就是在哪个平台开展直播带货？如何布置直播场景？

3.3.1 如何找对直播带货平台

目标用户在哪里，流量就在哪里，流量在哪里，我们就应该去哪里搭建自己的"场"。目前市场上主要的直播带货平台包括抖音、快手、微信视频号、淘宝、京

东、拼多多、小红书等。

如图 3-6 所示，从属性、流量来源、带货模式、推荐品类 4 个维度，对当下主流直播带货平台进行了对比分析，有助于大家找到适合自己的直播带货主战场。

平台	属性	流量来源	带货模式	推荐品类
抖音	娱乐+内容+社交	偏公域	短视频+达人/企业直播	酒水、穿搭、美妆、食品、日用百货
快手	娱乐+内容+社交	偏私域	达人直播、打榜、连麦	百元以内高性价比的产品
微信视频号	内容+社交	偏私域	商家自播、达人导购	服装鞋帽、图书文娱、家居生活、食品、配饰
淘宝	电商+内容	偏公域	商家自播、达人导购	体系内全品类产品，优先穿搭、美妆
京东	电商+内容	偏公域	商家自播、达人导购	体系内全品类产品，优先数码、家电、食品
拼多多	内容+社交	偏私域	商家直播（偏私域运营工具）	食品、生活用品
小红书	内容+种草	公域+私域	笔记种草+直播	美妆、穿搭

注：由于各平台产品会不断迭代，以上区分仅供参考，不作为各平台战略定位。

图 3-6

3.3.2　如何开通商品橱窗和抖音小店

我们以在抖音平台开通直播带货功能的流程为例，其他平台大同小异。很多刚开始尝试直播带货的运营人员，在初期都会问到同一个问题：商品橱窗和抖音小店有什么区别？对于这个问题，只需要记住下面这句话"商品橱窗主要是卖别人的产品，抖音小店主要是卖自己的产品"。

下面我们一起来了解一下，商品橱窗和抖音小店的开通条件与操作流程。

1. 商品橱窗的开通条件与操作流程

以下仅供参考，具体规则可能会有所变动，大家在实际操作过程中，请以平台实时要求的条件为准。

开通条件：

- 个人或企业都可以开通；
- 需要实名认证；
- 缴纳作者基础保证金 500 元（部分月支付订单成交金额较高的账号作者，可能会被提示需要缴纳浮动保证金或者活动保证金，具体金额标准以平台相关页面提示为准）；
- 个人主页的视频数量不少于 10 条；
- 个人抖音账号粉丝量不少于 1000 个；
- 开通收款账户，主要用来收取佣金和提现（所需材料包括身份证或者个人/企业营业执照等。）

具体操作流程：

登录抖音账号，进入"个人主页"，点击右上角的更多选项图标，找到并点击进入"创作者中心"，选择"商品橱窗"。如果此时页面中没有"商品橱窗"，可以点击"全部分类"来找到对应的选项，然后根据页面提示操作即可。

开通成功后，支持在 PC 端对商品橱窗进行管理、查看推广数据及进行直播间中控等，具体方式是在电脑上登录巨量百应工作台，根据页面提示操作即可。

2. 抖音小店的开通条件与操作流程

开通条件：

- 目前仅支持个体工商户或者企业入驻，暂不支持使用个人身份证入驻开通抖音小店；
- 营业执照（原件扫描件或者加盖公章的复印件）；
- 法定代表人/经营人身份证；
- 银行账户信息；
- 部分类目可能需要额外提供品牌相关资质或行业资质。

操作流程：

登录账号，选择主体类型，根据页面提示要求填写相关信息，然后提交给平台审核，最后进行账户验证和缴纳保证金，即可开通自己专属的抖音小店。开通后可以通过 PC 端或者下载抖店 APP（商家端移动工作台）进行管理。

大多数企业、商家在开店时都会纠结一个问题，那就是如何选择店铺类型。

普通店、专营店、专卖店、旗舰店之间有什么区别呢？下面给大家一些参考。

- **普通店**：适合无品牌的商家；
- **专营店**：店铺内 1 个类目至少有 2 个品牌（授权品牌或自有品牌都可以），其他类目有 1 个及以上品牌（授权品牌或自有品牌都可以）；
- **专卖店**：只可经营一个授权品牌；
- **旗舰店**：可经营多个自有品牌，或者一个一级独占授权品牌。

3.3.3 如何布置高转化直播场景

在这部分内容中，我会从直播间背景搭建、设备选择、辅助道具 3 个方面，和大家一起探讨。个人尝试直播带货，在没有完善的团队人员配置的情况下，该如何布置出低成本、高转化的直播场景？

目前常见的直播间背景布置方式主要包括 3 种：虚拟背景、实景背景、LED 大屏。其中，实景背景直播对场地和装修都有一定的要求，带货品类也有局限性；LED 大屏成本相对较高，比较适合有一定资本加持的带货团队。对于实景背景和 LED 大屏这两种方式，本章不做过多介绍，下面我们主要聊一聊虚拟背景直播间该如何搭建。

1. 如何搭建虚拟背景直播间场景

虚拟背景直播还有一个大家比较熟悉的名字"绿幕抠图直播"，通常也被称为"绿幕"。我们日常看到的大多数电影，在拍摄的时候都会用到这项技术。现在这项技术已经被广泛应用到直播带货场景中，其主要原理是，使用绿色幕布充当主播或者其他主体的背景，然后通过对摄像机录制的影像进行处理，抠除画面中的绿色背景部分，再将拍摄主体放到一个新的背景上，从而虚构出想要实现的直播间背景效果。

在直播间使用绿幕抠图技术最明显的优势在于，可以随时根据需求，将直播间背景替换成自己想要的图片或视频素材。例如，在抖音平台的小米直播间，通常会在直播背景中动态添加所带货产品的详细参数和促销信息等，结合主播专业的带货话术，通过"视觉+听觉"的双重刺激，提高直播带货的转化率。

1）虚拟背景直播常规的操作方法

首先需要悬挂好一块平整无褶皱的绿布，架好专业高清摄像设备，打上合适角度的灯光。然后打开抖音官方的直播伴侣软件，在添加素材栏中选择摄像头。在不出意外的情况下，这时你的电脑屏幕上会出现摄像头捕捉到的画面，接下来需要从添加的素材中选择你想要的图片或者视频素材并导入，在软件操作后台左上角的场景模式中，将图片或视频素材放到摄像头画面的下一层，用作背景。最后在摄像头的设置选项中，找到背景设置，选择"绿幕抠图"选项，根据现场实际情况，适当调节相似度、平滑度等参数，设置好美颜和滤镜即可。

2）使用虚拟背景直播的重要技巧和注意事项

（1）避免出镜主播的衣着和拍摄主体出现和绿幕相近的颜色。当然，也不建议出镜主播穿着花哨、镂空的服装，更不要佩戴容易反光的饰品，这些因素都会在无形中增加抠像的难度。

（2）绿幕要尽量悬挂平整，灯光需要均匀照亮绿幕，在条件允许的情况下，可以使用柔光箱来保证灯光均匀发散，确保无阴影，出现任何阴影都会影响抠像效果。

（3）主播站位与绿幕应保持一定距离，一般建议在 2~3 米，以消除影子为标准。在实际布景过程中，如果你在测试时发现直播间的主播人物边缘溢色，也就是出现了大家通常所说的人物轮廓有绿色边缘的情况，这一般和人物与绿幕距离、摄像设备、抠图软件设置等因素有关。人物距离绿幕是否过近，是我们首先需要考虑和排除的影响因素，一般调整好主播和绿幕的距离，就可以有效解决人物边缘溢色的问题。

提前了解这部分内容，可以在你想尝试使用虚拟背景直播时，有效避坑，少走弯路。

2. 搭建高转化的直播间需要哪些设备和道具

事实上，不管是个人还是专业的直播带货团队，只要准备好摄像设备、后台操作设备、灯光设备等就可以开启一场直播。但是，在这里，我想给大家一些个人建议："切勿装备先行。"

特别是对于想尝试直播带货变现的个人来说，在没有跑通盈利模式的前期，尽量不要在设备方面投入太多成本。请记住这句话：设备的好坏并不是决定一场直播带货最终 GMV 多少的关键因素。

所有打着"装备先行"口号的人，多半和那些以减脂瘦身为目的买跑鞋、办健身卡后又不去运动的是一群人。

直播带货入门级玩家用两部手机、一个支架、一个美颜补光灯，就可以成功开启一场简单的直播。例如，那些在知识付费领域卖课程的主播，前期并不需要在设备上投入太多成本。另外，专业的直播团队还会用到导播台、监视器、麦克风、专业相机、高配电脑、灯光、支架、显示器、提词器、声卡、音响等。当然，我们不可否认，有专业设备的加持确实可以提高直播间的整体质量。

在正式开始一场直播的准备工作中，除以上提到的相机、电脑、灯光、音响等主要设备，专业的带货团队通常还会准备一些辅助的小道具，用来提升直播间氛围和辅助带货主播解说，从而达到更好的转化效果。

辅助道具主要包括以下 4 个方面：直播贴片、红包福袋、演绎道具、氛围 BGM。

直播间辅助道具，具体如图 3-7 所示。

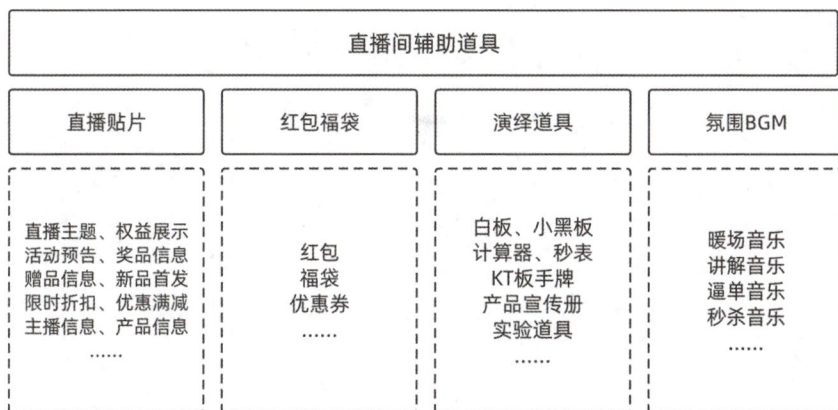

图 3-7

直播贴片：配合虚拟背景直播，由设计师或美工提前根据直播脚本设计出的图片素材。例如直播主题、权益展示、活动预告、奖品信息、抽奖规则、赠品信息、新品首发、限时折扣、优惠满减、主播信息、产品信息、顺丰包邮、七天无理由退换货等。

红包福袋：在直播间通过发红包福袋的方式，可以更直接、有效地提高直播间用户停留时长、互动率、粉丝增长率、加入粉丝团的转化率、直播间分享率等重要的数据指标。同样，也可以间接提高直播间热度，从而获得取更多平台推荐的免费流量。

如果你想提高"路转粉"和加入粉丝团的人数，可以将福袋活动的参与对象设置为"仅粉丝团可参与"。如果你想在刚开播时实现快速暖场和提高直播间互动率，还可以将参与对象设置为"所有关注可参与"，将参与方式设置为"口令参与"，借助用户参与互动时触发的活动口令，实现口令刷屏的效果。

后台操作示意如图 3-8 所示。

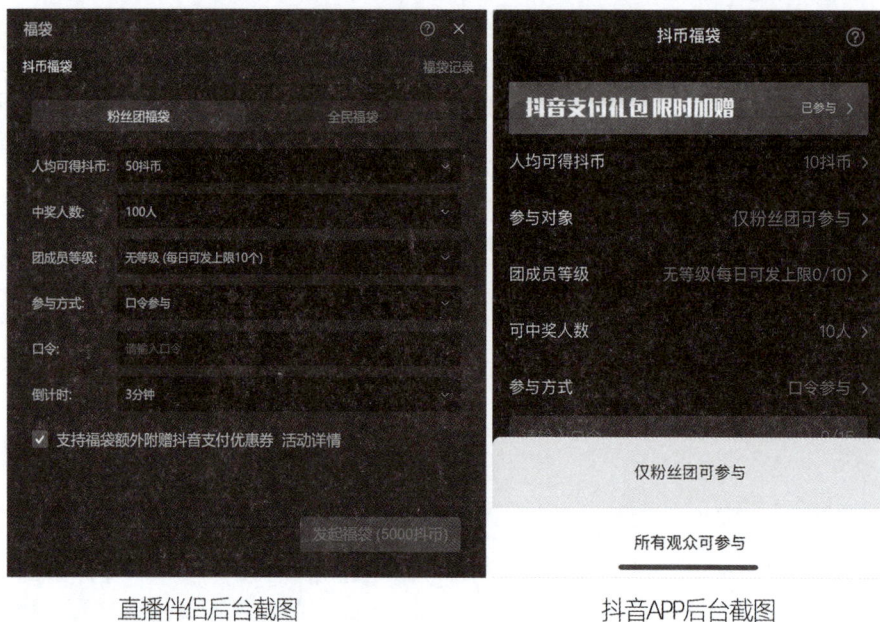

直播伴侣后台截图　　　　　　　抖音APP后台截图

图 3-8

演绎道具：这里提到的演绎道具主要指，在直播间主播带货过程中，用来配合主播做产品讲解、突出产品卖点、体现极致性价比、营造紧张抢购氛围，从而促进用户尽快下单的实物道具。这些道具包括但不限于通用的白板、小黑板、计算器、秒表、KT 板手牌、产品宣传册、实验道具等。

例如，在带货多 SKU 的口红或服饰类产品时，就可以配合口播节奏，在小黑板上写下什么场景选择下单什么口红色号，什么身高选择下单什么尺码等。

千万不要把这个环节简单理解成客服答疑，其核心作用是给予用户明确且清晰的动作指令，引导大家尽快完成下单。

对于一些全程只带货一款产品的知识类主播，小黑板也可用作教学辅助道具，介绍课程亮点、重要的知识点、购买后的听课流程等，这样做不仅可以减少常见问题的重复回答，还能够引导用户完成下单动作。

当然,如果你擅长夸张的表演,还可以使用类似计算器这种很有代入感的道具,通过现场帮大家算账的方式,给直播间用户营造一种现在购买该产品绝对物超所值、性价比超高的抢购氛围。特别是在赠品较多时,利用这种操作,配合主播不断用逼单话术强调产品超值,可以有效突破用户的心理防线,促进用户下单。

气氛 BGM:BGM 最大的作用就是带节奏。背景音乐用得好,不仅可以快速提升直播间的互动氛围,还可以为观众制造抢购的紧迫感,提高产品的下单转化率。可以根据暖场音乐、讲解音乐、逼单音乐、秒杀音乐等场景分别设置不同的 BGM 库。

3.4　可复用的直播带货 SOP 执行流程

当我们想要策划一场直播带货时,首先要完成的工作,就是对整场直播的每一个环节提前做好规划,其中包括直播主题、主播人选、业绩目标、开播时长、选品排品、制定营销策略、检查直播设备、现场人员分工等。

下面我会从直播前、中、后所需要做的准备工作,以及如何制定直播带货 SOP 两个方面,分别和大家聊一聊具体执行动作和流程。

1. 直播带货前、中、后分别需要做哪些准备工作

直播前的准备工作如下。

(1)确定出镜主播、人设,确定直播平台,布置场地;

(2)检查设备,包括但不限于灯光、电源、网线、电脑、提词器、相机、手机、BBS 等;

(3)准备直播预热素材,针对各引流渠道提前做好直播预告和亮点宣传;

(4)引流计划,保证直播间流量来源和供给;

(5)细化直播脚本、营销方案、组货方案、排品逻辑;

（6）控场计划，包括安排气氛组、设置屏蔽词和敏感词等；

（7）确认带货商品表单、提前配置店铺后台产品页面（橱窗）和商品排序等。

直播中的准备工作如下。

主播：主要负责整场直播的产品讲解、逼单、互动，引导直播间在线用户完成下单。

助播：主要负责带动直播间气氛，配合主播引导直播间在线用户完成下单，把控直播节奏。

直播中控：通常也被称为直播助理、观察手，主要负责配合带货主播，及时对正在讲解的产品执行上架、下架、改价、发券等操作。高级一些的直播中控还需要实时关注整场直播的后台数据，及时提醒主播过款时间和过款节奏。

投手：主要负责制订投放计划，及时为直播间引流。

直播运营：负责的工作相对更广泛，也更重要，在直播期间，需要掌控全盘，实时监控数据变化，及时调整和把控整场直播的节奏，为流量、转化、GMV 等结果负责。

短视频运营：负责及时对直播期间的精彩片段进行剪辑和发布。

直播后的工作安排如下。

复盘与售后。从"五维四率"、直播场景、营销策略、主播带货状态等方面进行复盘分析，以及做好产品售后等一系列工作。

2. 直播带货全流程具体都包括哪些工作安排

下面分享一份直播带货 SOP 执行模板，供大家参考借鉴，如图 3-9 所示。

直播带货SOP执行模板							
环节	准备工作	序号	具体细节	负责人	截止时间	完成状态	备注
人	人员安排	1	开播前，主播、助播、嘉宾及其他人员安排				
		2	开播中，场控安排，把控整场直播节奏				
	直播脚本	1	根据主题、目标、产品，输出直播带货脚本				
		2	策划营销方案（秒杀、福袋、抽奖等）				
	引流推广	1	直播前预热方案与执行				
		2	直播中推广方案与执行				
	视频制作	1	根据预热、推广、运营需求，制作直播前后所需的视频物料				
	"服、化、道"	1	主播及出镜人员服装安排				
		2	出镜主播、助播等人员妆容				
		3	准备辅助带货道具、样品等				
货	选品	1	确定预售产品				
		2	组货与排品				
		3	产品介绍				
		4	亮点提炼（同类对比、价格、权益、卖点等）				
场	布置场地	1	确定直播场地				
		2	布置现场环境				
	设备调试	1	灯光、电源、网线、电脑、提词器、相机、手机、BBS等设备调试				
		2	画面流畅度、清晰度、亮度、取景角度等				
	后台设置	1	控评，预设屏蔽词、敏感词				
		2	配置直播间封面、标题、文案、话题等				
		3	店铺后台设置、上架、下架、改价、发券、物料准备等				
复盘			直播结束后，输出直播间各项数据、问题、优化建议等				

图 3-9

3.5 如何根据 "五维四率" 优化直播间流量转化

在一场直播带货结束后，通常都需要对整场直播进行一次系统的复盘。复盘最重要的意义就在于，可以及时发现问题和总结优化建议，便于在下一场直播开始前做出有效调整。如果你通过数据分析，发现直播间的流量转化率不高或者有所下降，就可以根据"五维四率"直播间诊断法，对直播间现存问题进行整改和优化。

那么，问题来了：什么是"五维四率"？

"五维"：主要指直播间曝光人数、直播间进入人数、商品曝光人数、商品点击人数，以及直播间成交人数。

"四率"：主要指直播间点击率、商品曝光率、商品点击率，以及点击支付率。

接下来，我们一起来聊一聊"五维"与"四率"彼此之间的关系，以及如何根据"五维四率"直播间诊断法，对直播间现存问题进行优化。

1. 观看点击率 ＝ 直播间进入人数 / 直播间曝光人数

如果通过复盘分析发现，"观看点击率"有所下降，那么通常是"画面的吸引力不够"和"人群不精准"所导致的。通常的优化建议是：调整投放计划，提高触达人群的精准度；调整引流短视频素材，从主播形象、活动奖品、优惠力度、特殊权益、合作嘉宾等方面，刺激目标用户点击进入直播间。

2. 商品曝光率 ＝ 商品曝光人数 / 直播间进入人数

如果通过复盘分析发现，"商品曝光率"有所下降，那么通常的优化建议是：调整主播和助播的话术，并且增加引导直播间用户点击购物车的提醒频次，以及提高正在讲解商品弹窗展示的频次。

3. 商品点击率 ＝ 商品点击人数 ／ 商品曝光人数

如果通过复盘分析发现，"商品点击率"有所下降，那么通常的优化建议是：优化宝贝描述页面、强化产品差异化亮点与价格优势、在商品详情页增加特殊权益、增加介绍下单流程的辅助道具和话术引导等。

4. 点击支付率 ＝ 直播间成交人数 ／ 商品点击人数

如果通过复盘分析发现，"点击支付率"有所下降，通常的优化建议是：通过调整主播和助播的逼单话术、增加限时限量和有戏剧冲突及观赏性的营销计划、现场制造抢单氛围捧哏带节奏、客服及时响应并回答用户售前问题等方式，促使用户尽快完成订单支付。

当然，你也可以借助工具，分析直播存在的问题。

例如，以在抖音平台直播带货为例，如果需要对直播的"五维四率"进行诊断分析，可以通过官方巨量创意提供的诊断工具，填写相应的数据，查看诊断结果，如图 3-10 所示。

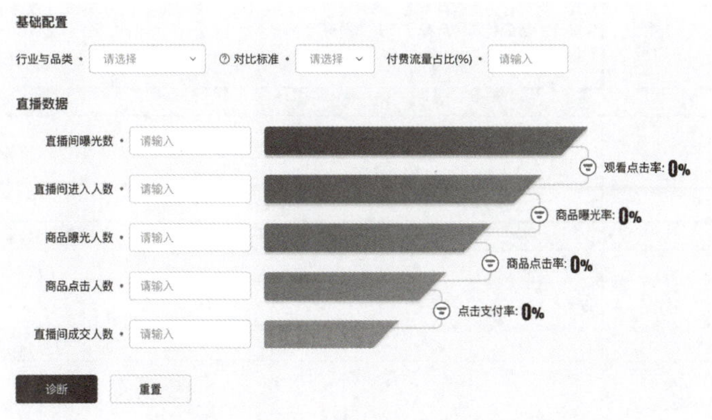

图 3-10

3.6 如何设计一场高转化直播的脚本

在介绍如何设计直播脚本之前，我们先来了解一下，传统的电视节目录制脚本和淘宝店铺直播脚本大致是什么样的，看看是否有一些值得我们借鉴的地方，如图 3-11 所示。为了便于说明，脚本中涉及的人物名称暂且用符号和数字代替。

×××节目录制脚本							
节目主题	×××××××肌肤问题						
录制日期	×年×月×日						
主持人	A	专家	B	嘉宾	1号2号3号	导演	D
序号	时长	内容					道具
开场							
一	3	主持人：此处为欢迎语，抛出问题，与嘉宾互动，引出本期节目主题 1号嘉宾：参与问题互动 2号嘉宾：×××× 3号嘉宾：×××× 主持人：为了能够寻求最准确的答案，我们街采了×××××，先看一组短片 VCR：（切换街采视频）					题板
第一部分							
二	10	主持人：结合VCR，强化问题痛点×××××× 专家：×××××总结问题 主持人：如何解决 专家：给出解决办法，引出市场上通用的产品 嘉宾：打配合先肯定再否定，先对解决方案表示认可，再对市场上的产品提出质疑 专家：引出要植入的产品及产品主打亮点等信息 ……					水分测试仪
第二部分							
三	15	……（基本同上）					×××
结尾							
四	2	主持人：总结收尾+结束语					×××

图 3-11

从图 3-11 可以看出，在棚内录制一场电视节目的前期，脚本至少需要包含主题、时长、主持人、嘉宾、专家、导演、道具、产品亮点等重要信息，甚至会给出每个出镜人员的具体话术，以便在现场录制时，嘉宾和工作人员可以有条不紊地按照预设方向高效地完成节目录制。

直播相对于录播来说，最大的不同点在于：直播时所呈现给用户的画面，不具备补录和通过后期剪辑调整的可能性。也正是因为直播的这个特点，如果前期准备得不充分，很容易出现现场翻车的尴尬场面。

一份完整的直播脚本一般需要包含直播主题、直播时间、主播和工作人员安排、产品排序、产品卖点、营销方案等。

下面分享一份直播脚本方案，供大家参考借鉴，如图 3-12 所示。

＿＿X月X日直播脚本方案										
直播主题	×××				直播时间		×××			
直播目标	×××				直播地点		×××			
主播	A	助播	B		场控		C		运营	D
注意事项	××××××									
序号	时长	流程	产品名称	核心卖点	参考话术/关键词	直播间价	日常价	营销方案	道具	机位（全景/特效）
1	10min	暖场/预告	/	/	×××	/	/	福袋（时间、奖品、数量）	暖场BGM	正面全景
2										
3										
4										
5										
6										
7										
8										
9										
10										

图 3-12

提前设计好完善的直播脚本，是保证一场直播有序进行的关键。直播脚本不仅可以方便带货主播和直播团队的各成员轻松掌控整场直播各个环节的节奏，避免冷场和出现重大失误，还可以利用提前设计好的各种营销活动和带货话术，促进用户下单，提高整场直播带货的 GMV。

3.7 提高 GMV 的 7 个直播带货技巧

对于绝大多数普通人来说，直播带货并没有想象得那么容易。直播带货这件事，也不可能像一些营销号说的那样，开个直播，随便付出点预算就能成功卖出产品。即使是自带流量的知名网红和明星，开直播带不出货的案例也比比皆是。当然，直播带货也没想象得那么难，只要掌握了其中的运营策略和促单技巧，还是有很大的机会成为赢家。

如何通过设计直播脚本提高转化率，引爆直播带货成交额？

下面分享 7 个快速提高转化率和整场 GMV 的带货技巧，组合使用效果更佳。

1. 场景带入，贴近生活

带货时，一般来说，并不建议直接以产品为切入点。正确的带货方式应该是先塑造一个使用场景，通过"场景"让用户更有代入感和向往感。

通过在直播现场试用产品和分享感受，将用户带到一个特定的、美好的、贴近生活的使用场景中，触发直播间用户产生共鸣，为观看的用户提供购买理由、制造紧迫感并引导下单。

例如，知名带货主播李佳琦在其直播间带口红产品时，并不只是说某口红有多么好看，多么颜色出众，这样的表达显然没有太大的说服力，他通常采用的方式是自己或助理在直播间面对镜头现场试用，分享真实试用感受，展示真实上妆效果，同时为粉丝提供各种无法拒绝的购买理由，比如"女明星最爱的那种号色""这款口红，面试、约会、通勤、见家长，太合适了""今年夏天嘴巴流行的颜色"……

这样带货的好处在于，抓住了女性都渴望优雅、高级、品味出众、生活惬意的特定心理，通过打标签和场景带入，不断突破用户防线，从而引导粉丝完成冲动消费。

2. 资质背书，数据证言

罗列数据，在直播带货过程中，出示可信证明，为所带的产品背书。可信证明包括但不限于：品牌授权书、检测机构证书、荣誉证书、已购用户好评截图、销量截图、明星网红推荐、专家背书、生产基地等。

特别是当用户看到并不熟悉的产品或者非标产品时，展示出与产品相关的资质认证、销量数据、明星代言等信息，可以有效提升用户对产品的信任度，同时缩短建立信任所需的时间。关于这一点其实很好理解，毕竟，没有任何一个人会希望自己在购物时掉到坑里。

例如，你可以说"这款某某明星推荐的爆款面膜，已经累计卖出 20 万份……"，好评率、回购率等也都可以作为列举的数据。

3. 祈使引导，现场教学

永远不要仅站在自己的角度思考问题。要知道不是所有进入直播间的用户，都了解在直播间购物的具体流程。这部分新增用户可能只是因为好奇而进入直播间的路人，也可能是对带货的产品有意向而正在犹豫是否下单的潜在消费者，不管出于什么原因，只要他们仍停留在直播间，就必定对某些信息感兴趣。所以在直播带货时，主播对于直播间用户的祈使引导，以及现场带节奏演示下单流程的行为，就显得很有必要。

例如，你可以告诉用户产品在几号链接，如何领取优惠券，如何下单购买最划算等。通过这种带着用户一步一步操作和引导用户的祈使行为，既可以帮助用户快速排除下单操作中的障碍，也可以让观看者不由自主地从众操作，从而促成那些"犹豫不决"的订单。

4. 氛围捧哏，造势抢购

对于在直播间观看直播的观众来说，在直播间购物与在天猫、京东等电商平台购物最大的区别就在于，在直播间内，大家根本来不及四处比价，也来不及理性地思考对该产品是否有需求，而很容易被主播或者氛围组带节奏，自我说服，完成冲动消费。

例如，多数主播会不断通过"叠加赠品 12345、库存有限、马上没货、福利炸翻天、不用想直接拍、闭眼入、别犹豫抢到就赚到"等逼单话术，诱导用户尽快下单抢购。当然你在直播时也可以直接复用这些逼单话术。

还有一部分主播团队，会限制上架产品数量，假借补货名义，将同一产品拆分成多个购买链接，分批次上架，通过采用限时限量抢购的方式，刺激直播间的用户消费。再加上氛围组配合大声喊出"没有了""抢没了"等话术，营造出该产品非常火爆难抢的紧张氛围。

事实上，这种捧哏式带货确实是一种很有效的促单方式。

例如，你可以安排主播或商家在直播开播前，提前设计出一些可以彰显产品特点、亮点的问题，现场安排助理或氛围组工作人员代为提问，联动捧哏，或者让他们在直播现场不断配合主播，重复喊出主播重点强调的话术，与带货主播打配合造势，炒热抢购气氛，利用"氛围捧哏，造势抢购"的带货技巧，提高产品的转化率。

5. 竞品陪衬，突显优势

带货主播通过将自己所带产品主打的亮点与知名竞品、友商的做对比分析，可以有效突出带货产品的优势和超高性价比，从而打消用户下单购买的顾虑。

特别是在带货一些非标的或者知名度不高的产品时，可以提前准备对比所需的竞品道具，直接在直播间现场进行比较，通过现场真实演示，衬托出产品优势，降低用户决策成本，从而提高转化率。例如，你可以从价格、配置、成分、功能、功效、工艺、服务、特权等方面，放大产品亮点、突出自身优势。值得特别注意的是，带货过程中一定要避免出现恶意诋毁友商和竞品的行为，拒绝不正当竞争。

6. 叠加赠品，强化超值

小赠品大数量。带货主播可以采用不断加码赠品的形式，将 1、2、3、4、5、6、7、8……赠品逐一在直播间叠加展示，并适当增加与其他渠道对比的戏码，突显直播间的产品不仅价格有优势，而且赠品更多、更超值的优势。

对于用户来说，直接被告知赠品价值，可能没有直观感受，但是逐一将赠品摆在镜头前，通过不断叠加的动作，可以让观看直播的用户更为直观地感受到真实存在的赠品，甚至在潜意识里认为这些赠品都是自己的，并进行自我暗示和说服自己现在在直播间购买更划算。

对于主播来说，利用这种"送、送、送，全部都赠送"的夸张表现方式，可以无限放大产品价值，从而有效提高转化率。

这里再介绍一个高阶玩法，可以配合"适当越位"的策略，在"原计划"的赠品数量外，现场临时增加赠品数量，为用户制造超预期占便宜的快感。当然，想实现这种效果，你需要提前安排好氛围组，与主播打配合。

7. 实验演示，趣味测评

对于消费者而言，通常都信奉"耳听为虚，眼见为实"的购物真理，而作为带货主播，恰好可以利用消费者这个心理特点，以视觉和听觉为切入点，在直播间进行现场趣味实验，测评产品质量，再配上带节奏的话术解说，通过"视觉+听觉"双重刺激，突出产品的优势。

经常会有一些带货日用品的主播利用这种带货技巧，比如，在带抽纸时，主播采用实验演示、趣味测评的方式，现场随机开箱拿出一包未拆封的抽纸产品，随意抽出一张纸巾，将其湿水后进行托举手机等重物的实验，以此来强调该纸巾产品"湿水不破""韧劲十足"等优势，这样做通常都会收获不错的带货效果。通过现场趣味测评实验的视觉冲击力，再配合主播不断使用"保障品质、厂家直接发货、没有中间商挣差价、赠品超值"等逼单话术刺激用户听觉，给用户"洗脑"，可以有效打消用户对产品质量的顾虑，从而促成订单。

3.8 引爆直播间互动率的 6 种互动方式

估计很多人都听说过，直播间用户的互动率是影响直播间推流权重的重要指标之一。但是，大家往往并不知道如何解决这些问题：怎样才能提高直播间的互动率？如何才能带动直播间形成活跃氛围？面对新进入直播间的路人，又该如何引导其参与互动留言？在本节中，我们将会一起探讨关于如何提高直播间互动率的一系列问题。

下面分享 6 种可以直接套用的提高直播间互动率的方式，具体如图 3-13 所示。

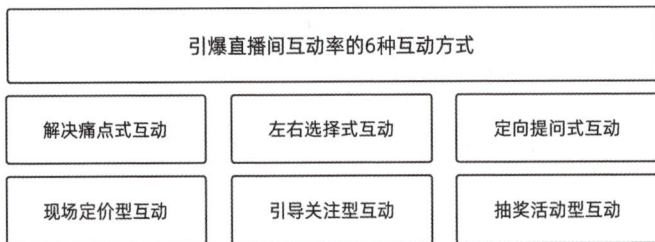

图 3-13

接着，我们一起来看看具体该如何将这 6 种互动方式运用到实际的操作中。

1. 解决痛点式互动

根据产品，分析特定人群的高频痛点，进行代入式提问互动。

举个例子，"有没有经常熬夜的姐妹们，或者长时间使用手机和电脑办公的家人？有的话一定要在直播间给我回复'有'……因为，宝宝们，熬夜党的福利来喽，给大家推荐一款熬夜必备神器——××面膜，拯救疲惫肌，超好用……"

需要特别注意的是，谨慎使用"负面痛点或缺点"的互动话题作为拉互动率的手段，尽量不用。负面痛点可以说，但不能让用户留言互动去说。同样是推荐面膜，错误的话术有"有没有觉得自己皮肤粗糙暗沉，看上去像黄脸婆的宝宝，有的给主播扣 1"，没有人愿意在公共场合承认和展示出自己的缺点。

2. 左右选择式互动

当你的产品有两个或者多个规格时，不一定要自己决定先讲什么后讲什么，可以尝试将选择权交给用户，让用户选择，让观看直播的用户有参与感。

每个人都希望自己的需求被优先满足和享受特权，通过这种类似做选择题的互动方式，参与互动的用户最终很可能会被成功转化下单。例如，你可以尝试在直播间说："想要 A 款的扣 1，想要 B 款的扣 2……"

事实上，不管直播间用户如何互动选择，最终都不会影响主播带货的节奏和带货商品的排序，毕竟用户并不会提前知道你预设的带货脚本中的产品排序。

3. 定向提问式互动

抛出一个问题，给出特定的答案，号召用户刷屏互动。在条件允许的情况下，可以提前在直播间安排好带节奏"助理"，配合主播在直播间发留言互动和捧哏暖场，营造出火爆的互动氛围。

例如，主播经常会问粉丝：

- 有没有想要这款宝贝的家人们，想要的家人在屏幕上发送"想要"……
- 直播间有没有新进来的宝宝们，有的话在屏幕上扣 1，等一下主播先给新来的宝宝们送上一波福袋……
- 欢迎直播间的家人们点赞和分享直播间，当前直播间在线 9000 人，直播间在线人数过 1 万时，主播免费送一波××福利……

这里需要注意的是，留言成本越低，互动率越高，但切记不要用单一互动方式贯穿全场直播。没有任何一个人喜欢重复扣 1，特别是在主播憋单的时候，粉丝第一次扣 1，第二次扣 1，几分钟过去了还让扣 1，就是憋着不放单，用户可能觉得无聊就走了。

4. 现场定价型互动

主播带动直播间用户现场为产品定价，让用户感觉有主动权、有参与感，甚至可以更直观地感受到直播间产品的价格优势。这种方式不仅可以有效提高直播间的互动率，同时可以为即将上架的产品赚足人气。

举个例子，主播可以在产品上架前，与直播间用户发起互动话题："这款产品在××平台当前价格 399 元，直播间的家人们猜一猜，这款产品今天在直播间多少钱，把你猜的价格扣在公屏上……"

当然，主播还可以问现场工作人员，今天购买这款产品需要多少钱。

例如，你的带货脚本可以这样设计：

主播：××，今天我们的这款产品价格是多少？别的平台卖多少钱？

氛围组：299 元，×电商平台当前价格 399 元。

主播：宝宝们，这款产品我们已经优惠了 100 元，真的是太划算了……（此处介绍产品亮点）。

氛围组：是的，这个价格真的太优惠了……

主播：这样吧，主播再来发一波福利，3、2、1，准备上架 199 元，限时 30 秒，30 秒之后果断下架，没有抢到的宝宝们就只能 299 元购买了……

互动期间，主播可以不断地通过话术暗示和强调这款产品在其他平台上目前的价格是多少，以此突显直播间的价格优势。

使用 "现场定价型" 的互动方式时，建议提前确认好产品价格的可浮动范围，拟定好带节奏的互动方案，做到有的放矢，确保直播间用户的留言结果不会真正影响最终的产品收益。

5. 引导关注型互动

通过阶段性、有节奏地发放福利，引导直播间用户进行关注、点赞、加粉丝团等互动行为，提醒频率可控制在 5 ~ 10 分钟一次。

例如，带货主播常用话术："稍后我们有超值限量活动，仅限关注主播和加入粉丝团的宝宝参与，还没点关注的宝宝们，点击主播头像加关注，加入我们的粉丝团。已经关注的宝宝们，可以将'已关注'3个字扣在公屏上……"

6. 抽奖活动型互动

提前设置好参与方式和活动口令，通过平台福袋或截图抽奖的方式，刺激直播间
在线用户参与互动。

例如，最常见的就是可以快速拉满直播间互动气氛的口令福袋活动，只要直播间
用户点击福袋参与抽奖，屏幕上就会默认出现提前设定好的留言。当然如果有需
要还可以选择通过截屏的方式，抽送实物奖品。

抖音直播间福袋后台操作界面如图 3-14 所示。

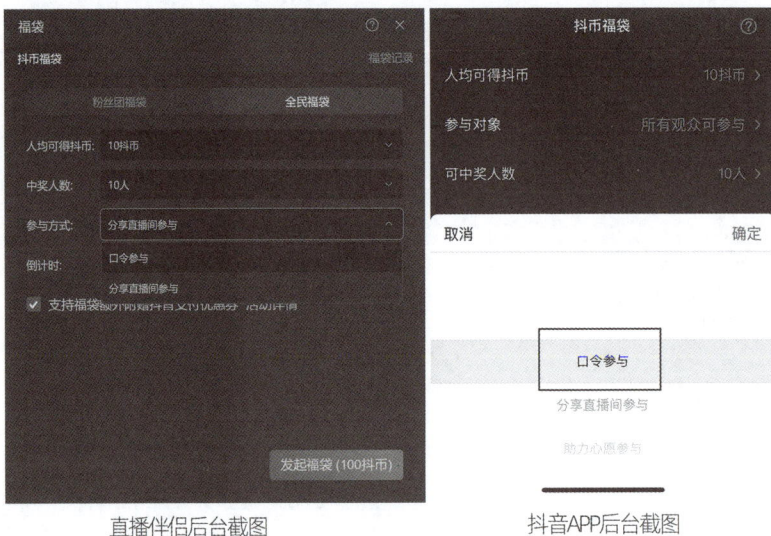

直播伴侣后台截图   抖音APP后台截图

图 3-14

3.9　头部主播常用的 3 个剧本式直播带货策略

剧本式直播带货有一些共同点，通过在直播间按照提前设计好的人设和剧本，主动制造矛盾或突发事件，把销售行为戏剧化，博取用户关注，与用户建立信任基础。这样操作的好处是，既可以成功制造传播话题，赚取关注热度，又可以促使直播间用户产生占便宜的快感，尽快下单抢购。

总结一下就是：

$$用户持续关注 = 戏剧性 + 冲突性 + 观赏性$$

下面分享 3 个比较常见的剧本式直播带货策略，分别是不讲产品先砍价、意外口误报错价、操作不当上错价。

1. 不讲产品先砍价

带货主播在直播间为粉丝实时砍价，通过与商家或团队工作人员发生冲突增加戏码，吸引观众持续关注，借助戏剧性的砍价场景，突出产品价格的绝对优势，强化主播宠粉的人设，博取观众好感，从而促使直播间的观众产生下单抢购的冲动。

2. 意外口误报错价

直播带货期间，主播意外口误报错价，说出低于现场商家或团队提供的产品原计划价格，进而引出接下来的直播间戏剧性场景。根据剧本安排吸睛留人的场景，可以将场景设计成主播因自己口误而哭得梨花带雨，或者商家代表现场表示不满，与主播争吵辩论，抑或老板愤怒离场……不管剧本如何设计，最后主播只需霸气地喊出一句："既然我话都说出去了，就按这个价格卖，不够的我自己补，赔哭了也要为家人们谋福利。"主播通过实力宠粉来建立观众的信任感，促单转化的效果立刻显现。

3. 操作不当上错价

直播带货期间，运营人员因操作不当上错价。在主播报价并喊出上架倒计时后，后台运营人员在上架产品时出现操作失误，使上架产品的价格低于主播的报价，引出接下来的直播间戏剧性场景。例如，根据剧本安排吸睛留人的场景，可以将场景设计成主播先被气得直呼要开除操作失误的工作人员，然后顺势说出团队伙伴为了这场直播给家人们带来更多福利而加班加点地工作，意外出现的操作失误是可以被原谅的，并对直播间观众喊出一句："毕竟是自己团队的伙伴，出了问题我来承担，下单的全部正常发货。"在这样的场景设计下，不仅收获了观众的好感，还为观众添加了"幸运儿"的标签，成功促进了订单转化。

接下来，我们以"不讲产品先砍价"的剧本式带货策略为例，大家可以感受一下自己心理上的变化，甚至可以尝试思考，为何这种直播带货策略可以持续吸引用户关注和促使用户抢单转化？

主播：这个产品的价格是多少？我要给我的家人们谋福利！

气氛组：999 元。

主播：不行，给我的家人们拿出点诚意，产品厂家的人在吗？

气氛组（厂家）：今天也是我们第一次来到××的直播间，这款产品原价是 1399元，为表诚意，今天直播间价格降到 399 元，限量 1000 单。

主播：一点诚意也没有，这样吧，今天我过生日，我说一个数，199 元包邮。

气氛组（厂家）：那怎么能行，这个价格不行，这价格太低了，肯定不行。

主播：不行？直播间这么多家人们等着呢！今天我过生日，破格放一波福利回馈家人们怎么了？

气氛组（厂家）：这可是×××（此处强化产品亮点，突出和强化价值），你这价格肯定不行。

主播：是，谁都知道这个产品好，×××元（重复强调产品原价格），你也别说了，直播间的家人们想要这波福利的直播间扣 1。

气氛组：（屏幕疯狂扣 1，带节奏。）

主播：你看，直播间这么多家人想要，既然家人们这么热情……啥也别说了，助理别管他（厂家），直接改价 199 元包邮，3、2、1，上链接，先上 1000 单，家人们赶快来买，1 分钟秒杀。

气氛组（厂家）：从来没有过这么优惠的价格，这价格肯定不行！

气氛组：已经没有了。

主播：没办法啊家人们，主要是这么好的产品，这价格实在是太划算了。我看公屏上还有很多家人们说没抢到，那么还想要的家人们在公屏上扣一波想要。

气氛组：（屏幕上疯狂扣想要，带节奏。）

主播：只为回馈家人们的支持，我们最后再上 500 单好不好？真的是要拼手速了……3、2、1，上架。

气氛组：没有了！

剧本式直播带货策略虽然效果好，但请谨慎使用，或者说不建议使用。据了解，现在已经有个别平台针对这种剧本式直播带货策略出台了相关整治规则。那么问题来了，既然是不建议使用的，为什么还要提到这部分内容呢？在我看来，套路一直存在，甚至被频繁使用，一定有其优势，而我们应该谨记 8 个字："取其精华，去其糟粕"。

第 4 章
3 分钟带你轻松玩转微信公众号

4.1 公众号运营实战 SOP——玩转微信流量

虽然近几年微信公众号文章的平均打开率一直在下降，但并没有影响其价值。微信作为当下大家主要的社交软件，是大家日常使用频率最高的 APP 之一，即使历经多年，微信依然是目前最火的媒体平台之一，也是私域流量转化闭环最完善的平台之一。

如果你也想运营一个或者多个微信公众号，不管注册主体是个人还是企业，在做运营规划之前请认真思考：运营目标是什么？目标受众是谁？准备怎么实现？如图 4-1 所示。

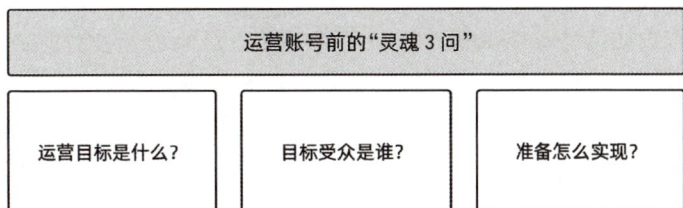

图 4-1

1. 你的运营目标是什么

这里提到的运营目标，通常指运营账号的核心需求。换句话说就是你为什么要做这件事，需要解决什么问题。例如，是为了品牌传播，还是为了销售转化；是为了售卖广告位，还是为了打造个人 IP；是以内容推送为主，还是以提供功能服务为主。

没有清晰明确的目标，也就等于没有前进的方向和动力。在错误的方向上，即使跑得再远，也终将是无用功。这也就是为什么有些人，明明看上去很忙碌，但是到最后就是没有产出。

2. 你的目标受众是谁

明确了运营目标，接下来就是找到自己的用户，分析用户画像。

3. 你准备怎么实现目标

根据运营目标和目标受众的用户画像，找到适合该账号的内容定位、传播渠道、转化路径、增长方式等。

以上 3 个问题都明确了之后，接下来需要重点思考的是 "idea"。如果有可能，尽量用一句话表达清楚，你准备干一件什么大事，这一点对于任何一个管理者来说都至关重要。

4.1.1 如何正确选择适合自己的公众号类型

根据平台规则，目前公众号主要分为订阅号和服务号两种类型，具体如图 4-2 所示。

图 4-2

1. 如何选择账号注册类型

如果账号的需求定位是以内容传播、品牌曝光为主，并且团队有生产内容的能力，建议优先选择订阅号。相较于服务号每月只能推送 4 次，订阅号每天可推送 1 次。很明显，订阅号可触达粉丝的机会更多。例如，"十点读书""新世相""有书""人民日报""新华社"等公众号都属于订阅号。

如果账号的需求定位是以用户服务、功能服务为主，并且团队具备产品研发的能力，建议优先选择"服务号"。例如，"招商银行""顺丰速运""京医通"等公众号都属于服务号。

其中，有一部分用户可能会对公众号的支付能力有需求，这时我的建议是选择注册服务号。注册主体为企业的微信服务号，在完成企业认证后，可以在微信公众号后台申请开通"微信支付"功能，以及使用其他更多开发接口。而对于这些功能，当前版本的订阅号暂不支持。

2. 订阅号和服务号之间的区别与各自优势

微信公众号中订阅号和服务号的区别主要体现在推送次数、推文显示位置、高级接口能力、主体限制等维度上，具体如图 4-3 所示。

订阅号和服务号的主要区别		
功能/权限	订阅号	服务号
定位	为用户提供内容	为用户提供服务
推送次数	每天可群发1条消息	每个月可群发4条消息
推文显示位置	二级页面展示，显示在订阅号列表中	一级页面展示，显示在好友对话列表中
微信认证—商户功能	部分支持	支持
高级接口能力	部分支持	支持
主体限制	个人、企业	企业

图 4-3

4.1.2　如何给账号起一个自带流量的好名称

在爆款内容创作中，我们通常会把"被记住"列为好创意的第一原则，而一个好的账号名称，同样需要具备更容易被记住的属性，并且需要保证尽量符合用户的搜索习惯。

1. 账号注册初期，该如何起一个更容易被记住并且自带流量的好名称

具体可以参考以下几种类型。

1）以品牌/公司/产品命名

例如小米公司、小米手机、小米电视、华为、华为手机。

2）以品牌/公司+城市/产品/服务/部门等命名

例如招商银行北京分行、招商银行信用卡、招商银行 APP、招商银行储蓄卡、招商银行企银之家、招商银行招聘、樊登读书北京运营中心、樊登读书上海运营中心、樊登读书广州运营中心、樊登读书深圳运营中心。

3）以个人 IP/账号人设命名

例如年糕妈妈、同道大叔、顾爷、一禅小和尚、少女兔。

4）以 IP+细分领域命名

例如年糕妈妈育儿生活、年糕妈妈优选、年糕营养研究所、年糕妈妈新手班。

5）以垂直领域/特定圈层人群命名

例如十点读书、有书、一星期一本书、诗词天地、丁香医生、星座不求人、日食记、环球旅行、玩车教授、美少女颜究社。

6）以垂直领域+地域命名

例如吃喝玩乐在北京、吃喝玩乐在长沙。

7）以表达个性化形式/风格/态度命名

例如差评、一条、夜听、灵魂有香气的女子、好姑娘光芒万丈。

当然，你也可以使用自己喜欢的任何其他方式为账号命名。以上列举的几种账号名称类型，主要是为那些正在纠结如何给账号起一个好名称的内容创作者提供一定的参考方向。

言之无文，行而不远。对我个人来说，公众号作为以内容为王的新媒体平台，最重要的还是思考该如何策划出优质的内容。在名称和简介等方面，大家不需要纠结和浪费太多时间，后期可以修改，不再赘述。

有一点需要注意的是，微信公众号名称需要符合"命名唯一性"原则，在注册新账号名称和修改已有账号名称前，建议提前测试一下"拟定名称"是否已经存在，以及是否命中商标或包含敏感词，这些都将影响"拟定名称"的正常使用。

已注册的微信公众号支持修改名字，根据官方平台发布的规则，主体为个人的账号，目前一个自然年内可主动修改名称两次，企业认证的账号不可随意更改账号名称，但可以随时通过重新发起微信认证流程申请名称变更，具体以实际操作时的页面提示为准。

2．Q&A：公众号运营高频问题汇总

下面分享几个之前我经常被问到的关于公众号运营的问题，并给出解决方案（仅供参考，建议以实际操作时页面提示的要求为准）。

Q：个人主体注册的公众号能否进行认证？

A：据官方提供的信息，个人主体注册的公众号，目前暂不支持主动申请认证。

但对于部分优质原创作者、明星等个人类账号，如果收到平台的邀请，可发起个人认证审核申请，审核通过后，搜索公众号会展示认证标识。大家可以登录公众号后台，选择"公众号设置→个人认证→申请认证"尝试发起认证申请。

Q：已发布的公众号文章如有错别字是否可以修改？

A：可以，公众号支持内容的增加、删除和替换，但修改次数和数量有限。目前一篇文章可以修改 1 次，总计最多能修改 20 个字符。后续规则可能会有所调整，具体可以在微信公众号后台选择已群发文章，点击修改错别字选项，根据页面提示操作即可。

Q：指定的公众号如何开通留言功能？

A：目前新注册的公众号暂不支持开通留言功能，留言功能的申请入口已经关闭了很长一段时间，是否会再次开启暂时没有明确消息。但是，如果你有已开通留言功能的账号，或者能找到一个有留言功能的账号，就可以尝试通过账号迁移的方式，将已开通留言功能账号的该功能迁移到指定账号上。

Q：什么是公众号迁移？

A：公众号迁移可以用于多账号粉丝整合、留言功能迁移、注册主体变更等。假设将 A 账号迁移到 B 账号，这时仅会对 A 账号粉丝、违规记录、文章素材及微信号做迁移。值得关注的是，如果 A 账号已开通原创保护功能和留言功能，则这些功能也会随之迁移，因此这是目前可以间接开通账号留言功能的一种方式。

Q：账号迁移时粉丝是否会收到消息通知？

A：迁移前和迁移后，原账号的粉丝分别会收到一次告知粉丝账号迁移的消息通知，粉丝可手动选择是否继续关注账号，如果粉丝未手动取消关注，原账号的粉丝就会全部同步到新的目标账号。

Q：公众平台群发人数是否有上限？

A：公众号支持将内容群发给已关注账号的所有粉丝，至于群发的内容粉丝看不看，那就是另外一回事了。

Q：一个微信号可以绑定并管理几个公众号？

A：目前一个微信号可绑定并管理 5 个公众号。

Q：一个公众号可以添加几个运营人员微信？

A：目前最多可以绑定 25 个运营人员微信，分别是 20 个短期运营者和 5 个长期运营者。

Q：一个身份证信息可以注册多少个人类公众号？

A：目前个人类公众号一个身份证只能注册一个。

Q：如何绑定和修改公众号运营者微信？

A：进入公众平台→设置与开放→人员设置→运营者管理→绑定运营者微信号即可。

4.1.3　玩转自动回复与关键词回复高阶运营必备技能

对于公众号后台的自动回复功能，大多数人都低估了它的价值。事实上，对于账号运营者来说，这个功能非常重要，可以说这是你与新关注用户第一次真正意义上的有效互动，用户关注后自动回复的内容，将会直接影响用户下一步的行为动作。

我们可以一起来模拟一下新用户关注后的行为路径，具体流程如图 4-4 所示。

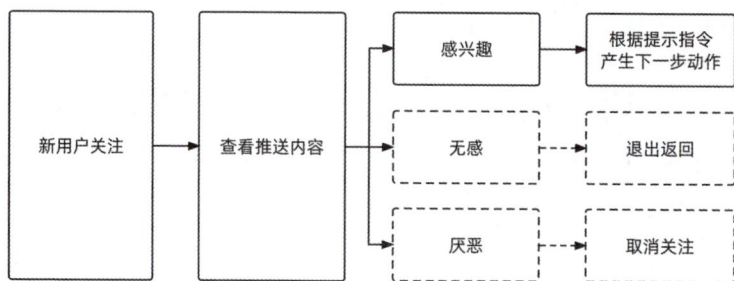

图 4-4

1. 关注后的自动回复功能

作为账号的运营者，我们要做的就是抓住每一次可以和用户接触的机会，特别是在面对新增用户时。所以，第一次"见面"你准备说些什么？怎么在不影响用户体验的情况下，使场景功能实现价值最大化？这些是每一个公众号运营者都需要考虑的问题。

基于以上思考，下面列举 7 种常见的"关注后自动回复"内容设置方向，供大家参考，分别为：

（1）常规欢迎语；

（2）引导回复关键词；

（3）活动海报；

（4）引导点击超链接；

（5）小程序卡片；

（6）视频；

（7）音频。

其中超链接又可以细化出以下 4 种情况：

（1）站内历史图文、文章聚合页链接等；
（2）站外 H5 链接表单、活动、APP 下载链接等；
（3）视频号二维码链接；
（4）推荐其他公众账号的链接。

以上每种方式可单独出现，也可以自由组合同时出现。当然，在需要调整的时候，也支持随时修改更换。大家可以提前寻找和收集一些自己觉得配置比较好的案例，以便参考借鉴。

在实际操作时，若需要配置和引导用户点击跳转链接，我的建议是尽量将"链接"转换成"超链接"，这一点需要特别注意。转换为超链接的优势在于显示字符更短，超链接更容易被用户点击，可以有效提高链接的打开率。

超链接具体转换方法如下：

<a href="将这部分换成需要转换的跳转链接">将这部分换成需要显示的文字</a>

需要特别注意的是，以上模板格式中只替换文字即可，空格和双引号不要丢失。如果不会操作，通过第三方排版网站或者运营插件的转换入口，同样可以轻松进行链接转换。例如，你可以通过百度搜索超链接生成器，选择适合自己的免费转换工具。

2. 关键词回复功能

如果说关注后自动回复功能针对的人群是新关注用户，那么关键词回复功能针对的则是已关注用户。具体来说就是，如果想回复关键词，必须先加关注。基于这个特性，我们完全可以策划一场标准的裂变增长活动，甚至可以在一定程度上提高关注人数和转化率。

例如 AB 裂变活动，如图 4-5 所示，这是我之前的团队策划过的关键词裂变拉新活动在活动发布后 1 小时内的公众号后台截图。

图 4-5

裂变活动具体该如何设计，我会在后面单独用一节详细介绍。

关键词回复功能推送什么内容，完全取决于用户发送消息时所触发的关键词。触发不同的关键词将会自动回复不同的内容。基于这个特性，我们可以提前在后台设置好想要回复的内容，无论是运营个人号还是企业号，这样做都可以有效提高工作效率，提升用户体验。

例如针对"转载授权""白名单""投稿""合作""广告""抽奖""活动""获奖名单""电话"等高频词，都可以一一设置不同的回复信息。

3. 微信菜单栏功能

微信公众号菜单栏并不复杂，运营人员可以在账号后台，直接设置一级菜单名称、二级菜单名称和跳转页面。例如，你可以将微信公众号的菜单栏名称设置成：产品服务、限时活动、个人中心、关于我们、精选好文等。当然，你也可以在一级菜单中设置一些个性的花样名称。

有一点需要特别注意，对于刚入职一家新公司的公众号运营者来说，在接手一个企业账号后，配置微信公众号后台时，可能会发现菜单栏功能处于关闭或不可编辑状态。如果遇到这种情况，不要慌张，这是由于该账号后台接入了开发者模式。如果有菜单栏调整的需求，你只需要在产品或研发部开发的统一管理后台或者在授权接入的第三方后台进行配置修改即可。

4. 微信模板消息功能

如果你所运营的微信公众号刚好是已认证的服务号，一定不要错过微信公众号模板消息功能。模板消息最大的优势在于消息显示的位置，同服务号群发推送显示页面的等级相同，都会直接出现在微信一级界面上，也就是大家通常所说的与好友消息栏并列。并且，微信模板消息的推送，不会占用服务号每月仅可群发 4 次的配额。

在后台申请并开通模板消息的使用权限后，就相当于多了一个可以有效触达用户的渠道，还可以利用模板消息的跳转能力，对微信私域流量进行有效的营销转化。

微信模板消息功能的页面，与前面我们提到的自动回复、关键词回复的配置有一些不同，需要具备一定的技术开发能力。当然，如果你不懂技术，也可以选择授权使用第三方平台开发好的后台功能。

例如，比较常见的使用场景有刷卡通知、商品购买成功通知、快递配送通知、活动通知等，如图 4-6 所示。

图 4-6

4.1.4　如何设计文章排版和封面图以提高阅读体验

公众号文章排版一般需要遵循以下 4 个基本原则：符合用户阅读体验、编辑排版风格统一、拒绝花哨、推送前必预览。

原则一：符合用户阅读体验

首先，要遵循优先满足用户阅读体验的基本原则，运营者不能"自嗨"。除了文章的选题和结构，编辑文章时所用的字体大小、间距、配图等，都会直接影响用户的阅读体验。我之前在某新媒体交流群曾遇到过一个与公众号文章排版相关的案例：

有一个运营人员提到，自己曾在排版字号问题上踩过坑，账号用户画像的年龄普遍在 60 岁左右，有一次优化调整，为了追求排版的精致、文艺，将原来的 16 号字改为了 14 号字，当时的理由很简单，正文 14 号字贴合情感类文章主流排版风格，更符合大众审美。但是在风格调整后，却收到了几位好心粉丝的评论留言：字太小，看不清，看起来太累。而这个看似无关紧要的操作，直接导致该账号在很长一段时间内平均阅读量和分享量明显下降。

正文采用 14 号字，本身没有任何问题，出现这种情况的原因就在于，这个字号并不符合受众粉丝的阅读习惯和喜好。

原则二：编辑排版风格统一

对于微信公众号运营来说，文章排版一定要形成自己的风格，尽量保证统一的执行标准，这里的统一执行标准，不仅包括正文的字体、字号、行间距、字间距、字体颜色、重点标注样式，还包括文章配图的风格统一，以及所使用的第三方排版插件模板的样式。

公众号编辑常用的第三方排版编辑器有秀米、i 排版、135 编辑器、新榜编辑器等。如果你想通过文章排版体现出高级感和科技感，还可以尝试使用 SVG 交互排版技术。例如，小米手机的公众号推文，很多都采用的是 SVG 排版。

除了统一正文编辑排版的执行标准，文章首图视觉风格也要尽量保持固定。如果想将首图做得更有特色，还可以通过增加或改变首图的创意元素，设计出适合自己的专属视觉风格。例如，你可以尝试调整圆角、色调、透明度、饱和度、构图、角标、Logo 等。

公众号封面图目前可分为两种尺寸比例，分别是：

- 封面首图尺寸比例 2.35∶1，也就是大家通常所说的 900 像素×383 像素；
- 封面非首图尺寸比例 1∶1，也就是大家通常所说的 200 像素×200 像素小图。

以下是给新人的一些建议，供参考使用。

1. 关于字号大小

15 号字体：适合正文，保守不出错；

14 号字体：适合正文，情感类、文艺类文章；

10 号字体：适用于备注，例如文献参考、内容来源等。

2. 字间距

很多运营人员在编辑排版文章时，往往会忽略对字间距的调整，当文章字数较多时，使用默认的字间距，会给人一种文字拥挤的错觉，适当调节字间距可以使排版更有呼吸感，字间距一般设置为 1～2 倍即可。

3. 行间距

一般行间距设置为 1.6～2 倍，推荐选择官方后台编辑行间距选项中的 1.75。

4. 两端缩进

以微信官方后台编辑操作为例，两端缩进设置为 8～16 都可以，推荐设置为 16。

这里有一种情况需要注意，如果文章中使用了第三方的模板样式，进行两端缩进时部分样式可能会出现只缩进文本，而符号位置没有变化的情况。解决办法一般有两个，第一个办法是换一个可以进行两端缩进的样式，第二个办法是修改样式源代码。

5. 两端对齐

在排版较长文章时，屏幕最右侧部分的文字经常会出现上下参差不齐的情况，通常进行两端对齐设置后，可以有效提升视觉体验。

6. 关于分段

在编辑排版时，要善于使用分段和配图，这样操作的好处是，可以有效降低读者阅读的难度，分段数没有明确的规律，根据内容结构灵活分段即可，一般 3 行左右另起一段，会比较适合读者阅读。

7. 关于插图

如果你不想收到侵权律师函，选择正文插图的首要原则是，一定要规避版权风险。例如，避免使用明星写真图片、不清楚来源的漫画插图等，特别是在文章中涉及产品信息的情况下。在此原则下，尽量保证整篇文章使用的插图风格、尺寸统一即可。

8. 关于摘要

虽然摘要是选填内容，但是摘要会在订阅号消息、转发链接等文章外的场景显露，帮助读者快速了解内容。摘要的作用相当于副标题，养成主动设置文章摘要的好习惯，可以有效提高文章的打开率。如果不填写摘要，后台则会默认抓取正文前54 字作为摘要，这一点需要特别注意。

原则三：拒绝花哨

很多刚开始做公众号的运营人员，在初期编辑文章的时候，都特别喜欢使用第三方模板样式，甚至要在内容中插入大量的模板样式，使得文章排版看上去极其花哨，字体五颜六色，结构错乱无章。

模板样式并非编辑排版所必需，大家根据需要选择是否使用即可。如果决定使用，应尽量保证一篇文章中不超过 3 种模板样式。对于正文中字体的配色方案，我的建议同样是不要超过 3 种颜色，可以根据品牌调性选择主色调。

当一篇文章中出现过多的模板样式时，很容易造成读者视觉疲劳，有时候走极简风格也是一种不错的选择。

关于"原则四：推送前必预览"我们在下一节详细介绍。

4.1.5 公众号推文预审"12 条令"

作为新媒体行业的从业人员，以及企业官方账号的运营人员和管理者，在日常的工作流程中，一定要坚持推送前必预览的审核机制，特别是在公众号推文涉及企业重要政策通知、活动规则信息时，或者在文章中使用了大量模板样式时，要做到推送前必预览。

推送前预览不仅可以有效降低出现错别字的概率，还能有效避免排版出现错乱和语义表达错误的情况。

以公众号文章排版为例,如果运营人员在对文章进行编辑排版时使用了第三方的排版编辑器，经常会出现由于粘贴复制或者修改编辑的误操作，改变了 HTML 源代码,从而导致最终在文章中插入的排版样式出现错乱,内容间距和字体大小出现变化等情况。

如何建立合理有效的推文预审机制?

具体操作可以参考公众号推文预审 "12 条令",具体如下:

（1）图文栏目顺序是否正确；

（2）文章标题是否配置正确；

（3）文章摘要是否配置合理；

（4）封面图核心信息是否显示完整，无遮挡；

（5）全文是否语句通顺，无错别字；

（6）排版样式是否符合使用标准；

（7）文章配图是否无侵权风险；

（8）文章中的二维码是否可有效识别；

（9）文章中的小程序是否可以正常点击跳转；

（10）阅读原文处是否根据要求配置跳转链接；

（11）如转载涉及原创文章，需要确认后台是否已获得作者授权；

（12）如使用非原创文章，是否需要根据要求标注来源和作者信息。

推送前根据 "12 条令" 检查清单，逐一排查，可以有效降低失误率。公众号文章预审 "12 条令" 检查清单的参考模板如图 4-7 所示。

公众号文章预审"12条令"检查清单			
序号	检查项目	是	否
1	图文栏目顺序是否正确	√	
2	文章标题是否配置正确	√	
3	文章摘要是否配置合理	√	
4	封面图核心信息是否显示完整，无遮挡	√	
5	全文是否语句通顺，无错别字	√	
6	排版样式是否符合使用标准	√	
7	文章配图是否无侵权风险	√	
8	文章中的二维码是否可有效识别	√	
9	文章中的小程序是否可以正常点击跳转	√	
10	阅读原文处是否根据要求配置跳转链接	√	
11	如转载涉及原创文章，需要确认后台是否已获得作者授权	√	
12	如使用非原创文章，是否需要根据要求标注来源和作者信息	√	

图 4-7

4.2 爆款文章选题的灵感来源

不知道你有没有遇到过以下的类似问题：

● 想写文章，但是没有灵感，不知道什么选题对用户有吸引力；

● 每天都在为选题发愁，没有可以直接套用的方法和技巧，内容创作遇到了瓶颈，不知道如何解决。

作为内容创作者，在创作每一篇爆款文章的前期，都离不开找到一个好选题的步骤。关于文章选题的来源，可以围绕以下 4 个方向准备。

（1）**自身定位扩展**：产品功能、服务、使用场景、领域、人群等；

（2）**用户需求切入**：给用户想要的，满足用户的某种需求；

（3）**竞品同行分析**：筛选出数据表现好、受关注度高的选题，换个角度，优化创新；

（4）**热门话题借势**：好的文章选题需要具备社交属性，没有社交属性的选题文章就等同于"自嗨"，借势热门话题，就是一个很好的选题灵感来源。

作为合格的新媒体人，要时刻保持对热点话题的高敏感度。

在这一部分，我们重点聊一下：如何借势热门话题找出文章的创作选题。

在符合品牌或产品的传播调性、账号 IP 人设的前提下，可以重点关注当下社会热点话题、节日热点话题、普适性大众热门话题、有矛盾争议的热门观点话题、生活中经常遇到却又很无奈的热门话题，并从中找到适合自己的创作选题。

当下社会热点话题：这一类话题有一定的时效性，一般是由娱乐事件、社会民生问题等引起的全民热议话题，选择社会热点话题为文章选题的优势在于，流量集中爆发力强，容易产生共情，容易出爆文。

节日热点话题：这一类话题出现的时间节点相对固定，一般有春节、情人节、元宵节、端午节、中秋节、女神节、母亲节、父亲节、教师节、"520"表白日、中考、高考、开学季等。选择节日热点话题为文章选题的优势在于，可预知、好策划，可以提前做充分的准备。在本书的最后，我会分享一份新媒体人必备的"营销日历"，供大家在找选题时参考和借鉴。

普适性大众热门话题：这一类话题一般与生活、健康、工作、情感相关。例如，熬夜、失眠、健身、两性情感等。

有矛盾争议的热门观点话题：这一类话题通常与性别、地域、身份、习俗、观念等有关。例如，穷与富、古与今、医生与患者、理想与现实、南方与北方、老人与年轻人、让座与不让座、婆婆与儿媳等彼此之间的矛盾争议。

生活中经常遇到却又很无奈的热门话题：这一类话题更容易与读者产生情感共鸣。例如，朋友借钱迟迟不还，职场上每天被迫加班，假期回家整天被父母逼婚，多吃一口长肉少吃一口又不瘦，以及生活中永远忙不完的家务琐事等。

4.3 爆款文章标题的"独孤九剑"和"16字心法"

在运营公众号时，你有没有过以下困惑：自认为文章选题新颖，文笔和观点也特别棒，但推送后文章的阅读量却少得可怜。你有没有想过一种可能，问题出在标题上。

如果想让一篇公众号文章触达用户，一般包括 3 个主要途径，分别是账号文章推送、朋友圈好友分享、微信好友转发。我们模拟一下微信用户行为习惯（如图 4-8 所示）就会发现，标题的好坏对于文章的打开率起到至关重要的作用，拥有一个好的文章标题是你引起读者阅读兴趣的第一步。

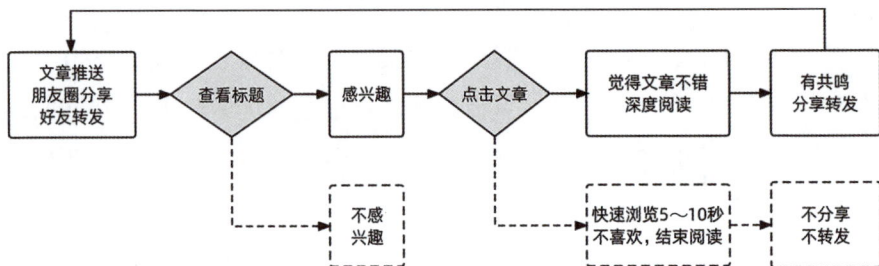

图 4-8

以下这几个文章标题，你更喜欢哪一个？

《文案创作技巧：让用户更心动》

你会点开看吗？

那么，如果换成下面这个标题呢？

《月薪 3000 元和月薪 30000 元的文案差别究竟在哪？》

或者换成接下来的这两个标题呢？

《月薪 30000 元的文案大神都具备这 5 个特质》

《前奥美创意总监揭秘，4A 圈文案大神常用的 5 个套路》

这样你是不是就有兴趣打开了？

我们再来换一个标题看看：

《实现财务自由的奥秘其实很简单》

如果换成下面这个标题呢？

《普通人如何在 30 岁前实现财务自由？》

或者换成接下来的这两个标题？

《30 岁实现财务自由必须掌握这 5 种思维》

《那些 30 岁实现财务自由的人，都具备这 5 种思维》

综上，我们可以看出，同样的内容，文章打开率的高低关键就在于标题。这也就是我们常说的"有一个好的标题，文章就成功了一半"。

4.3.1　10万+爆款文章标题速成之"独孤九剑"

如何通过标题提高微信公众号文章的阅读量？

掌握以下9个招式，你也可以策划出10万+爆款标题。每个起标题的招式都可单独出现，组合使用效果更佳，如图4-9所示。

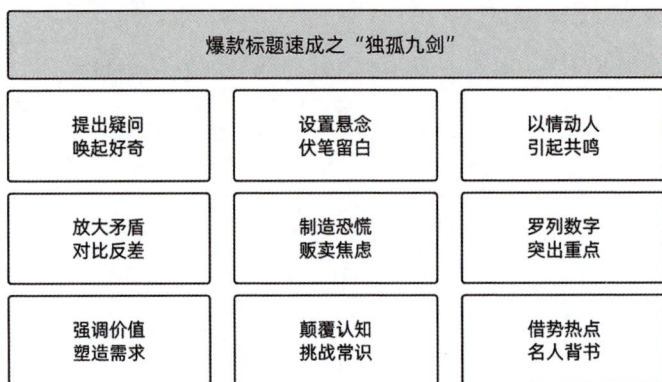

爆款标题速成之"独孤九剑"		
提出疑问 唤起好奇	设置悬念 伏笔留白	以情动人 引起共鸣
放大矛盾 对比反差	制造恐慌 贩卖焦虑	罗列数字 突出重点
强调价值 塑造需求	颠覆认知 挑战常识	借势热点 名人背书

图 4-9

招式一：提出疑问，唤起好奇

把文章中最核心的一句话或者表达观点的语句，直接转变成疑问句式，这也是大多数爆款文章创作者在起标题时最常用的方式之一。

具体操作细节：可以尝试在一句话中加入"如何""怎么""为什么""……怎么做到""怎样才能""是……体验"等疑问词，这类标题对目标用户群体更有针对性，同样很容易使读者对号入座。

例如，将下列标题1改成标题2，大家可以感受一下调整前后的标题有何不同。

标题 1：《30 岁实现财富自由的秘密》

VS

标题 2：《如何在 30 岁前获得财务自由？》

标题 1：《从 0 到 1 打造个人品牌的核心内涵》

VS

标题 2：《如何从 0 到 1 打造个人品牌，这 3 点一定要掌握!》

标题 1：《稳操胜券的吵架方式，值得每个人学习》

VS

标题 2：《高情商的人，如何在吵架中稳操胜券？》

招式二：设置悬念，伏笔留白

通过制造信息阶梯或者悬念，勾起用户好奇心，从而促使用户点击文章。

一般常用的方法有两种，分别是：

（1）标题前半句先透露一个"爆炸性"信息，勾起读者好奇心，后半句戛然而止，制造悬念。

例如：

《我们只看到××被封杀，却没看到其背后可怕的……》

《400 万北漂女孩爆红朋友圈，背后的真相却让人泪奔……》

《研究了 100 种国庆度假方式，发现了这些惊人的秘密……》

（2）标题前半句明确表明阅读文章可以获得什么，强调价值勾起读者好奇心，同时在标题后半句埋下伏笔，让读者产生阅读冲动。

我们一起来看一下这个标题：

《揭秘 3 个快速上热门的套路》

如果改成下面这个标题呢？

《揭秘 3 个快速上热门的套路，最后一个最关键》

你是否有想点开看一下的冲动？

接下来，我们再看看这个标题：

《9 个让人崩溃的沟通方式》

同样，如果改成：

《9 个让人崩溃的沟通方式，第 5 个你绝对忍不了》

对你来说是否更有诱惑力？

招式三：以情动人，引起共鸣

共鸣类标题多出现在情感鸡汤类账号，所谓共鸣点，可以是彼此有相同的感情经历、相同的身份、相同的喜好、相同的话题等。最快的产生共鸣的方法就是洞察人性，营造出一种"你懂我"的感觉。

例如，下面这几个标题案例：

《为什么越来越多的人不发朋友圈了》

《亲，请帮我砍一刀：你所谓的朋友，正在偷走你的时间》

《致那些微信红包只发 1 分钱的人》

《社会底层的生活有多难》

《我听过的最糟糕的育儿建议：他还是个孩子》

《"孩子小你不能让着点吗？" "不能"》

《人家几代人的努力，凭什么输给你十年寒窗苦读》

招式四：放大矛盾，对比反差

通过放大主体矛盾，强化反差效果，从而提起用户阅读兴趣，常用的方法有以下 3 种。

（1）找出一个与主题冲突的对象，通过对比，造成意外反差，将矛盾最大化。

例如：

《月薪 3000 元和月薪 30000 元的文案差别究竟在哪？》

《"我月薪 7000 元，老婆月薪 4000 元，我凭什么要做家务"》

《中国最"傻"老板：花 200 块开发布会，卖房给员工发工资》

（2）标题前半句建立一个认知，后半句打破这个认知。通过主动制造矛盾，勾起读者好奇心。

例如：

《你奋斗 1 年取得的财富，这个 90 后普通小伙只用了 3 小时》

《与这位 92 岁的姑娘相比，你就是个老太婆》

（3）巧妙利用人称代词+时间轴+剧情反转，增加用户好奇感。此类标题常用于特殊人物故事类文章。

例如：

《她活了 101 岁，当了一辈子农妇，生了 10 个孩子，80 岁那年却轰动世界》

《她辞去稳定工作，30 岁开始摆地摊，5 年开了 8 家店，连汪涵都被她吸粉》

《他是音乐界的凡·高，生前不被重视，死后却被推上神坛》

《他 14 岁被迫辍学，3 次历经生死，40 岁成当地首富：人生永远不会没有路》

《她是民国四大美女，17 岁成影后，25 岁在前夫和情人的冷漠下自杀，30 万人为她送行》

招式五：制造恐慌，贩卖焦虑

选择有识别度的词，替换掉原标题平淡的部分，为读者营造出一种"这篇文章信息量超大"的感觉，让读者看到后产生惊恐、焦虑、好奇，而产生迫切想点开阅读的冲动。

常用词包括"千万……""一定……""你不得不……""震惊""真相""可怕"

"谋杀""致命""竟然""刷爆""暴露""揭秘""颠覆""慎入""爆红""紧急通知""重要通知""刚刚""刚刚公开""刚刚传来""就在刚刚""内部消息""最新消息""重磅消息""爆炸消息""别不当回事""后悔才知道""不看后悔死""万万没想到""十分震撼""速看""该看""必看""赶紧看""值得看""忍不住看了 5 遍""突发""果然""绝了""真相了""破防了"，等等。

使用此类标题需要慎重！慎重！再慎重！题文不符很容易成为"标题党"。

特别提示：非常不建议企业的品牌传播类账号使用此招式，"标题党"很容易造成用户流失和损害品牌公信力。

事实上，此类标题多出现在急需以流量变现批量运营的营销号。

例如：

《千万不要用跑步来瘦身，太可怕了……》

《婴儿床千万别放这些东西，小心害了孩子！》

《吐司千万不能放冰箱冷藏，那是在"谋杀"！》

有没有感觉类似这样的标题，好像在哪里见过？没错，它就藏在那些常以"相亲相爱一家人"作为群名称的家族微信群里，有时甚至还会出现在父母和你的微信消息对话里。这些你可能觉得毫无价值的内容，在特定圈层中或许就是一篇有价值的好内容。标题触达的目标受众不同，产生的效果差异很大。行之有效的前提条件是推送的目标用户足够精准，目标用户越精准，效果越明显。

招式六：罗列数字，突出重点

标题中增加阿拉伯数字，通过数字与汉字的差异化，更容易突出重点，使读者产生阅读冲动。同样，由于数字是模糊的对立面，在标题中添加数字也有助于将模糊的信息具体化。所以，在标题中引用数字，很容易给人一种专业感和权威感。

例如，"大多数""大部分"等语义用百分比表达出来就会更有吸引力。

我们来看看下面这两个标题。

标题1：《这款洗手液可以杀死日常大部分细菌》

看到这个标题你会点击阅读吗？

如果换成下面这个标题呢？

标题2：《这款洗手液竟然可以杀死日常99.9%的细菌》

是不是后者看上去更好一些？

需要注意的是，标题中要尽量少使用中文小写数字（如一、二、三……）和中文大写数字（如壹、贰、叁……）。

这里做一个测试，下面的标题1和标题2，第一眼看上去你更容易被哪个标题吸引？

标题1：《如何一个月将抖音粉丝从零增长到十万？》

标题2：《如何1个月将抖音粉丝从0增长到10万？》

没错，大多数人都会选择标题2，原因很简单，因为在标题中使用阿拉伯数字可以有效缩短读者思考时间，更容易突显重点和引起读者注意。

下面我们再看几个标题案例，一起感受一下在标题中加入数字的魅力：

《揭秘网红大 V 都在用的 10 个上热门套路》

《分析了 64.7 万条爆款文章数据，发现了 10 个有趣的现象》

《让马斯克转发，被 40 万人点赞的 50 个认知误区》

《据说 90%的年轻人，都有过这样的困惑》

招式七：强调价值，塑造需求

通过在标题中强调文章价值，刺激读者阅读，提高文章打开率。常用的方法有 3 种，具体如下。

（1）可以在标题中多用"你"、"我"以及"我们"，假设自己跟读者正在对话，拉近文章和读者的距离。营造文章对"我"有用、文章跟"我"有关的场景，进一步强调内容价值，这些词多出现在干货分享类公众号文章标题中。

例如，下面这两个文章标题：

《点击查收你的年度账单》

《掌握这 3 个技巧，你也可以成为文案大神》

（2）可以在标题中使用一些比较有分量的关键词，以强调文章的价值，这些关键词包括但不限于"免费""限时""秒杀""省钱""有奖活动""恭喜""抽奖""翻倍""高赞""刷屏""最新""首发""首次公开""内部消息""内部资料""深度解析""深度好文""深度干货"等。利用关键词的修饰，强调读者点击阅读文章后具体可以获得什么好处和利益。在标题中加入这些看似普通的词，往往会有意想不到的效果。

在福利活动类的文章标题中，通常"免费"这个关键词出现的场景最多。

例如：

《恭喜！你有一台 iPhone 13 Pro 手机可以免费申领！》

如果你突然看到这个标题的推送文章，会选择立即点击查阅吗？

（3）主动戳痛点，然后给出一个操作简单，一看就会的解决方案。

举两个例子：

《面试屡屡被拒，学会这 3 招让你的成功概率翻倍》

《不会起标题怎么办，分享 9 个爆款标题公式，干货满满！》

招式八：颠覆认知，挑战常识

把看似普通的事物变得特殊，用新鲜的角度重新定义和彻底颠覆大家的固有认知，从而引起读者的好奇心。

举个例子：

《做一个不好相处的女人》

在大家的传统认知里，都认为要做一个好相处的人，而这篇文章偏偏要站在认知的对立面，为什么要说做一个不好相处的人？会不会有什么故事？好奇心很容易驱使读者点开文章进行阅读。另外，选择使用"女人"作为关键词，又进一步明确了目标人群，会让读者感觉这篇文章与我有关，毕竟女性读者相对更感性。

再来看看下面这几个标题，同样也在挑战常识和颠覆认知：

《谁规定女人一定要活成"贤良淑德"的模样？》

《关于自律，95%的人都理解错了！》

《世界再大，大不过一盘番茄炒蛋》

《遇到这种会"偷懒"的女人，就赶紧娶了吧！》

《你一直不涨薪，是因为你跟老板关系太好了》

《老板最讨厌那些每天加班的员工》

《为什么大家都说勤劳并不会致富？》

招式九：借势热点，名人背书

懂得"借势"，应该是每一个新媒体从业人员必须要具备的技能，这也就是为什么在营销圈、新媒体圈里，大家经常会提到要"紧跟热点"和"蹭热点"。热点话题或者热点事件本身具备自带流量的属性，巧妙借势热点的文章标题，更容易被用户点击浏览，从而增加文章曝光量。

举个例子，2017 年，当新闻媒体都在关注和探讨无人超市话题的时候，有一些微信文章就曾借势热点刷爆了朋友圈，类似标题有《马云的无人超市今天开业！没有一个售货员、收银员……》《猝不及防！马云无人超市正式开业，现场火爆！》

《马云的无人超市今天开业！不努力，以后你连收银员都没得做！》，这类文章的共同点是在标题中植入了热点关键词，通过借势热点，很多平日阅读量仅有几千的账号创造出了 10 万+阅读量的文章。

当然，在标题上借势名人，同样可以为文章带来不错的点击率，常见的标题形式为"名人+名言金句"组合句式。

例如，《张一鸣：不甘平庸的年轻人，全都有同一个特质》《2021 雷军年度演讲全文：这些年经历的艰难选择》

4.3.2　10 万+爆款文章标题速成之"16 字心法"

爆款文章标题"16 字心法"——使我好奇、与我相关、对我有用、替我说话，如图 4-10 所示。

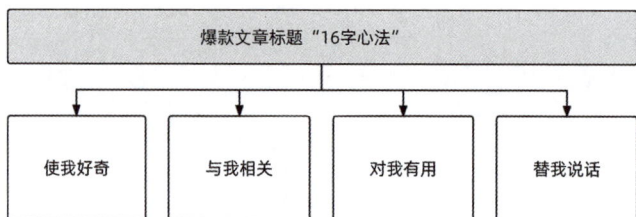

图 4-10

"使我好奇、与我相关、对我有用"都比较好理解，主要是通过让大家对文章产生好奇感和认可文章价值，从而提高文章被打开阅读和分享传播的概率。

例如：

《点击查收你的年度账单》——与我相关；

《9 个让人崩溃的沟通方式，第 5 个你绝对忍不了》——使我好奇；

"替我说话"则不太一样，更侧重于情感需求。

例如，我们一起看看下面这几个标题：

《帮忙是情分，不帮忙是本分，珍惜对自己好的人》

《珍惜那些敢借你钱的人》

是不是在还没有看到文章的正文内容，仅仅看到这两个标题时，就已经产生了想阅读和分享朋友圈的冲动。

当标题所表达的观点与读者的观点一致时，也就实现了我们常说的情感共鸣。

根据"使我好奇、与我相关、对我有用、替我说话"这"16 字心法"，我们可以在文章正式推送前，提前预测和筛选出使用哪个标题会更容易引起读者点击阅读和分享转发。

当然，如果你愿意，也可以将提前准备好的几个标题，发到群里让大家投票。你也可以根据图 4-11 中的最佳标题选取标准筛选出最佳标题，每个标准最高 5 分，一共 20 分，评分最高的标题即为最佳标题。

最佳标题选取标准						
备选标题序号	标题	使我好奇	与我相关	对我有用	替我说话	总分
1	××××	5	5	5	5	20
2	××××××	5	4	4	2	15
3						
4						
5						

图 4-11

4.4 阅读量暴跌：你的标题可能命中了这 5 个致命雷区

文章标题应该是连接内容的桥梁，不是创作者的乌托邦。

如果你发现最近推送的文章的阅读量暴跌，那么，原因很可能是你踩到了起标题的雷区。作为新媒体创作者，如果想做好公众号运营并获得收益，至少需要避开以下 5 个在生产标题时常见的雷区。

雷区一：标题平淡无奇，空洞乏味

多数新媒体创作者在运营账号的初期，喜欢用高度概括文章内容和中心思想的陈述性文字作为文章的标题，自认为判断标题好坏的唯一标准就是文章的标题是否可以简明扼要地点明文章的主旨。事实上，这种平铺直叙、概括总结式的标题，并不适合在新媒体环境下传播，同样也不适用于以内容传播获取流量和急需流量商业化变现的文章。

在新媒体环境下，判断一篇文章标题的好坏，最重要的标准之一就是能否刺激用户产生点击阅读的行为。显然平淡无奇、空洞乏味的标题，最致命的问题就是很难引起用户的阅读兴趣。

我们可以一起感受一下下面两个标题。

标题 1：《端午节的由来与习俗》

标题 2：《今日端午：一岁一端午，岁岁皆安康》

上面这两个标题的文章你想看吗？

如果将上面的两个标题换成下面这两个标题呢？

标题 3：《端午节真的是为了纪念屈原吗？答案得从这里说起》

标题 4：《今日端午，这些事情你一定要知道》

雷区二：标题内容过长，信息不聚焦

标题越短，认知成本越低。从微信公众号后台的文章编辑界面可知，当前微信公众号标题最多支持 64 个字符，但标题并不是越长越好，给大家的建议是标题不超过 20 个字符。

考虑到公众号文章多出现在移动端，在手机使用系统默认字体大小的情况下，一般头条文章标题超过 20 个字符后就会自动折行，非头条文章标题超过 15 个字符后就会自动折行。

雷区三：标题偏离账号定位，脱离用户圈层

一般情况下，当所运营的账号有自己鲜明的人设、定位、文风和特定的粉丝人群时，建议固定文章标题的样式，使其形成账号特有的风格。在实际操作中，有时根据作者喜好和需求不同，可能会使用风格多样的文章标题，但有一点需要特别注意，避免使用偏离账号定位及与粉丝无关的文章标题。

假设你运营的是美妆类账号，当企图强推数码科技类标题的文章时，就不要对阅读量有太高的期待，即使你找到了两者的结合点。同样，如果你运营的是母婴类账号，关注账号的粉丝都是宝妈，莫名强推职业教育类文章时，也要做好阅读量

可能低于日常平均阅读量的准备。从宝妈的角度来看，如果仅从文章的标题就可以判定这篇文章与自己无关，自然不会产生阅读兴趣。

看到这里，你是不是觉得不会有人这样操作，但现实的情况恰恰相反。在实际工作中，大多数企业运营都会命中这个误区，特别是面向 B、C 两端用户的企业，这些企业通常只有一个官方账号，在不考虑账号粉丝人群的情况下，将面向 B 端的企业信息推送给 C 端用户，文章的阅读量势必会远低于日常平均阅读量，而企业老板一般只关注最终的结果，阅读数据难看，运营难辞其咎，只能默默背锅。如何才能避免数据不好的情况发生？最好的解决办法就是运营初期根据面向的不同用户，分别创建一个 B 端账号和一个 C 端账号，以便应对不同需求的场景。

雷区四：标题中使用大量专业词，晦涩难懂

总有一部分内容创作者，在运营账号的初期，为了体现自己的专业度，想出一些故意卖弄才华的标题。他们常常会在标题中使用大量专业术语和晦涩难懂的词汇。事实上，使用这样的标题只会增加读者阅读和理解文章的难度。

为了更直观地理解，我们看一看下面这两个标题，你会更喜欢哪一个？

标题 1:《从古希腊理性唯物思想到麦克斯韦电磁理论和普朗克常数经历了什么？》

看到这个文章标题，你的第一感受是什么？是不是没有丝毫阅读兴趣，连标题都懒得读完。

如果换成下面这个标题呢？

标题 2:《1 分钟掌握物理学的发展史，原来物理也可以这么萌》

感觉上会不会好一点？

无法第一时间吸引用户，也就等于放弃了让用户阅读文章的机会。内容创作者如果想体现专业和写作能力，完全可以在选题、创意、观点和文章结构等方面展现，切忌在标题上和读者捉迷藏。

雷区五：标题歪曲事实，无中生有

什么是标题党？标题党通常可以被理解成为了快速吸引用户，用夸张虚假、歪曲事实、制造恐慌等手段，输出与实际内容不相符，甚至截然相反的标题。

标题党，作为以欺骗读者来获取短期阅读量快速增长的方式之一，可谓是杀敌一千自损八百。无论是运营个人账号还是企业品牌账号，长期大量使用标题党不仅不能提高营销转化率，反而会使由于好奇而点击阅读文章的读者产生反感情绪，他们会取消关注账号，这样会导致大量用户流失，甚至损害账号和品牌的公信力，甚至账号还将受到平台处罚和封禁。

在此，我也呼吁大家，作为新媒体账号的内容创作者，应该将更多的精力用于创作优质内容，注重账号长期价值，在文章标题的创作和选择上，拒绝使用通过"断章取义、无中生有、夸张虚假、擦边低俗"等形式来骗取阅读量的文章标题。

4.5　这 4 个传播规律决定了 90%的分享行为

首先，我们可以思考几个问题：

- 为什么有的公众号文章被推送后，从后台可以看到有很多读者分享，而有的文章的分享数据却很差，是什么触发了读者的分享行为？

- 什么样的文章更容易被读者分享和传播？
- 分享率高的文章背后有没有什么规律？

想要弄清楚这些问题，我们需要先探讨一个话题：我们为什么会有分享朋友圈的行为？分享朋友圈不仅是为了满足精神需求，而且还包含一个社会认知。我们在分享朋友圈时，实际上是在不断地塑造个人的 IP 人设。特别是对于营销人员来说，微信朋友圈不再只具备简单的社交功能，记录生活也好，分享情绪也罢，期望被点赞也成，所有的行为本质上都是为了使自己人设更丰富，没有人愿意在熟人面前自毁形象。

我们从日常发的朋友圈内容、点赞数的多与少就可以看出，不是所有人都对你日常那些"鸡毛蒜皮"的生活琐事感兴趣，大家更欣赏自己想成为的人，这就使得大多数人希望在朋友圈为自己塑造一个乐观、有爱、有范、有趣、有品位、有格调的完美形象，因此可以总结出促使用户产生主动分享行为背后的 4 个内容传播规律。

一般情况下，更容易被用户主动分享的内容都符合以下 4 个规律：与自身或亲人密切相关的内容，能被不同社交圈接受的内容，能表达个人情感和态度的内容，内容超预期。

下面我们就针对这 4 个规律分别展开分析，告诉大家在内容创作时具体该如何应用。

1. 与自身或亲人密切相关的内容

事实上，人们往往更关注那些与自身关联度高的信息，同样，也更喜欢阅读和分享与自身关联度高的文章。这类文章的共同特点是，会让读者认为内容有用、有价值。

例如，你可能经常看到，家人之间彼此热衷于分享健康科普、养生秘籍、生活技巧、安全提示类的文章，常见的标题有"×××不能吃""××千万别放冰箱""防范电信网络诈骗，×××千万不要信"等。

还有家人之间热衷于分享一些有奖活动类的文章。常见的活动规则是，要求将指定文章分享到朋友圈并反馈截图，即可参与抽奖；将活动文章分享到朋友圈不分组保留 24 小时，即可免费领取××奖品一份；将内容分享给好友砍一刀，即可参与抽奖或提现。

2. 能被不同社交圈接受的内容

内容价值决定一篇文章是否被分享，圈层则决定了内容被分享的上限。

微信朋友圈是基于熟人关系的社交网络，而所谓熟人又包含了无数个社交圈层，可能有家人、同事、前同事、老板、同学、好友、闺蜜、潜在客户、重点大客户等，这些圈层彼此可能并不相交，很少有人能做到无视好友圈层，不是所有人都愿意将自己的现状暴露在熟人面前。最直观的体现就是，没有员工愿意将自己下班后的喜悦心情在朋友圈分享给老板，同样也不愿意主动将公司的事情公开分享到自己的朋友圈。

有时候并不是你的好友不发朋友圈了，可能只是对你设置了分组不可见。

从微信上线的朋友圈分组可见功能，我们可以很直观地看出，基于朋友圈复杂的好友关系，大家对分享到朋友圈的内容会有所顾虑，无法做到真正的畅所欲言。通常表现出来的行为动作是，会不自觉地将想要分享的内容加以修饰或设置分组可见。而分组可见又是一项复杂的工程，不仅要有明确的分组标准，又要确保设置为"不可见好友"的一组不会通过"可见好友"的一组看见自己的动态。如果对于每个想要分享到朋友圈的内容，用户都要提前思考是否适合对所有人可见，必然会降低分享欲望。

可以被不同社交圈层接受的内容，往往更容易被分享。

这类内容的共同特点是，内容本身自带话题，可突破圈层束缚成为日常谈资。大家可以通过分享该内容加强与家人、同学、同事等微信好友之间的联系。可能你无意间的一个分享动作，就会为那些和自己很久没说过话的"沉睡在列表里的好友"找到互动交流的共同话题。这种通过共同话题切入的方式，会让彼此的沟通变得更加自然顺畅，比突然有一天微信上莫名收到老同学发来一条"在吗"的消息，更容易接受，这也就是大家更喜欢探讨社会新闻和娱乐八卦的原因之一。

还有那些轻娱乐的交互游戏，也可以满足大家的日常社交需求，有趣好玩的东西总能突破圈层，获得人们最大范围的分享和传播。例如，那些被营销号玩烂的性格测试、新年幸运签、假新闻生成器，以及风靡一时的微信小游戏跳一跳和2048 等。

3. 能表达个人情感和态度的内容

情感共鸣，是促进内容被分享和传播的核心动力之一，也是与读者拉近距离最有效的方式之一。这类文章大都会让读者产生一种"芳草易见，知音难寻"的感觉，文章所写的刚好就是自己想说又没有说出口的话，可以借文章表达一下自己的观点和态度。这种借他人之口表达的效果，有时候比自己说出来更有魅力。

还有一些读者会因为被文章中提到的故事所触动，被文章中传递的情绪感染而产生共鸣，也想借文章的话题分享和表达一下自己的情感。例如，那些常见的情感鸡汤、爱情故事、暖心公益、正能量文章等。这类文章的内容本身都自带情绪，或是积极情绪，或是消极情绪，而所表达的情绪越极端就越容易引起用户分享和传播。

4. 内容超预期

当一篇文章的内容表现形式、选题角度、视觉画面，能够让读者感觉到惊艳和超出心理预期时，往往就会伴随着分享和传播行为的发生，大家更愿意将自己认为美好的事物分享给他人。

4.6 如何保证公众号可以持续输出优质内容

要保证公众号可以持续输出优质内容的根本就在于，内容创作者要时刻保持自我的持续性突破，不断接收和输出新的信息和观点。要具备发现潜在热门爆款文章和已知爆款文章的能力，除了日常关注的新媒体平台热搜信息，有时还需要借助第三方数据分析平台，快速找到相关领域的热门文章，再根据自己账号的选题筛选机制，确定哪些文章符合自己账号的粉丝定位，适合自己推送。

接下来我们总结一下保持可持续输出优质内容的常用方法。

（1）搭建爆款文章素材库；
（2）搭建授权文章素材库；
（3）搭建高频词库；
（4）完善选题筛选机制；
（5）关注同领域头部账号；
（6）加入作者白名单授权群；
（7）善用工具筛选分析。

这里侧重说一下授权文章素材库，这一点对于不具备原创能力的账号运营者来说至关重要。搭建授权文章素材库的优势在于，不仅可以保证账号日常运营对推送内容篇幅和数量的需求，还可以保障转载内容的质量，甚至可以为创作内容提供足够多的灵感。

授权文章素材库表格模板如图 4-12 所示。

授权文章素材库								
序号	推荐转载文章 （标题+超链接）	授权情况 （单钩/双钩）	原文公众号	账号ID	转载要求	推荐位置	推荐理由	使用情况
1								
2								
3								
4								
5								
6								
7								
8								
9								
10								

图 4-12

在转载他人原创文章时，需要特别注意：一定要追溯到打原创标的文章，与账号作者或运营者取得联系，获得转载权限，这样可以尽量避免出现授权纠纷。

在下一章中，我们一起来聊一聊如何打造属于自己的私域流量池，形成自循环。

第 5 章
私域流量池高阶增长策略与实践

随着企业用户增长的流量红利见顶，通过传统付费投放方式获客的成本不断增加，越来越多的企业负责人和运营者开始关注并重视私域流量的概念，纷纷建立起自己专属的私域流量池，甚至会投入大量人力资源，对私域流量进行精细化运营，通过打造私域流量池形成自循环的模式已然成为趋势。在本章中，我们来聊聊如何快速打造自己的私域流量池，形成自循环。

5.1 什么是私域流量，相比公域流量有何优势

为什么说私域流量已经成了企业重要的流量阵地，原因就在于以往的企业或商家，如果想在某平台推广自己的品牌和产品，触达目标用户最主要的方式就是直接付费购买平台的流量。但随着各平台流量红利的消失，企业购买流量的成本不断攀升，对于已购买的这部分流量，企业自己又不能重复使用，每次推广时都需

要再次支付高额的费用。

与此同时，平台流量属于公共资源，也就是所谓的公域流量。对于企业而言，并不具备自由掌控和主动支配这部分流量的能力，也无法获取流量背后用户的全部数据信息。由于这一系列问题的存在，越来越多的企业觉得这种购买流量的交易模式并"不公平"，从而加速催生了企业对私域流量的需求，以便弥补公域流量存在的不足。

我们回到本节最初的话题，到底什么是私域流量？相比公域流量，私域流量又有哪些明显的优势？

私域流量指与用户在初次产生"关系"的基础上，相对封闭的信任流量，是企业或个人自主拥有的，可以自由掌控、反复使用的，精细化运营、免费触达用户的自有流量。

与公域流量相比，私域流量具备低成本、可沉淀、可复用、高转化、可裂变的明显优势，具体对比如图 5-1 所示。

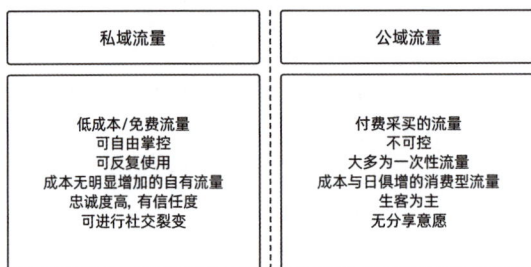

图 5-1

既然私域流量与公域流量相比有这么多优势，那么，私域流量是否可以完全取代企业购买的公域流量？

这是我在一个新媒体行业微信群里看到的问题，在这里我再次表达一下自己的观点："私域流量当下虽有红利，但远达不到被那些营销号发布的稿件所神话的地步，我们还是要理性看待流量问题。公域流量和私域流量两者应该是彼此互补的关系，即公域优化投放快速获取流量，私域精细化运营提高转化。'公域+私域双轮驱动'才是当下企业流量运营需要考虑的重要策略。"

5.1.1 如何将公域流量转化为私域流量

如果你也想快速玩转私域流量，收割最后一波红利，首先需要做的就是完善公域到私域的流量转化路径和运营体系。

下面我们用一张图看看流量是如何从公域转私域的，具体流程参考图 5-2。

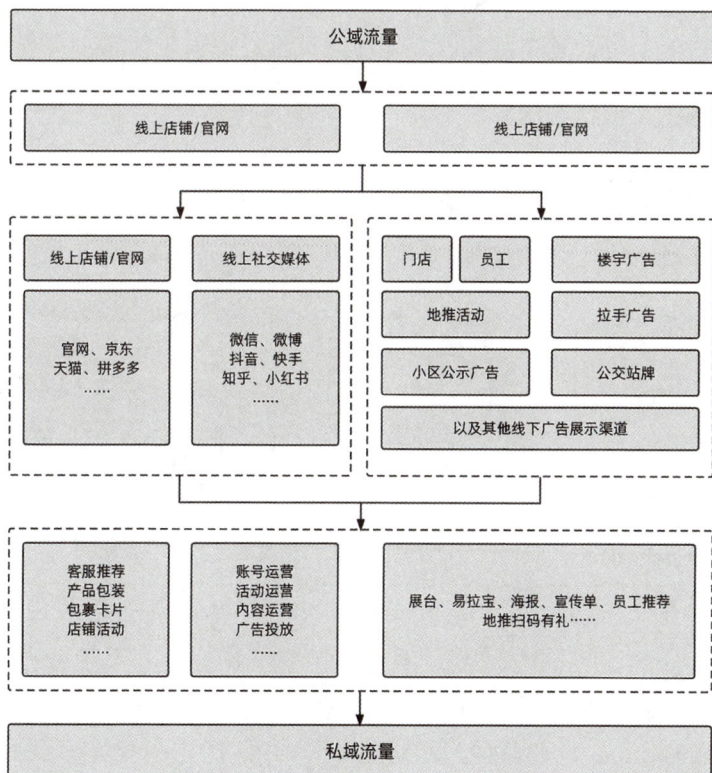

图 5-2

如果某一天，你的老板突然和你说要重点发力做私域流量，不要慌张，他说的通常是要重点关注微信生态的流量产品，例如，社群、个人号、公众号、小程序等。

不管你最终选择通过何种形式沉淀用户，做私域流量的底层逻辑都不会改变，那就是首先将用户聚集起来，通过运营建立信任关系，然后不断塑造产品需求场景，进而实现产品转化和提供产品服务，接着通过做裂变活动和口碑传播，继续聚集和获取新用户。这一套流程操作下来是不是给人感觉似曾相识，没错，新媒体营销同样有着类似的流程。

5.1.2 私域流量本质上就是鱼塘商业模式的再一次升级

不知道大家有没有听说过著名的鱼塘理论，即"把客户比喻为一条条游动的鱼，而把客户聚集的地方比喻为鱼塘，通过分析鱼塘里不同客户的喜好和特性，采取灵活的营销策略，最终实现整个捕鱼过程的最大成功"。

如果用一张图来表示的话，可以参考图 5-3。

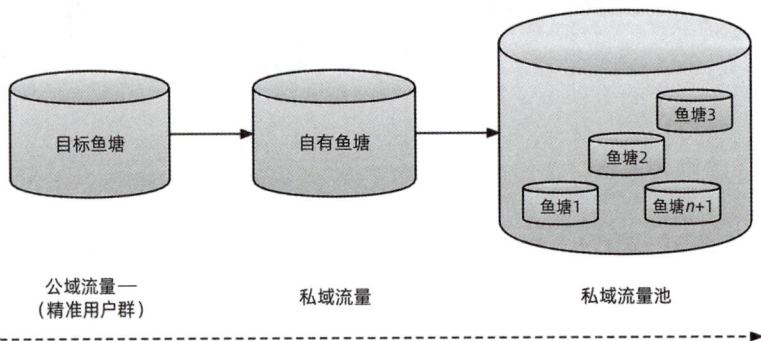

图 5-3

我们做私域流量的本质就是要自己建立鱼塘。既然要自己建立鱼塘，就需要解决引鱼入场的问题。

落到具体的操作上就是，首先你要找到目标鱼塘，也就是要找到精准用户群，通过设置诱饵，引鱼入场，然后不断投喂，把鱼养肥，通过精准把握每条鱼的特性和需求，用适合其口味的鱼饵，开始捕鱼，再利用大鱼生小鱼，使鱼群逐渐壮大，并扩建出更多的鱼塘，接着持续养鱼和重复捕鱼，从而使每个鱼塘的商业价值都最大化，我们把这样的过程称为"构建私域流量池"。

5.2　私域社群矩阵运营 SOP 实践

标准化一定是私域社群矩阵运营最核心的竞争力。

如果你想通过社群做私域流量沉淀，我认为需要先有明确且具体的运营规划。换个说法就是，"如果是为了建群而建群，建议不建"。这句话看上去是不是很绕，但是意思很清晰，简单来说就是，如果还没有想清楚社群的定位，没有具体执行流程，以及不知道该怎样去运营和管理，建议不要着急拉群。这一点对于运营社群流量来说至关重要。

与其他新媒体平台有所不同，社群的试错成本很高。标准化才是私域社群矩阵运营最核心的竞争力。

引用《礼记·中庸》中的一句话："凡事豫（预）则立，不豫（预）则废。"做任何事情都需要先有计划，然而，大多数人做社群的运营思路是，别管那么多，先拉个群把人圈起来再说，大家你一句我一句，群里的热度和氛围自然就有了。实际上，这种想法过于天真和理想化，大家虽为群友，但彼此依旧陌生，每个人进群都会抱着某种目的，若没有群规，任其随意发言，成员不断被打扰，最后多半以屏蔽群或退群而告终。

举个例子，假设你从事的是美妆行业，新组建了一个用户群。如果这时 A 在群里发言："用了你们的面膜，脸红肿了怎么办？"并晒出了几张不忍直视的图片。

看到如此场景，B 也跟风回复了一句："你这么一说，我好像也是每次用完面膜脸部有刺痛感。"此时 C 又站了出来，可能出于好心，再来一句："那估计是过敏了，可以用别的 ×× 牌面膜，抗过敏，温和不刺激。"D 再补一刀："这群是干吗的，有什么用？"至此，那些平时默不出声的微商，见有如此良机，假以交流美妆好物经验，疯狂在群里安利自己代理的产品……这么一波下来，这个群基本就废了。看上去是不是充满戏剧性，但这种事情却是真实存在的。

"生于圈人，兴于聊天，亡于广告。"用这句话来形容社群的兴衰再适合不过了。

社群是把双刃剑。做过社群的人都知道，社群流量重运营，玩得好的，社群就像品牌和用户之间的桥梁，从产品研发的需求调研，产品上线前的预热宣传，产品上线后的裂变传播到后期转化成单，通过社群都可以快速触达用户并产生特有的价值。但是，有时一个搞不好，辛苦组建的社群又会变成吐槽群、维权群、客服群、广告群、僵尸群等，甚至有可能变成竞品友商拓展新用户的渠道。

如何让社群变得更可控和更有价值，对每一个社群负责人来说，都是一件非常重要的事。下面给大家分享一份社群私域流量 SOP，简单 4 步构建你的社群流量池。

1. 社群定位

如何对社群进行有效的定位？不同的人可能会给出不同的答案，解决这个问题，并没有大家想象得那么复杂，很多人喜欢把简单的问题复杂化。例如，维度、策略、方向、行业、人群、类型等内容和观点似乎介绍了很多，但结果往往是大家越看越困惑。

对于社群定位，首先你只需要明确一点，即你想要实现什么目的，也就是你需要有一个非常明确的目标，然后就可以根据这个目标，反向推导出适合自己的社群定位。

社群定位具体可以分为以下 3 种情况。

（1）**转化型社群**：为获取线索，增加产品销售转化为运营目标的社群，都可以划为转化型社群。例如，转化型社群可以细分出快闪群、内购群、试听体验群、社区团购群等。

（2）**交流型社群**：期望提供有价值的服务来维护品牌核心用户，为彼此持续建立情感关联，培养品牌和 IP 的 KOC，以组织大家互动、交流、学习、分享为运营目标的社群，都可以划为交流型社群。例如，交流型社群可以细分出 VIP 用户服务群、市场交流群、母婴交流群、打卡群等。

（3）**流量型社群**：期望快速覆盖更多人群，获得更多免费流量，为广告推广、活动宣发、店铺引流为运营目标的社群，都可以划为流量型社群。例如，流量型社群可以细分出福利群、秒杀群、领券群等。

2. 社群基础框架设计

社群基础框架设计包括以下 6 部分。

（1）**社群名称**：作为社群对外展示的名片和标签，好的社群名称非常重要。起一个好的社群名称的首要原则是，需要让加群的用户仅通过社群名称，就可以清晰地知道该社群有什么用，可以提供什么样的核心价值。

下面列举几种比较常见的社群矩阵名称，供大家参考借鉴。

方案 1：品牌+定位（+群号），比如×××福利群、×××内购群、×××粉丝交流群等；

方案 2：品牌+城市+定位（+群号），比如×××北京车友群、×××北京 VIP 客户群、×××北京米粉群等；

方案 3：行业+定位（+群号），比如×××广告行业交流群、×××商务交流群、×××资源置换群等。

（2）**进群门槛**：对于加入社群的门槛的设置，最重要的一点就是，要明确地告知大家，是可以免费进群的，还是需要付费进群。如果可以免费进群，是否需要完成一些指定的任务。例如，是否需要先分享海报或文章至朋友圈，并反馈截图才能进群，或者入群是否需要提交申请资料，用于前置审核，或者对于所在城市、行业、职位等是否有限制要求。

设置社群门槛的核心作用是，通过社群门槛筛选出精准的目标用户，一般可以认为：入群门槛越高，社群覆盖用户越垂直，流量越精准，产品转化率越高，但是相应的社群用户增长率也就越低。具体关系如图 5-4 所示。

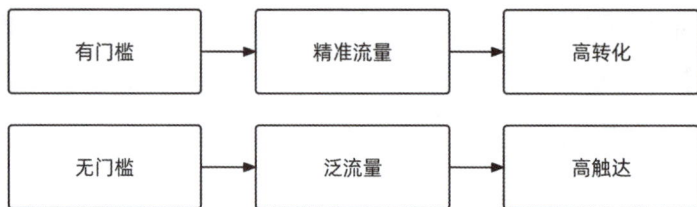

图 5-4

日常生活中，估计大家都曾听说过一句话："越是容易得到的东西，就越不容易被珍惜。"这句话不仅适用来表达情侣之间的感情，同样适合用来形容社群规律。入群门槛越高，用户越精准，越不容易流失。相反，如果没有任何门槛要求，随随便便就可以进的群，多半毫无价值。

如果引用经济学上的一个概念"沉没成本"来加以解释，在这里大概可以理解为：人们在决定是否做一件事情的时候，不仅会考虑这件事本身对自己有什么好处，而且会考虑自己是否已经在这件事上有所付出，付出得越多，沉没成本越高，人们也就越不容易放弃做这件事；相反，付出得越少，沉没成本越低，人们也就越不会珍惜。

举个例子，大家在刷朋友圈或抖音时，经常能看到某些品牌的在线课程体验广告，他们的获客流程基本上都是用户需要先支付一定的费用，获得一个进群试听体验课的资格，当然这部分费用很低，比如 1 元体验课或 9.9 元体验课。为什么要设计这么低的体验课费用呢？难道是不在乎这部分收益？那么直接换成免费体验不好吗？对于这些问题，不知道大家有没有认真思考过。事实上，运营者设计这样的环节，主要想通过设置一些简单的门槛来筛选出精准的意向用户，只要用户有下单支付的行为发生，引导用户进群后，用户就不会轻易退出，同时代表着用户对社群提供的产品服务感兴趣，而社群运营或负责销售的人员只需要对社群内的这部分用户进行精细化运营，不断培养信任关系，就很可能成功转化用户来购买正价产品，这也就是我们常说的转化漏斗。

当然，在实际工作中，可能还会遇到一些类似市场资源置换的行业群，进群虽然免费，但同样有一定的门槛，一般需要提供个人名片、工牌等信息作为进群的前置审核条件，甚至有的行业群对申请进群人员的职位或职级等也有一定的要求，满足条件后才会被邀请进群。对于所有进群的用户来说，进群审核条件也代表着社群质量有保障，每一个群友都有合作的价值。对于群管理者来说，通过这种方式创建的社群，用户留存率更高，用户不容易流失，社群用户质量也更高，更容易产生附加价值。

（3）**加群方式**：直接扫社群专属二维码进群，或者先加群主个人好友，然后通过接受由群主发起的邀请进群。

在具有同样推广资源的情况下，前者社群新增人数将高于后者，而后者个人好友新增人数将会有明显增长，具体关系如图 5-5 所示。

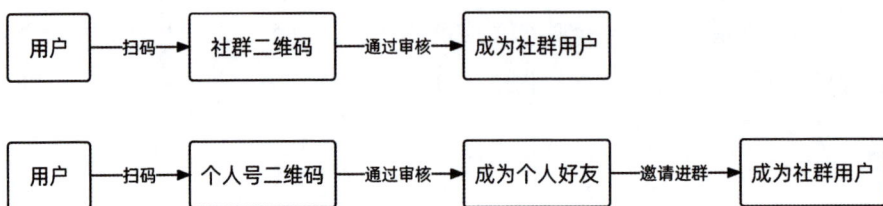

图 5-5

（4）**群成员名片格式规范**：对于需要对社群进行精细化运营的群管理者来说，统一的群成员名片格式不仅可以便于社群管理，还可以使群内用户彼此建立一定的信任感，提高社群整体质量。例如，你可以将群成员名片格式设置为城市+行业+昵称或者公司+职位+昵称等。

（5）**社群规范**：建群之初制定明确的群规是保证社群可以长期良性发展的基础。规则先行可以为后续社群维护减少很多不必要的麻烦，其中最重要也最常见的就是明确"禁止行为"。例如，群内禁止发布任何商业广告。

群规通常可以挂在社群公告中，进行置顶公示，群规的主要构成部分有：社群简介、福利活动、鼓励行为、禁止行为等。

（6）**社群成员结构**：高质量社群的成员结构一般由群主、小助手、群托、核心用户、普通用户这 5 部分构成，下面分别进行介绍。

- **群主**：作为社群管理员和意见领袖，群主在社群中的个人 IP 一般具有一定的影响力；
- **小助手**：协助群主运营和管理社群，使社群趋于良性发展；
- **群托**：俗称气氛组成员，更像提高社群热度的催化剂，非必须有，但最好有；
- **核心用户**：多为企业品牌或个人 IP 的忠实粉丝，认同社群核心价值，积极活跃，能带动社群话题讨论节奏，重点培养和激励核心用户是提高社群活跃度最有效的方式之一；

- **普通用户**：流量的核心来源，也可以称之为目标用户。

下面分享一份社群基础框架设计模板，如图 5-6 所示。

社群基础框架设计模板					
社群类型	社群名称	加群门槛	加群方式	群员名片格式	社群规范
转化型	××试听体验群1	1元购下单用户	群主邀请进群	城市+昵称	社群简介 福利活动 鼓励行为 禁止行为
交流型					
流量型					

图 5-6

3. 社群运营规划

目前所有社群的运营规划都可以概括为以下两种。

- 针对少数人的精细化运营；
- 针对多数人的系统化运营。

那么，我们该如何理解这两种运营规划的意思？

首先，说一下"针对少数人的精细化运营"，实际上就是将更多的运营精力和资源投入到对少数人的维护上，为这部分社群用户提供及时的响应，以及极致的服务体验。而对这部分用户的维护产生的价值将远大于对多数人的维护，这部分用户通常具有一些共同的特点，那就是认可品牌理念和产品价值，愿意为产品买单，有一定的号召力，而且可以影响身边更多的人。

其次，对于"针对多数人的系统化运营"来说，这种运营规划更像生产车间的流水线，而流水线的优势在于不仅可以提高产能，还可以尽可能地降低人员成本。达到这一效果的背后是一套完善的运营体系和管理系统，员工所有的操作都在按照 SOP（标准化流程）执行，大家只需要借助工具对产品的生产环节进行管理和维护，就可以获得持续、高效的产出。针对多数人的系统化运营正是利用这种提前设置好的运营体系和管理系统，以最小的人力成本，实现同时运营和管理批量化社群的效果，我们可以将其理解为一种由量变产生质变的运营策略。

在前面对社群进行定位的章节中，曾提到过，根据定位不同，社群大致可以分为3 种类型：转化型社群、交流型社群和流量型社群。在下面的内容中，将会针对这 3 种类型，和大家一起探讨在精细化运营和系统化运营这两个截然不同的运营方向上，如何选择和制定适合自己社群的运营策略。

（1）**转化型社群**：对其制定运营规划的核心，就是要解决社群用户的拉新、促活、转化 3 个方面的问题。

如果你的产品转化周期短，不需要长期维护，完成销售转化活动后社群随即解散（俗称快闪群），推荐选择精细化运营。通过对社群成员精细化运营，快速建立信任关系，以达到提高转化率的目标。相反，如果你的产品转化周期长，且社群需要长期存在，则建议借助社群运营工具进行系统化运营。

转化型社群属于以产品转化为终极目标的私域流量，在制定运营规划时，需要从对社群用户运营维护，建立信任基础开始，到分享与产品相关的内容为产品种草，以及策划限时、限量等营销活动来完成用户转化和沉淀，形成完整的流量转化闭环。

具体关键动作和转化流程，如图 5-7 所示。

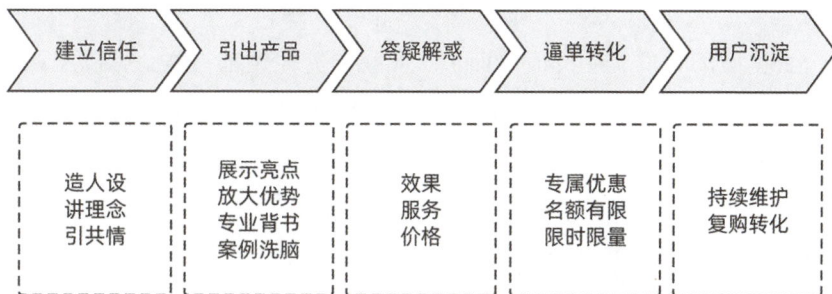

建立信任	引出产品	答疑解惑	逼单转化	用户沉淀
造人设 讲理念 引共情	展示亮点 放大优势 专业背书 案例洗脑	效果 服务 价格	专属优惠 名额有限 限时限量	持续维护 复购转化

图 5-7

（2）**交流型社群**：这类社群多是以期望提供有价值的服务来维护品牌核心用户，为彼此持续建立情感关联，培养品牌 KOC，以及组织大家互动、交流、学习、分享为运营目标的社群。

以建立情感关联和信任为基础，让社群成员有归属感，是交流型社群最核心的运营策略。这也决定了这类社群更适合采用精细化运营策略。

（3）**流量型社群**：这类社群大多以覆盖人群多少为核心目标，崇尚通过量变达到质变。

对于这类社群，首选系统化运营，优势在于运营所需人员成本低，可快速批量化复制，扩大社群规模。

4. 社群价值激励

社群价值激励，主要指你所维护的社群能够为社群成员提供的专属权益。具体权益可以是为社群成员不定期发放专属优惠券，提供专属客户服务对接，提供新品优先尝鲜、优先体验特权等，也可以是让社群成员能够第一时间获取品牌内部活动消息，以及与产品相关的优质内容和官方资料等。

不管是什么类型的社群，在价值层面上，大家的关注点都一样，可以从两个角度切入进行分析，分别是"运营视角"和"用户视角"，最后将两者合二为一，得到的就是社群内容的运营方向。

（1）**运营视角（运营目标）**：对于运营人员来说，必须清晰地知道最终的运营目标。只有这样，才能有效地避免在运营规划上出现偏差。

企业要求创建社群和运营维护社群的最终目标，大多是满足产品传播或者实现转化方面的相关需求，所以从这两个目标进行分析，我们完全可以拆解出社群运营的关键动作，需要产出什么方向的内容来触达用户和选择以什么样的方式来提高转化率，具体如图 5-8 所示。

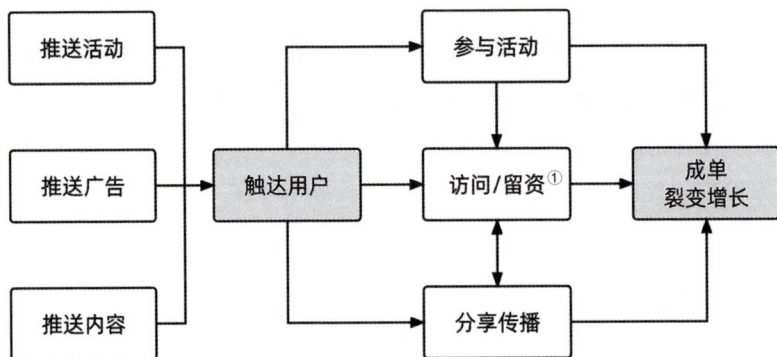

图 5-8

（2）**用户视角（用户需求）**：对于用户来说，我们需要换位思考，要知道他们想得到什么。当用户产生加入社群的行为动作时，可能是对内容有所期待、对服务有所期待，也可能是对活动福利有所期待，或者是为了满足某种多元化诉求。这

---

① 留资：指用户留下可供联系的资料。

时我们至少可以明确一点,当前用户对加入社群并不反感,甚至有所期待。而社群运营需要做的,就是通过"利他思维"制定社群价值激励策略,围绕用户需求有针对性地进行规划,以满足用户的期待和归属感,具体如图 5-9 所示。

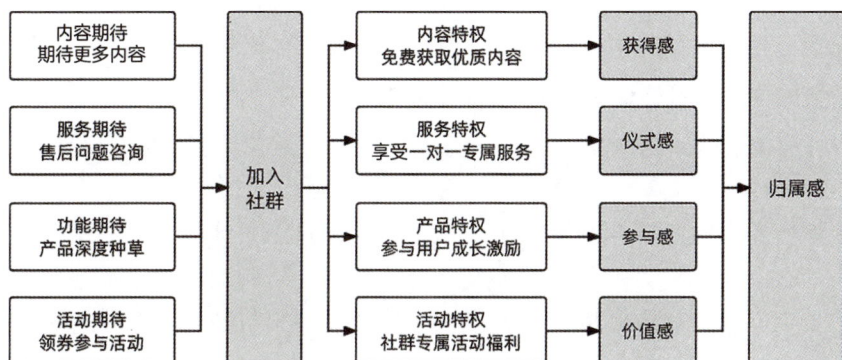

图 5-9

5.3　如何打造高质量的私域社群

你是否考虑过以下几个问题:

- 为什么大家一直在强调社群的商业价值,而你创建的社群却一直没有商业化变现能力?
- 为什么身边的人都在强调私域流量具有高转化能力,而你的社群转化率很低,甚至远低于传统竞价广告投放的转化率?
- 为什么别人的社群看上去活跃度很高,而你的社群氛围冷清,经常只是你自己一个人在唱独角戏,消息列表中除了几条广告信息,几乎没有任何社群成员互动的消息?

绝大多数社群管理者都面临着社群用户转化难、社群生命周期短、社群用户活跃度低、社群运营人员成本高、社群覆盖的用户增长慢等一系列问题。如果你刚好对以上问题感到困扰，下面或许可以为你提供一些有效的建议和帮助。

5.3.1 如何构建低成本高转化的社群体系

如果你想以足够低的社群运营成本，获取足够高的转化收益，在这里分享给你一个运营策略，那就是你需要以合伙人思维构建一套完善的社群流量管理体系。拥有一套完善的合伙人制的社群体系，是低成本高转化运营社群私域流量的核心基础。

具体该如何操作呢？下面举个例子，仅供参考，希望对你能有所帮助。

假设你希望以运营社群私域流量的方式实现产品的销售转化，从而获取收益，根据以往的经验，我们已知通过人工精细化运营的社群的转化率远高于通过工具系统化运营的社群，但通过人工精细化运营社群所需的高额的人工成本，常常让人望而却步。按照一个社群运营人员平均可精细化运营 5 个社群计算，如果扩大规模覆盖 100 个社群，你的团队至少需要增加 20 个运营人员；如果覆盖 1000 个社群，你的团队需要增加预计 200 个运营人员。显然，这种需要超高人员成本的运营方式，并不符合商业需求，而一套完善的"合伙人计划"或许可以轻松解决这个问题。

我们可以将合伙人计划分为 4 个层级，分别为普通用户、核心用户、合伙人、超级合伙人。对于每一个层级的晋升，都设置了一定的条件和专属权益，顶层的超级合伙人需要全力培养和发展更多的合伙人，而你只需要负责对超级合伙人和合伙人进行激励和管理即可。

社群合伙人计划模板具体可以参考图 5-10。

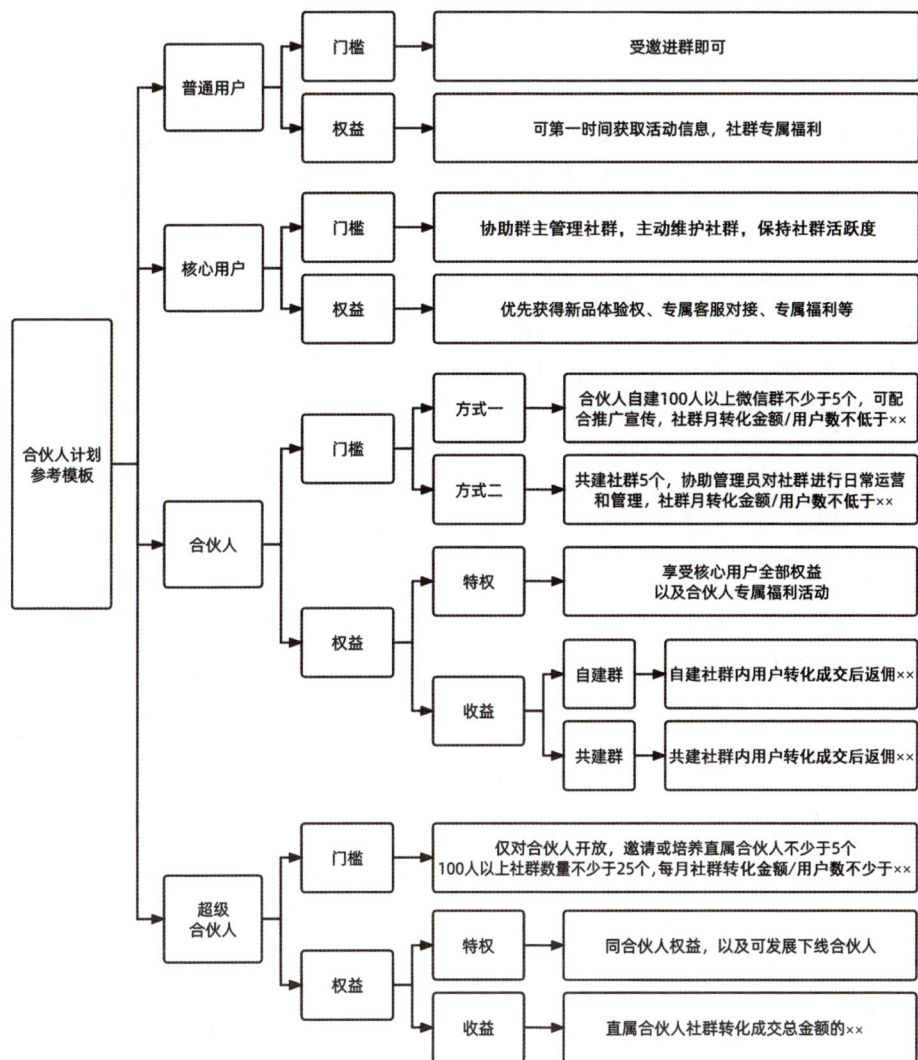

图 5-10

5.3.2　什么行业最适合构建社群私域流量池

拉群有门槛，社群并非适合所有行业和团队。适合做社群私域的产品，一般来说需要具备以下 4 个特点：产品具备社交属性、产品转化决策门槛高、产品可高频消费、产品的品类丰富。

1. 产品具备社交属性

自带话题可传播，产品本身即可成为谈资，或者在产品功能、使用场景等方向上，可以衍生出与人们生活、工作相关和易引发兴趣的互动话题。

产品具备社交属性的优势主要表现在，社群成员所讨论的话题领域更垂直，更容易联系到产品，从而形成自传播，这样对于维护社群所需的内容运营成本也会更低。比较有代表性的行业产品有母婴好物、亲子服务、美妆护肤、时尚穿搭、教育培训、医学美容等。

2. 产品转化决策门槛高

用户决策门槛高，这意味着用户在做出最终决策前，需要足够多的信息进行参考。通过社群运营与用户建立信任，可以有效降低用户决策的顾虑。而这类产品表现出的明显特点是，用户的忠诚度很高，也就是用户黏性很高。

3. 产品可高频消费

私域社群最大的价值之一就是，可以通过运营提高复购率。所以，高频消费主要指产品具备可供用户无限复购的特点。比较有代表性的产品有日用品类的面膜，餐饮类的餐厅团购优惠券、甜品优惠券、咖啡饮品优惠券等。

4. 产品的品类丰富

产品有足够多的 SKU，可以充分满足用户的选择需求。例如，美妆产品中各种色号的口红，教育培训行业中各种方向的付费课程等。

如果你的产品不具备以上任何一种特点，那么通过社群做私域流量或许并不是最佳选择。可以尝试将社群换成 APP、公众号、小程序等，同样可以实现私域流量的沉淀。

5.4　冷启动如何实现个人号快速涨粉

5.4.1　个人号获取精准好友的 4 个有效途径

在对私域流量运营的选择上，并非只有社群矩阵，多数个人和企业还会选择"社群+个人号"组合的运营策略。还有一部分人会将运营个人号作为重要的获客方式，以典型代表微商来说，主要就是通过个人号来实现用户沉淀和转化收益的。做微商的人，通常都会先为自己包装一个有利于产品转化的人设，例如某专家、老板、KOL、超级代理等；然后找到自己的精准目标用户，并将其成功添加为个人号好友，打上分类标签，打标签这一步主要是为了后续更有针对性地进行突破，提高转化率；接着将精心策划好的内容，以转发好友或分享朋友圈的方式，精准触达目标用户，激活目标用户潜在的购买需求，最终完成销售转化目标。在整个过程中，最重要的就是找到精准的目标用户，并将其成功添加为个人号好友。

看到这里，可能有些人会感到疑惑，做个人号最重要的为什么不是包装人设？原因在于，对个人号来说，人设需要建立在已知目标用户的基础上。

举个例子，接触过微商的人都知道，微商人员通常喜欢在朋友圈发布一些加入某代理机构之后，半年喜提玛莎拉蒂、一年开走兰博基尼的炫富内容，使用的几乎都是统一的模板话术，加上几张去 4S 店摆拍的出镜照片，这些内容让人一看就觉得假，但他们依然可以通过这种方式成功发展下线和售卖产品，原因就在于，微商人员的个人号好友都是通过筛选得到的精准目标用户。

那么，个人号在冷启动期间，并且在没有强大推广资源的情况下，如何才能找到精准目标用户，快速加满好友？下面分享 4 个简单、有效的方法，如果你有相关需求，不妨一试。

1. 搜索

通过搜索获取流量，主要可以分为两种形式，分别是铺关键词、占资源位，被动获取好友，以及搜关键词、找资源位，主动添加好友。

1）铺关键词、占资源位，被动获取好友

线上集中铺设关键词，利用各种运营手段占领百度、微信搜一搜、微博、小红书、知乎、贴吧、抖音、快手等平台的搜索排名。这种方式个人和企业都适用，形式上有点类似于 SEO 和 ASO，通过长期占据关键词搜索页前几条内容的展示位置，增加曝光，从而获得更多的转化机会。

2）搜关键词、找资源位，主动添加好友

在线上各大平台搜索与目标用户相关的关键词，找到潜在的目标用户，并邀请添加成为个人号好友。假设你的产品是少儿英语课程，这时就可以通过搜索家长、宝妈、早教等与少儿英语课程相关的关键词来找到潜在的目标用户，想办法将其添加为个人号好友。

2. 线下服务面对面

利用员工上门服务或者用户到店服务的机会，工作人员随身携带个人号二维码，主动出示并邀请用户添加个人号好友。通常情况下，在工作人员为用户提供过满意的服务后，用户不会拒绝工作人员邀请添加好友的行为。

举个例子，前段时间，我在收拾书柜的时候，发现抽屉里有两台闲置很久的 iPhone

手机，短时间内也没有使用它们的计划，可能是出于强迫症的原因，我想要及时清理没用的东西。于是，我就在网上预约了爱回收的上门服务，工作人员在上门回收了手机之后，主动邀请我添加他的企业版微信好友，说是便于提供更好的服务，还会有专属优惠券。当然，出于对上门服务的满意体验，当时的我没有丝毫犹豫就添加了工作人员的微信。类似这种可以提供面对面服务产品的企业，通过工作人员在服务过程中直接面对面邀请用户成为个人号好友，将是企业版微信私域流量实现快速增长最有效的方式之一，这种方式比短信推送转化率好太多。

值得注意的是，建议使用企业版微信，因其不仅便于统一运营和管理，还可以有效防止因员工流动造成私域流量流失的情况发生。

3. 地面推广

地面推广简称"地推"，一般指通过上门推广、摆摊推广、发传单推广、送礼物等方式，邀请用户完成关注、下载、注册等任务。

在业内都觉得现在"地推"很难做的时候，最近在我身边出现了两种比较有意思的地推方式。先说说第一种，我前段时间带着孩子在朝阳公园玩耍的时候，看到公园内的小路旁，有两三个人拿着一些印有某早教机构广告的气球，他们会主动搭讪带孩子的家长并免费赠送气球，当然这里的免费仅指不用花钱，家长还需要扫码关注地推人员的个人号或者企业微信公众号，才可以领取气球。虽然我个人比较反感加陌生人为好友，但最终我还是选择了添加，因为家长们总是想满足孩子们的愿望。这种地推方式算是现在的常规操作了，类似的地推方式还有很多，例如，逛庙会时扫码送新年主题的发夹，逛商场时扫码送购物袋，逛街时扫码送扇子等。

第二种地推方式更有意思，有一天在小区楼门口公示区，我看到了一个写有"闲置物品转让"的二维码广告，在别的单元楼同样能发现这个二维码广告。二维码广告看上去很简单，一张 A4 纸，上面有几行大字，下面加上一个大大的二维码，你是否觉得这种方式过于老套，效果肯定一般？起初我也认为不会有人扫码入群，但经过亲自验证，群成员增长很快，几乎半天时间，我所加入的群新增成员就已超过 200 人，初步估计群主个人号一天内至少增加了 500 个好友。之所以可以推测出个人号增加好友的数量，在于广告中放的是群主个人号的二维码，所以进群的唯一方式就是先添加群主个人号为好友，然后由群主邀请进群。这种方式的好处很明显，群主既可以使个人号好友和社群覆盖人数同时得到增长，又可以与每一位新增加的好友建立信任关系，为后续的产品转化和推广做铺垫。不出所料，在我添加了群主个人号好友一星期后，群主的朋友圈开始频繁地发布微商广告，社群中偶尔也会出现微商广告信息，但并非由群主群发，而是由"群托"发消息@群主，咨询哪里可以买到某产品，是否有闲置的某产品可供交易，然后群主以回复咨询的方式发送广告信息。看得出这一系列的操作，经过了精心的设计。至于这个广告为什么会吸引业主关注，我想原因是二维码广告介绍中特别强调了同一小区、宝妈、宝宝闲置物品、二手物品、转让变现、互帮互助等关键词，通过简短的群介绍，精准地触达了目标人群，命中了用户痛点，几乎每个有宝宝的家庭都会有很多闲置的母婴用品，而群主并非以企业和商家身份出现，而是以小区的业主、宝妈自居，加上冠以互帮互助的名义，通过塑造与用户相同的身份拉近了彼此距离，更为彼此建立了一定的信任基础。

对于那些每增长一个用户都是艰难突破的企业来说，个人觉得这是一个值得尝试规模化和批量复制的模式。在此我们假设，通过这种上门推广地推的模式来快速增加社群覆盖人数和扩大私域流量池，先以小区为单位进行覆盖，通过测试跑出模型和各项数据，然后以区和市为单位进行批量覆盖。如果按照一个小区一天平均增长 500 人计算，覆盖 1000 个小区，每天的社群覆盖增长人数为 500×1000=50 万，当社群数量达到一定量级时，还可以引用合伙人制度对其进行拓建和管理。

以上仅提供了一个思路，更多方案，欢迎加入知识星球"浩然和他的朋友们"，一起探讨交流。

4. 社群引流

社群引流指通过社群为个人号引流，将社群内的用户集中转化为自己的个人号好友。

如何通过对社群进行有效筛选，最终找到自己所需的精准目标用户呢？在对社群的选择上，我们可以优先选择竞品活动群，以及目标用户所在的某些付费社群。

（1）**借助竞品活动群**：找到并参加竞品的增长活动，一般竞品的活动都会裂变出大量用户群，找到并逐一渗透进去。正所谓"没有枪没有炮，同行给我们造"。加入竞品的用户微信群，不仅可以及时了解竞品动态，还可以将群内用户转化为个人号好友，快速获取精准用户。可能有人不喜欢这种做法，那可以不用，但了解一下并不是什么坏事。

（2）**寻找付费社群**：为什么强调一定是付费社群，而不是免费社群，其实这里主要考虑的是人群精准程度和转化率的问题。一般情况下，我们认为以往产生过消费行为的用户往往更容易接受类似的其他产品，教育用户的成本相对较低。不管是 9.9 元、39.9 元，还是 99 元的付费社群，只要社群覆盖的人群比较精准，一律都进，进群之后，借助新人入群自我介绍的机会，群发红包以制造主动加好友的机会，然后借机添加社群成员为个人号好友。

5.4.2　如何将社群成员转化为个人号好友

对于那些想通过加入社群为自己个人号引流的人来说，主动添加陌生群友为个人号好友的行为，其实和推销商品很像，只是把推销商品换成了推销自己。在这个问题上只需要重点把握好两个关键点，就可以有效提高添加好友的通过率，这两个关键点分别是"恰到好处的时机"和"无法拒绝的理由"。

1. 恰到好处的时机

据我了解，很多人在进入新群后都有一个习惯，喜欢马上添加群友为个人号好友。这样的行为后果往往是，发送了大量添加好友的邀请，但好友通过率很低，有时甚至会被群主踢出群，出现这种情况通常是因为添加好友的时机不对。在适当的时机添加好友，好友通过率将会大幅提高。下面分享 3 个主动制造添加好友时机的方法。

（1）**红包暖场**：进群之后不要马上添加群友为个人号好友，在大家对你没有任何印象和信任基础的情况下，好友通过率通常不会很高。进群后，首先需要暖场，具体方式可以是"群发红包+自报家门"，通过发红包的方式在群内制造活跃气氛，然后借势，抓住时机主动添加群友为个人号好友，那些抢到红包的人基本不会拒绝你的邀请。有一个细节值得注意，切勿以人均 1 分钱的形式群发红包，会让人觉得你很小气。

（2）**刷存在感**：进群后的前两天内，应保持积极活跃发言，快速刷存在感，在群内具备一定知名度后，再添加好友，通常好友通过率较高。

（3）**制造话题**：主动发起话题，带动社群内其他成员参与互动，或在看到他人发言后，围绕认同、学习、交流、咨询、帮忙等方向参与互动交流，以话题为契机，主动添加参与互动交流的人为个人号好友。

2. 无法拒绝的理由

提高添加好友通过率的另一种方式，就是设计添加好友的话术，给被添加的人一个无法拒绝加你的理由。

对于希望通过个人号做商业变现的新人来说，主动邀请目标用户并将其添加为好友，是运营个人号时非常重要的环节之一。在这个过程中，如果添加好友的话术设计得不好，则好友通过率基本为零。

怎样才能一开口就让对方通过好友验证呢？

平时我们经常会收到添加好友的邀请，也看到过很多打招呼的话术，针对这个问题，我和朋友做了一个简单的调查，话术的好友通过率由高到低，首先是"朋友推荐+说明来意"，其次是"表明身份+与被添加人有关的事"，例如，"我是××公司的××，寻求合作""我是××，看到群里你发的某问题，想加个好友方便交流""我是××，限时活动加好友，免费领××"。好友通过率最低，也最让人反感的话术就是，只有两个字"你好"，就没有下文了，这让人觉得莫名其妙，以至于好友邀请会直接被忽略。

第6章
如何零成本实现用户爆发式增长

6.1　裂变式增长的核心三要素

在开始本章内容之前，首先我们需要达成统一的认识：低成本解决用户增长问题的核心，一定是先要满足目标用户的需求，分析出用户需要什么，而不是我们想给用户什么。

关于这一点本质上和做产品很像，都需要具备用户思维，一旦明确了用户的需求和痛点，接下来就可以聚焦在这个方向上，深入思考如何才能用足够低的成本来实现用户的爆发式增长。

在所有裂变增长流程的设计中，始终有 3 个核心要素，对最终增长效果起着至关重要的作用，这 3 个核心要素分别是：激发用户兴趣的诱惑力，吸引用户关注的转化力和促使用户分享的传播力。这 3 个核心要素互联互补，形成转化闭环，具体关系如图 6-1 所示。

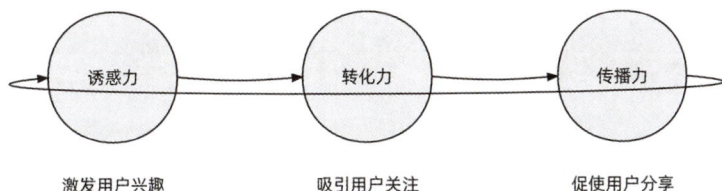

图 6-1

1. 诱惑力（激发用户兴趣）

"欲钓鱼，先设饵"，只有提供了美味的鱼饵，才能吸引鱼群咬钩。因此，我们在设计裂变增长活动的时候，需要明确提供给用户一个充满诱惑力的"诱饵"，并使其有效触达用户。这个"诱饵"的出现，将会对用户接下来的行为和决策产生重要影响。

通常情况下，诱饵可以分为利益类诱饵、荣誉类诱饵和情怀类诱饵。在到底该如何选择诱饵的问题上，可以参考"相关性、易感知、高回报"3 个关键因素。具体该如何操作，我会在后面单独用一节内容来与大家探讨。

2. 转化力（吸引用户关注）

提高转化力，实现用户增长，最有效的方式就是价值驱动和情感驱动，前者可以让用户拥有获得感，而后者可以让用户拥有归属感。

3. 传播力（促使用户分享）

给用户一个无法拒绝的理由，为用户产生分享行为提供强大的动力。例如，通过分享可以免费获得抽奖资格，通过分享给好友可以返现返红包，通过参与 PK 打榜可以获取阶梯奖励，通过邀请好友砍价、邀请好友助力可以免费领福利等。

6.2　微信生态裂变的 5 个常用增长模型

微信私域流量三剑客：公众号、个人号、社群，三者间根据裂变需求，可自由组合裂变转化模型，具体关系如图 6-2 所示。

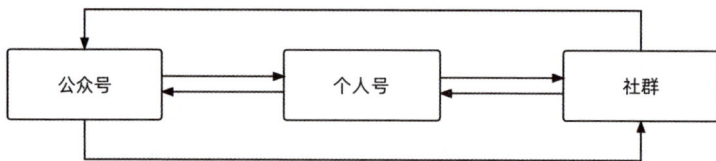

图 6-2

值得一提的是，视频号同样是一个不错的获取流量的选择，你甚至可以通过"视频号矩阵+直播"的形式，实现与公众号联动增长。关于具体如何操作，可以参考本书短视频章节的内容，在此不再赘述。

面对结构复杂的微信生态，如何快速、准确地找到适合自己的裂变模型，对每一位有增长需求的运营人员都至关重要。下面分享几个常用的微信裂变增长模型，供借鉴参考。

模型一：公众号 A—公众号 B—公众号 C

这个增长模型的优势在于，活动环环相扣，可以同时实现多个公众号彼此间相互导流，适合满足矩阵公众号快速涨粉的增长需求。

当然，劣势也很明显，链路越长越影响用户体验，从而造成流量损失，因此，对于联合活动的数量，一般建议不超过 3 个。

下面模拟一下操作流程：用户参与活动 1，关注公众号 A 后，通过关注后的自动回复来提示活动 2 的信息，引导用户关注公众号 B，当用户关注公众号 B 后，触发关注后的自动回复来提示活动 3 的信息，引导用户关注公众号 C……以此类推，直到结束，其中每一个活动又彼此相对独立。可参考的转化路径，如图 6-3 所示。

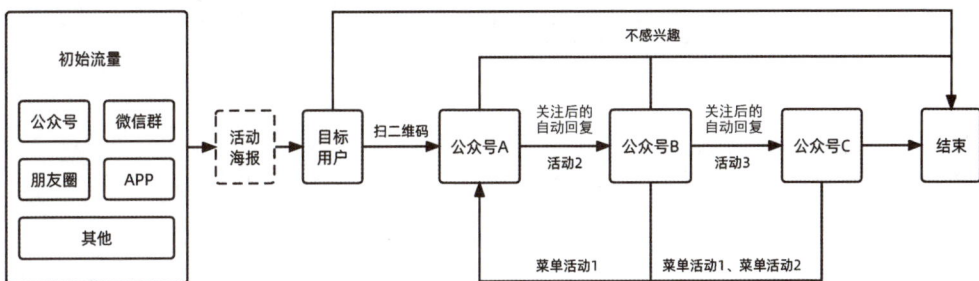

图 6-3

模型二：微信群—个人号—公众号

这个增长模型的优势在于，可以快速创建大量的新微信群，群内转发率高，适合满足需要快速裂变社群数量的增长需求。

新用户进群后，通过进群消息提示来引导用户，将指定的活动信息分享到朋友圈，即可参与有奖活动，用户凭分享信息的截图，主动加个人号为好友，领取活动奖品（例如试听课权限、课程资料、抽奖链接等）。通过这种方式，不仅可以有效筛选出精准用户，还可以为个人与用户之间提供良好的交流和信任基础，以便后续实现转化和复购。

这个模型的劣势在于，公众号新增关注率较低，奖品需求量较大。因此，在奖品的选择上，建议选用虚拟奖品，适用于可以线上完成奖品交付的行业，例如在线教育、知识付费、咨询服务等。可参考的转化路径，如图 6-4 所示。

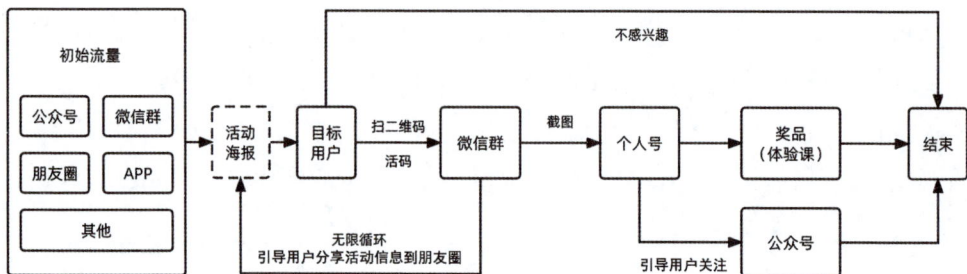

图 6-4

模型三：个人号—微信群—公众号

这个增长模型的优势在于，个人号关注率较高，适合满足个人号快速添加好友的增长需求。

通过初始推广渠道（公众号推文、微信群、朋友圈、小程序、视频号、APP 弹窗、Banner 等）推送带有个人号二维码的海报，通过个人号助手提示新添加的微信好友，分享活动信息到朋友圈，凭分享截图，用户可申请进入指定活动群，通过入群消息通知或者群公告，提示用户免费领取活动奖品。值得注意的是，活动用户量级大时，建议选择使用活码。可参考的转化路径，如图 6-5 所示。

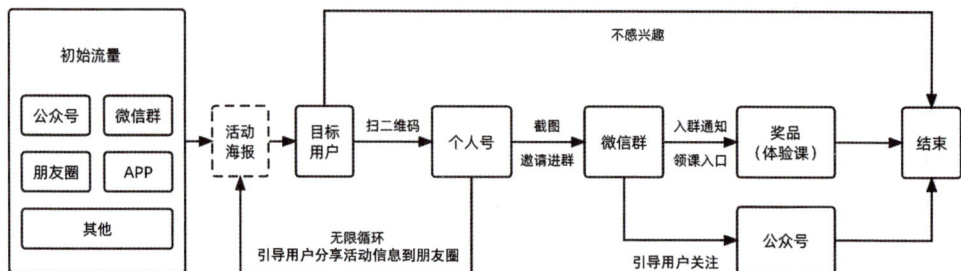

图 6-5

模型四：公众号—个人号—微信群

这个增长模型的优势在于，公众号涨粉效果明显，并且粉丝不容易流失。

通过初始推广渠道（公众号推文、微信群、朋友圈、小程序、视频号、APP 弹窗、Banner 等）推送带有指定公众号二维码的海报，在用户扫码关注公众号后，通过触发关注后自动回复的消息，引导用户添加个人号好友，再由个人号发送消息来引导用户分享活动海报到朋友圈，并让用户凭分享截图，免费领取奖品。当然，你也可以在个人号环节，设置引导用户加入活动群，即可免费领取活动奖品。可参考的转化路径，如图 6-6 所示。

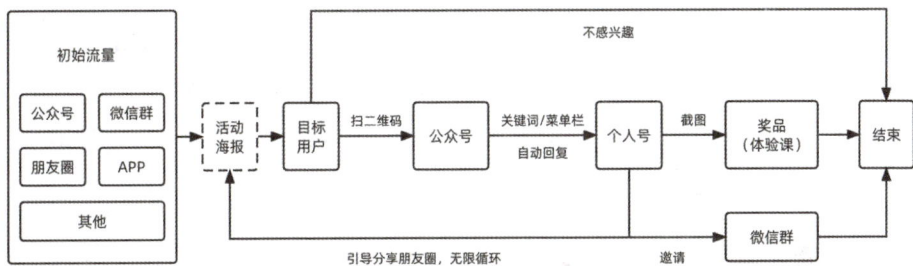

图 6-6

模型五：公众号—微信群—任务宝

这个增长模型与前 4 个增长模型相比，在形式上略有一些不同，属于任务宝裂变模式。这也表明了该增长模型需要借助开发工具，通过使用任务宝，邀请好友助力做任务的形式实现裂变增长。

任务宝裂变模式的优势在于，公众号粉丝增长、社群用户增长、个人号好友增长效果都非常明显，并且具备活动裂变速度快、传播范围广的特点。

目前第三方的任务宝工具，一般都具备生成专属裂变海报的功能，同时用户可以通过模板消息，实时获取活动任务完成进度状态的消息。例如，只有用户邀请好友扫描自己的专属海报，并且成功关注指定公众号时，系统才会提示助力成功，如果在活动期间好友取消关注，助力同样会失效，此时系统会发送消息提醒参与活动的用户，好友取消关注，助力失效，建议尽快挽回好友或邀请新好友。通过这种设计可以有效提高粉丝的裂变增长速度和留存率。可参考的转化路径如图 6-7 所示。

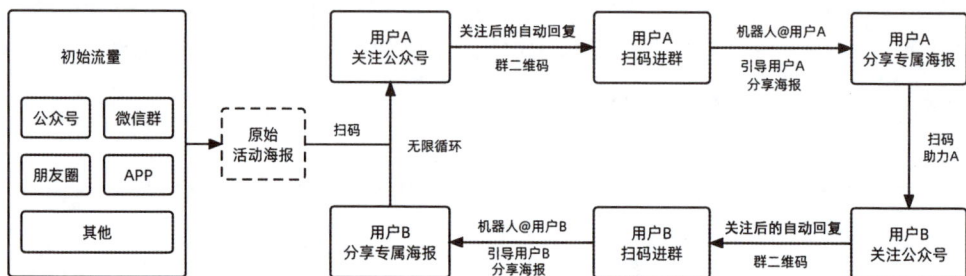

图 6-7

6.3 爆款增长活动背后的 4 个底层逻辑

关于增长活动，相信你一定不会陌生，特别是在最近几年，似乎一直被大家频繁提及。那么什么样的增长活动更容易引发大家参与和传播？爆款增长活动背后有哪些不变的底层逻辑？下面我们一起来聊一聊这个话题。

1. 规则简单直接

不要让用户思考，规则越简单，参与活动的人就越多。相反，规则越复杂，用户参与活动的行动成本也就越高，也就越容易造成用户流失，最终参与活动的人数就越少。

举个例子，大家在刷微博的时候，经常会看到某些蓝 V 企业账号和 KOL 账号为达到营销和涨粉的目的，发起各种形式的有奖活动。在奖品相同的情况下，那些将有奖活动的参与规则设置为"转发微博"即可参与抽奖的账号，单条活动微博通常可以很轻松地获得几千、几万甚至几十万名用户的转发。而将有奖活动的参与规则设置为"关注账号+转发评论+@ 3 位好友"的账号，单从活动微博的转发、评论、点赞数据来看，互动数据普遍低于仅要求转发即可参与抽奖的账号。

经过将多个活动案例归类分析，我们可以分析出一些特点，大致可以总结出以下规律。

- **微博有奖活动规则，对活动参与人数多少的影响**：转发微博>关注账号>转发+关注>转评赞>转评赞+关注>直发微博带指定#话题#>故事征集。
- **微信有奖活动规则，对活动参与人数多少的影响**：点击活动链接即可抽奖>关注账号>参与互动话题留言抽奖>分享活动信息到朋友圈+回复分享截图>互动留言+点赞排名>投稿征集。

2. 形式新鲜有趣

除了活动奖品，活动设计得是否有趣，同样会影响最终活动的参与人数。新鲜有趣的活动设计往往更容易激发用户的参与欲望和分享欲望。

举个例子，你可以将裂变活动包装成抓娃娃机或者开盲盒的开奖形式。新关注用户直接免费送一次抽奖机会，机会用完后，分享朋友圈可以额外获得一次抽奖机会，每邀请一位新用户关注，也可以额外获得一次抽奖机会。

究其本质就是"大转盘抽奖"，只是通过更新鲜有趣的形式，对抽奖活动进行了升级和包装。类似的裂变活动还有"挑战你画我猜""挑战成语接龙""挑战元宵猜灯谜"等。

3. 体验超出预期

关于提供超预期的活动体验，主要包括活动页面加载的流畅性、活动画面呈现的视觉美感、针对活动问题的响应速度、活动设计的交互体验、活动文案的细节洞察、活动进程的状态通知、活动用户获奖后的奖品发放效率等。

以下仅以"状态通知"和"发奖效率"两个方面，具体分析一下，如何通过超预期的活动体验，影响最终裂变活动的增长效果。

（1）实时反馈用户参与活动的状态和进程，让参与活动的用户体验到掌控感。

这部分活动体验的设计主要包括好友助力成功的提醒、好友取关的提醒、阶段任务完成状态的提醒、活动进度的提醒等。

举个例子，当用户参加某品牌借助任务宝工具发起的助力型裂变活动时，每当有好友点击助力，参与活动的用户微信都会及时收到类似"好友#邀请人昵称#已为您助力成功，快去谢谢 TA 吧！当前还差××位好友助力，即可免费领取××奖品……"的消息通知，其目的是提醒用户当前活动的参与进度，以及引导用户加快节奏邀请更多好友。

当出现有好友取消关注，导致助力失效的情况时，同样会及时给用户发送类似"您的好友#邀请人昵称#因取消关注，导致助力失效，赶快尝试挽回吧！"的消息通知，便于用户及时挽回好友，使好友保持持续关注，从而有效降低新关注用户的流失率。

当用户完成阶段任务时，同样可以设置刺激用户获得阶梯奖励的文案提示，类似"#用户昵称#您已成功获得××好友助力，恭喜您已完成一阶任务，免费获得××奖品，点击查看活动排行榜，××终极大奖就在眼前，继续加油吧！"的消息通知，这可以增加参与活动用户的获得感，同时引出排行榜的终极大奖，刺激用户邀请更多的好友关注。

（2）**迅速发奖可以有效提高用户的活动体验，刺激用户进行活动的传播扩散。**

对于活动奖品的发放时间，目前绝大多数的运营策划并不觉得这很重要，基本操作是等活动结束后，让获奖用户等 15 ~ 30 个工作日，才领到活动奖品。究其原因，无外乎觉得那些获奖用户已经参加过活动，奖品是否及时发放并不重要，也不会影响活动效果。

曾有人通过 AB 测试做过一组实验，活动规则是邀请好友完成助力即可返现。当参与活动的用户完成可提现的活动任务时，A 组实时返现，并及时通知用户发奖状态，而 B 组则等待活动结束后统一发放活动奖品。最后统计的活动增长人数为 A 组大约是 B 组的 2.5 倍。

事实上，长时间处于待发奖的状态是在消耗用户的信任值，不仅会给用户带来非常差的活动体验，也会给自己带来困扰，以及为企业品牌带来不必要的麻烦。所以我们要改变"不问不发奖"和"虚假活动"的不良风气。

4. 奖品多重激励

策划爆款增长活动必备的 4 个奖品激励方式有：分销激励+榜单激励+特权激励+奖品激励。

（1）**分销激励**：也可以称为"分销返利模式"。简单来说，就是把参与活动的用户或者下单消费的用户变成分销商，通过让出一部分利润作为用户的分销奖励，以达到刺激用户主动分享和形成自传播的效果，最终实现用户增长最大化的目标。

常见的分销模式有两种，分别是二级分销和一级分销。

二级分销：我们可以这样理解，若 A 作为初始分享者，A 分享产品链接给 B，B 产生购买行为，A 将获得一级分销收益；若 B 分享产品链接给 C，C 产生购买行为，A 将获得二级分销收益，而 B 将获得一级分销收益；若 C 分享产品链接给 D，D 产生购买行为，此时 A 将不再获得收益，B 获得二级分销收益，C 获得一级分销收益，以此类推。

一级分销：一级分销就是在二级分销的基础上，砍掉了二级分销收益，只保留一级分销收益，即 A 分享产品链接给 B，B 产生购买行为，A 获得分销收益，B 分享产品链接给 C，C 产生购买行为，A 不再获得收益，B 可获得一级分销收益。

举个例子，有一款活动产品的销售价格是 100 元，分销佣金是 20 元，A 把自己专属的二维码或者带专属参数的活动链接分享给 B，B 购买产品后，A 可以获得 20 元的分销收益，商家获得 80 元（100-20）的收益。至于佣金的比例设置，商家可以参考获客成本，一般只要 ROI>1 都值得尝试，主要还是看最终可达到的增长体量和规模。

值得注意的是，多级分销的产品运营模式，可能会受到某些社交平台的限制，需要提前做好风险规避。

类似的激励方式同样适用于满足用户增长的需求。假设你需要策划一个增长活动，最终目标是实现获客增长，那么可以将促单成交的转化目标转换成增加关注账号的粉丝数或者完成新账号注册的用户数，将分销收益转换成助力值，而对应的助力值达到指定量级就可以免费获得奖品。换句话说，就是当参与活动的用户完成助力任务时，即可免费领取提前设置好的活动奖品。

例如，luckin coffee（瑞幸咖啡）为了快速抢占市场和获取用户，最常用的获客方式是通过"老带新"实现用户增长裂变。通过刺激老用户给好友免费送咖啡的模式，获取新增用户，老用户分享专属活动海报或链接，每成功邀请一位好友注册账号，老用户和新注册用户都将免费获得一杯咖啡。邀请的好友完成首单，老用户还将获得额外奖励。当然，你也可以通过公众号，发起邀请 10 位好友关注即可免费获得某奖品的裂变活动，通过任务宝裂变的模式，为公众号获得新增粉丝。

（2）**榜单激励**：简单来说，就是通过在活动中设置"榜单+阶梯奖励"的机制，刺激用户形成内部竞争和进行 PK 打榜，从而获得更多的增长收益。

（3）**特权激励**：所谓的特权激励就是赋予满足条件的用户一定的特殊权益。例如，完成任务的获奖用户可获得受邀参加线下品鉴会、私董会、粉丝见面会的机会，或者前往公司总部参观交流等权益。

（4）**奖品激励**：奖品激励是在策划增长活动中用得最多的一种刺激用户参与活动的方式。如果你稍加注意就会发现，并非任何活动奖品都能引起用户的兴趣。活动奖品设置得是否合适，将会直接影响最终的活动效果。

一个好的活动策划往往可以用最低的奖品成本达到最好的增长效果。

怎样才能选出最合适的活动奖品，实现用更低的活动成本达到更高的增长目标呢？下面我们一起来聊一聊这个话题。

6.4　简单 3 招教你如何选对裂变活动奖品

裂变增长活动，与日常维护粉丝的活动有所不同，对于活动奖品的选择，更需要侧重考虑能否有效激发用户参与活动和分享传播的意愿。因此，在活动奖品的选择上，建议遵循以下 3 个关键原则：相关性、易感知、高回报。

1. 相关性

遵循相关性原则本质上就是一个通过奖品筛选目标用户的有效方式。特别是在需要实现增长精准目标用户的需求时，在活动奖品的选择上，遵循相关性原则将会变得格外重要。

相关性主要可以分为两种情况，分别是"与目标用户相关"和"与产品相关"。

以 K12（中小学基础教育）行业为例，产品为 K12 英语课程，通过产品可以得知，青少年的家长就是该活动的目标人群。我看到过很多活动会选择电影票、水杯、豆浆机、电饭煲、面膜等作为活动奖品，甚至还见过有人送巧克力，不过能通过 K12 英语课和家长人群联想到巧克力，这个活动策划确实很有"脑洞"，看得出是经过了天马行空的思考。但显然，选择这样的活动奖品，并不能唤起家长人群参与活动的欲望。

这些裂变活动在奖品的选择策略上普遍都存在以下两个误区。

- 第一个误区是奖品本身与目标用户不相关，没有直接关联，在这种情况下，很可能会出现因家长对活动奖品无感而导致触达的目标用户流失。
- 第二个误区是奖品选择与产品无关，这直接导致即使有一部分用户参与活动，活动效果也不会太好，这些用户很可能是人群不精准的泛粉或者利用规则漏洞专职"薅羊毛"的活动党，最终将很难实现订单转化。

对于 K12 行业，其实热门课程产品本身就是刺激目标用户参与活动最好的活动奖品。当然，对于那些将电影票、水杯、豆浆机、电饭煲、面膜、巧克力等作为增长活动奖品的活动策划来说，最初可能考虑过将公司的课程产品作为一部分活动奖品，但最后没有执行这种方案的原因可能是课程内部核销流程不完善，也有可能是需要内部跨部门支持，资源协调和申请流程过于烦琐，不管出于何种原因，最终的选择都不是最佳的解决方案。

2. 易感知

如果你无法判断什么奖品与用户相关，或者无法判断什么奖品与自己的产品有关联，甚至当前还没有自己的产品，可以优先选择将用户最有感知的产品作为裂变活动的奖品。当用户对奖品有一定的基础认知时，奖品本身更容易产生价值感。

易感知不一定代表着高价值，但是高价值的产品一定易感知。

例如，当奖品是最新款的 iPhone 手机时，大家看到这个奖品的第一感觉就是这个活动很给力，从而产生参与活动的兴趣。毕竟，每个人都不希望失去可以免费获得对自己有价值的奖品的机会。

当然，易感知的奖品并非专指 iPhone 手机，小米手机、华为手机的手机、现金红包、购物卡等，都可以作为裂变活动的奖品。甚至，你也可以选择当前市场上一些自带话题热度的产品，不仅可以达到激发用户参与活动的目的，还可以借势扩大传播。

3. 高回报

策划裂变增长活动的本质，是希望通过用户的社交裂变传播，以相对低的成本支出，获取更多的用户增长。这就决定了我们在选择活动奖品时，奖品并非越贵越好，高回报的奖品更值得关注。

至于多少预算才算合理，我们可以根据预估的增长目标，反推奖品预算。

假设你所策划的裂变增长活动，仅有奖品部分需要预算，在保持增长目标不变的情况下，一个合理的奖品采购预算，不应该高于通过付费投放模式获取用户的投放成本，否则就失去了通过裂变增长活动获取用户的意义。

6.5 爆款裂变活动海报必备的 5 个关键要素

如何设计一张爆款裂变活动海报？

对于常规活动来说，活动海报只是活动介绍的辅助物料，海报设计上通常只需要包含活动主题、活动规则、活动奖品、活动时间，原则上更注重海报的美感和格调。而对于需要做裂变增长的活动来说，活动海报是影响最终增长效果的最核心物料，因此，在设计裂变活动海报时，需要重点关注和考虑如何让用户通过海报就可以直接产生价值感和获得感。

如何才能设计出一张具备爆款潜质的裂变活动海报呢？下面分享 5 个设计爆款裂变活动海报的关键要素。

1. 营造紧迫感的话术

通过在裂变活动海报中增加限时、限量、限定等信息，营造活动紧迫感，从而缩短目标用户思考和决策的时间。

例如，可以在设计裂变活动海报时，加入以下常用关键词，以达到营造紧迫感的效果。

- 前 100 名参与活动的用户，加送×××；
- 限量 100 份，数量有限，先到先得；
- 原价 899 元，限时活动免费送；

- 限时 1 元购，原价 ~~199 元~~，×月×日恢复原价；
- 原价 ~~109，~~ 限时特价 59.9，前 500 名额外加送×××；
- 前 100 名可获得×××，前 1000 名可获得×××；
- 限前 500 人免费进群；
- 限时免费抽奖，活动截至×月×日。

2. 祈使式的引导指令

在裂变活动海报中增加简单、明确的动作指令，引导用户产生扫码、点赞、分享、下单等行为动作。通过这种明确告知用户如何操作的祈使指令，可以有效提高转化率。

例如，可以在裂变活动海报上加入：扫描下方二维码、邀请 3 位好友助力、扫码回复关键词"×××"、点击右上角的按钮分享给好友等。

3. 具有信服力的亮点元素

在设计裂变活动海报时，可以加入某专家、明星、好友、资质证书、好评截图、销量截图等元素，达到增加用户信任度的效果。信任度越高，意味着用户被转化的机会越大。

4. 鲜明突出的主标题

鲜明突出的主标题主要指活动海报在缩略图的状态下要保持主题清晰。这是一个经常被大家所忽略的细节，注意这个细节可以提高活动效果。活动海报在通过微信群、朋友圈等渠道分享传播时，缩略图显示的主题是否清晰，是否能够引起大家的关注，参考标准是活动海报在群消息中，不被点击放大观看时，活动的核心信息是否清晰可见。

5. 极具诱惑力的奖品信息

关于如何在活动海报上呈现活动奖品，可以分为两种情况，分别是虚拟奖品和实物奖品。前者适用于知识分享型裂变增长活动，后者适用于所有活动。具体方案介绍如下。

方案 1：戳痛点+解决方案

直戳用户痛点，给出有诱惑力的解决方案。需要特别说明的是，这里的解决方案并不是说真的要在海报上直接解决问题，重点在于吸引用户关注，至于具体的痛点解决方案，可以在活动的其他环节呈现。例如，在设计活动海报时，可以按照以下公式植入虚拟奖品信息：痛点 1+痛点 2+痛点 3+痛点 4+提供获取解决方案的线索+引导指令。

方案 2：奖品价值+奖品大图

奖品大图不难理解，在这里主要介绍一下，如何在活动海报中通过文字表达奖品价值。关于这个问题，我的建议是要善于罗列数字和利用价格锚点。数字和价格锚点让用户能够更直观地感知到奖品价值。例如，活动奖品为 100 台 iPhone 手机，限时活动免费送；扫描二维码，你将获得×××，价值 10 万元的课程学习资料免费送；原价 899 元，限时活动免费送。

综上，我们将"营造紧迫感的话术、祈使式的引导指令、具有信服力的亮点元素、鲜明突出的主标题、极具诱惑力的奖品信息"5 个关键要素全部植入了同一张海报中，这就得到了一张经典的爆款裂变活动海报。

常见的爆款裂变活动海报模型，可参考图 6-8。

裂变活动海报设计模板与具体示意图

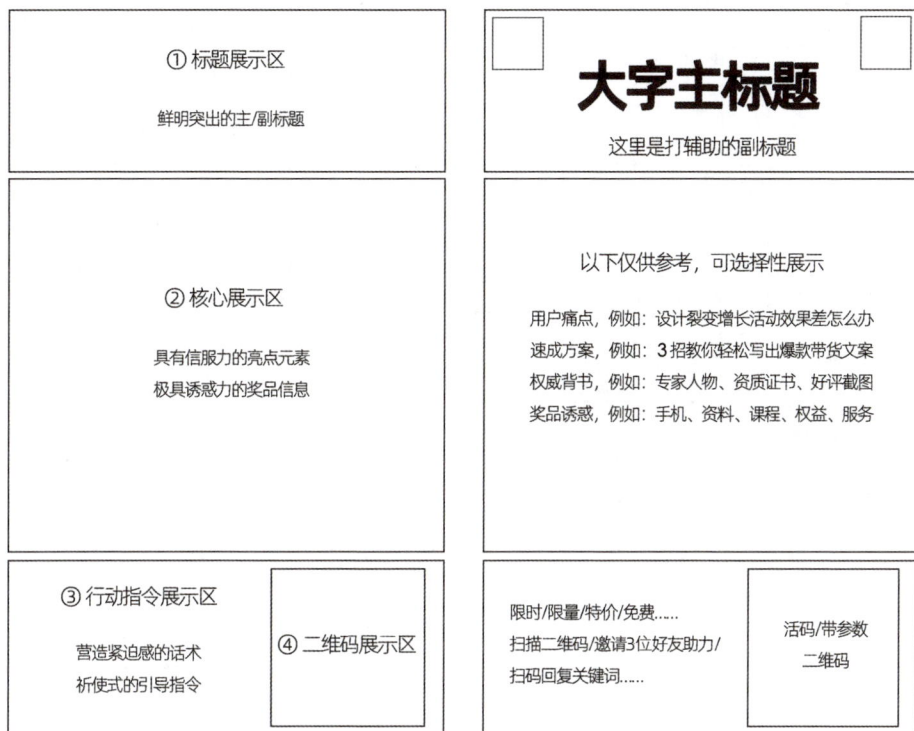

图 6-8

6.6　可直接复用的裂变增长活动 SOP

策划一场裂变增长活动，在筹备期需要准备和确认的工作通常包括活动主题、活动简介、活动海报、诱饵奖品、推广资源、活动目标、用户激励、增长模型或转化路径等。

下面分享一份裂变增长活动 SOP 模板，一张图带你看懂如何设计一个完整的裂变增长活动，如图 6-9 所示。

裂变增长活动SOP	关键节点	是	否	备注
活动主题	主题感知	√		
活动简介	活动背景描述-引导语			
	参与方式			
	活动时间			
	活动奖品			
	领奖渠道			
	发奖时间			
活动海报	活动时间			
	参与方式			
	引导用户行动的指令			
	奖品名称			
	高诱惑力奖品图			
	营造紧迫感（限时、限量）			
	二维码			
	群传播缩略图主题是否鲜明			
	信服力元素（品牌/专家背书）			
诱饵奖品	是否与品牌或产品相关			
	易感知			
	低成本、高回报			
推广资源	微信公众号推文			
	菜单栏			
	关键词触发			
	新关注提醒			
	新媒体矩阵全网分发			
	APP弹窗			
	APP圈子			
	端内Banner			
	社群			
	配置分享和引导话术			
	其他			
活动目标	粉丝增长			
	线索获取			
	APP下载			
	活动建群留存			
用户激励	核心用户培养（优质内容提前储备)			
增长模型	例如：海报—群—个人号—公众号			

图 6-9

如果在设计裂变增长活动时，使用了任务宝裂变工具，除了以上需要准备的工作，还需要对活动后台配置有明确的计划，具体可以参考图 6-10。

裂变增长活动SOP	关键节点	是	否	备注
活动后台配置 （助力类）	活动关键词			
	阶梯裂变1级			
	阶梯裂变2级			
	阶梯裂变3级			
	取消关注(以下简称取关)是否扣除人气值			
	公众号是否增加获取线索链接的入口			
活动后台配置 （投票类）	点击头部全局Banner图跳转获取线索链接			
	头部全局Banner图滚动播放			
	头部全局Banner图提示用户点击			
	设置管理员微信openid			
	外观设置—全局底部Banner—线索链接跳转			
	投票后弹出类型—弹出广告图—链接跳转			
	投票后弹出类型—弹出广告图—滚动播放			
	报名后跳转链接			
	投票关注提示文字			
	报名关注提示文字			
	取关提醒，降低取关率			
	一个微信号一天可投一票			
	一个微信号只能投一票			
	底部导航是否配置可获取线索链接的入口			
	是否开启积分抽奖活动			
	防止恶意刷票的功能是否开启			
	参与活动时是否需要用户授权以获取手机号			

图 6-10

第 7 章
如何在小红书打造爆款笔记与产品

如果你所服务的产品的目标用户，主要是一二线城市的年轻女性，那么小红书对于你来说，一定是一个不可错过的产品推广阵地。作为当下最受年轻女性喜欢的种草 APP 之一，小红书平台聚集了大量爱美、爱分享、喜欢追求时尚和精致生活的人群。

对于大多数人来说，小红书更像一个国民种草神器。在小红书上，大家经常可以看到达人分享的生活 VLOG 和种草笔记，而在对应的评论区内，通常会有大量粉丝的评论、留言，讨论的内容几乎都是 VLOG 或笔记中某款看上去不错的产品，甚至有人直接向达人询问下单购买产品的链接，这一切都是粉丝被成功种草后的自发性行为。

当然，你也可以认为小红书是一个拥有大量攻略笔记的生活社区。与其他新媒体平台的用户不同，喜欢浏览小红书的用户似乎更愿意通过关键词主动搜索和浏览他人分享的相关攻略笔记，大有一种把小红书 APP 的搜索功能当作百度搜索来使用的态势。大家可以通过搜索关键词，轻松地找到化妆教程、时尚穿搭、母婴好物、避坑指南、出游攻略等内容。

例如，前段时间国内为快速阻断病毒传播，市区内的公共场所几乎全部处于闭店和停止营业的状态，在近一个月的时间内，我走过最远的路似乎就是小区内部的林荫小道，在看到解封的消息后，我第一时间想到趁天气不算太热，带上刚满 1 岁的晨宇宝宝到北京周边游玩，亲近大自然，呼吸新鲜空气。在没有具体目的地的情况下，我想起了小红书，开始在小红书上搜索北京周边亲子酒店、北京亲子乐园、北京遛娃、北京月龄宝宝等关键词。最后的结果可能让大家意想不到，我们最终去了小区周边的一家亲子乐园，没错，就在市区内小区周边。我最初的想法的确是去北京郊区游玩，但是，在我看了大量达人推荐的攻略笔记后，发现排名靠前的笔记中几乎都提到了市区内的一家亲子乐园。这或许是因为这家亲子乐园的老板在小红书上找了大量达人合作，推广了一批种草笔记吧。不管怎样，结果是这些种草笔记直接影响了我最终的消费决策。

类似这样的情况，你很可能也经历过。比如，你或者你的朋友打算购买某款经典色号的口红，但是，当看到某位你喜欢的美妆达人正在主推某款新色号的口红时，最直接的结果是你被成功安利和种草，然后选择购买了达人主推的新色号口红。

当企业、品牌有打造爆款产品和塑造口碑形象的需求时，小红书平台不应错过，这个平台最大的优势就在于，品牌方可以通过爆款笔记触达更多精准用户和快速占领用户心智，从而影响用户最终的消费决策。

在本章下面的内容中，我会从在小红书平台"如何打造爆款笔记"和"如何打造爆款产品"两个话题切入，分别和大家展开聊聊，在实际运营过程中具体该怎样操作。

7.1　打造小红书爆款笔记的 4 个关键要素

在运营小红书账号的时候，你是否遇到过以下情况？

● 发了几十篇笔记，数据最好的一篇，也就只有几百个浏览量，甚至还出现了仅几十个浏览量的情况，所有笔记下几乎没有任何评论和留言互动，但你却不知道该怎么做？

● 看了很多建议，也查过很多资料，依然不知道该如何玩转小红书账号？

● 用心经营的账号没人关注，精心策划的内容没人浏览，反而看到很多营销号随便发的广告内容，点赞、评论双双破千，面对这种情况，无奈的你内心是否充满了各种问号？

爆款笔记背后有哪些流量密码？有哪些技巧可以提高出爆款的概率？很多人觉得，在小红书上打造爆款笔记是一门玄学，没有什么办法，一切全靠运气。但我并不这么认为，全靠运气的风险系数太高，不适合"天生要强"的新媒体人来做，我们需要掌握爆款背后的规律，提高成功的概率。

在后面的内容中，我将从"封面、标题、选题和关键词"4 个方向来和大家聊聊，新人该如何在小红书上打造爆款笔记，获取更多的精准粉丝。

我总结了小红书爆款笔记的 4 个关键要素，如图 7-1 所示。

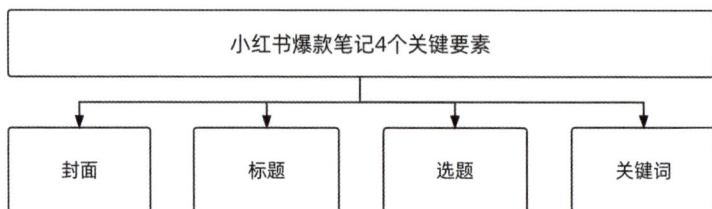

```
        ┌─────────────────────────────┐
        │     小红书爆款笔记4个关键要素      │
        └─────────────────────────────┘
         │        │         │        │
      ┌──────┐ ┌──────┐  ┌──────┐ ┌──────┐
      │ 封面 │ │ 标题 │  │ 选题 │ │关键词│
      └──────┘ └──────┘  └──────┘ └──────┘
```

图 7-1

7.1.1　爆款笔记封面图的 6 种经典设计方案

在前面的内容中，我们提到过，对于运营微信公众号来说，如果一篇文章拥有一个好的标题，就等于成功了一大半。那么，此刻针对小红书来说，就是拥有一个好的封面图，可以让你的小红书笔记秒变爆款！

绝大多数小红书创作者，都忽视了封面图的价值。事实上，针对小红书用户的行为习惯，一个好的封面图可以有效提高用户点击率。

1. 关于封面图尺寸的选择

目前小红书官方推荐 3 种封面图尺寸，分别是竖屏 3∶4、正方形 1∶1 和横屏 4∶3。我比较推荐大家使用竖屏 3∶4 的封面图，它的优势是屏幕的显示占比最大，足够吸睛，这也表示你可以利用更大的展示区资源来吸引更多的用户关注。

各尺寸封面图占整屏位置，如图 7-2 所示。

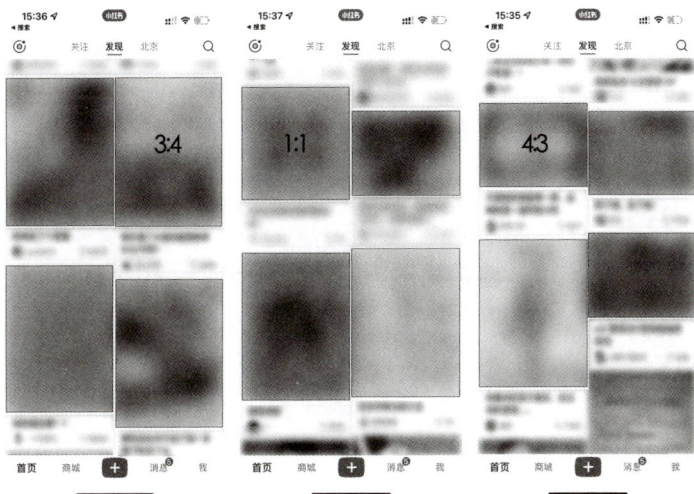

图 7-2

2. 关于小红书笔记封面图的设计要点

封面图最大的价值在于，可以通过视觉吸引用户关注和强化内容价值。

以图文形式为例，爆款笔记封面图一般有 6 种经典的设计风格，分别是颜值诱惑、攻略集锦、BA 效果对比、抠图拼贴、场景沉浸、好物种草。

大家可以根据自己的优势、内容的选题方向和目标受众喜好来综合考虑，选择一种适合自己的设计风格，并将这种设计风格固定下来，将封面图打造成符合自己账号人设的"视觉锤"。由于文字表达具有一定的局限性，以下仅以颜值诱惑、攻略集锦风格的封面图为例，给大家介绍如何通过封面设计的细节来吸引用户关注和浏览。

颜值诱惑：颜值并不能代表一切，但高颜值一定是万能的流量密码。

在同等条件下，大家往往更喜欢关注好看的人和事物，高颜值的画面通常自带流量。这一点在抖音、快手、视频号等新媒体平台上都已得到验证，小红书上也不例外。

颜值诱惑风格的封面图，通常以单图形式出现，以人物或事物的近景和高清美图为主视觉，通常很符合大众审美。这种设计风格一般适用于美妆、穿搭、旅拍、街拍等领域的内容。

以美妆领域笔记为例，达人通常会采用"高清真人上妆效果"和"产品特写"组合的形式，以及采用"高颜值产品特写美图"的形式作为种草笔记的封面图，以达到快速吸睛的效果。

攻略集锦：攻略内容不一定有用，但封面图看上去一定要干货满满。

对于攻略集锦风格的封面图，最大的特点就是，用户可以通过封面图直观地看到"吸睛的大字标题，逻辑清晰的思维导图，以及各种产品元素"等的组合信息。一个好的攻略集锦风格封面图，可以在用户看到笔记，但还未点击查看笔记具体内容前，使用户产生自我心理暗示，这篇笔记内容干货满满，值得点开浏览和点赞收藏。

攻略集锦封面首图，多适用于可以总结和输出经验技巧的创作领域。这也使得一些使用攻略集锦图片作为封面图的笔记，前端显示的互动数据（比如点赞量和收藏量）明显高于评论互动数。

例如，育儿领域的笔记通常会采用"主标题+关键词+思维导图""主标题+表格""主标题+详细攻略文本""主标题+关键词+纯色背景图+分类边框描边"等形式的封面图。

7.1.2　8 大领域 100 个标题模板，让你轻松写出爆款笔记标题

小红书爆款笔记标题，常用的关键词有教科书、保姆级、教程、攻略、干货、沉浸式、开箱、测评、必备清单、超全、吐血整理、强烈推荐、种草、安利、惊呆了、避坑、不踩雷、逆袭、指南、值得入手、合集、盘点、必看、速看、抄作业、巨省钱、超实用、硬核、都跟我学、给我学、太可了、救命、没有人能拒绝、平价好用、宝藏、性价比、不输大牌、太牛了、YYDS、绝绝子、仪式感、氛围感、断货预警、王炸、挖宝、揭秘、秘诀、无限回购、闭眼入、私藏、封神、神器、好物、拿捏、真香、破防了、集美们等。

各领域常用热门标题模板分别举例如下。

1. 美妆领域常用热门标题模板

（1）保姆级教程！简单＿＿＿＿步学会＿＿＿＿妆容

（2）＿＿＿＿跟我学化妆，＿＿＿＿篇，超级干货

（3）美女速成班，＿＿＿＿个细节给它拿捏

（4）＿＿＿＿妆完整系统教程，优势最大化，学完真香

（5）我保证，这是你看过最硬核的＿＿＿＿妆教程

（6）＿＿＿＿妆容！教科书式干货解析

（7）＿＿＿＿必备清单/教程/合集/攻略

（8）没有人能拒绝＿＿＿＿，都给我学

（9）沉浸式＿＿＿＿护肤，你们要的＿＿＿＿来了

（10）＿＿＿＿彩妆，＿＿＿＿元搞定一整套，不输大牌

（11）3招解决＿＿＿＿！拒绝＿＿＿＿还你＿＿＿＿

（12）＿＿＿＿招＿＿＿＿低成本护肤指南，＿＿＿＿岁以上必看

（13）＿＿＿＿99%的人都用错了

（14）＿＿＿＿养成小技巧，＿＿＿＿逆袭＿＿＿＿

（15）＿＿＿＿都在用的＿＿＿＿，简单 3 步秒变＿＿＿＿

2. 母婴领域常用热门标题模板

（16）千万别再给孩子这样吃_____

（17）一定要带孩子看的_____部（本/个）_____

（18）这才是_____带娃的正确打开方式

（19）超全母婴_____合集，精选不踩雷，吐血整理纯干货

（20）当家长的千万不要对孩子_____

（21）新手爸妈必备，_____年新生儿_____办理全攻略

（22）抓住黄金期，做好这_____点，孩子越来越聪明

（23）宝妈们快来抄作业，_____轻松搞定宝宝_____

（24）_____干货，这些事情_____时千万不要做

（25）超实用！_____大促母婴囤货清单，快来抄作业

（26）_____个月宝宝_____添加顺序表，保姆级攻略

（27）_____岁后，每天跟孩子聊这_____个话题，越聊越聪明

（28）宝宝超喜欢的_____个超有趣的亲子游戏

（29）新手爸妈不知道的_____件事，附_____攻略

（30）各位家长一定要看，关键时候能_____

3. 科技领域常用热门标题模板

（31）_____手机的_____也太好用了！你不知道的隐藏功能

（32）这组照片就是拿_____拍的，爱了

（33）买了新_____，你们第一件事是做什么呢

（34）_____个_____的隐藏功能，被我发现了

（35）我错了！原来_____的自带软件居然这么好用

（36）太绝了，原来_____手机才是真正的_____神器

（37）_____真是太_____！当_____用不要太香

（38）这些_____手机技巧，女生一定要会

（39）_____手机买前必看，保姆级整理汇总

（40）真实_____千元档位_____测评，小白选_____必看

4. 美食领域常用热门标题模板

（41）亲手制作_____是一种怎样的体验，附教程

（42）_____个万能做饭公式，小白秒变厨神

（43）给男朋友做饭的第_____天，口感过于震撼

（44）别催了！你们一直在追问的_____自制教程来了

（45）盘点被_____耽误的特色美食，巨好吃

（46）猜猜_____可以有多少种吃法

（47）_____分钟，自制_____，超级_____

（48）吃不胖的_____，低卡无负担

（49）破防了，家人们一定要试试这个自制_____

（50）学会这个_____再也不用点外卖了

（51）想吃_____跟我在家做，干净又卫生

（52）_____款_____万能搭配公式，学会原地开店

（53）酒店里的招牌菜_____，简单易学

（54）_____竟然还能这么吃，真的绝绝子！！

（55）好想让你们尝尝这个_____，超赞

5. 同城美食探店常用热门标题模板

（56）这个夏天，来_____一定要吃的几款宝藏小吃

（57）_____火了_____年的特色小吃，来_____必打卡

（58）我愿为这份_____！永远留在_____

（59）_____，快拉上好友去吃

（60）想把这家_____推荐给所有_____的姐妹，值哭

（61）这家店的_____，堪称_____界的天花板

（62）挖到宝了，这家店真是_____

（63）暑假来_____一定要吃的几个平价街头小吃

（64）好吃又好看的_____，这个夏天一定要安排上

（65）感谢网友不骗之恩，_____这家店的_____真是太好吃了！

（66）_____探店，00后美女做的_____，太可了

（67）来_____一定要吃一顿_____！强烈推荐

（68）_____特色，一定要带好朋友去吃的_____

（69）_____万人在看的_____街头平价小吃地址清单来咯

（70）_____，来_____必吃，不吃后悔系列

6. 旅游打卡攻略常用热门标题模板

（71）_____假期去哪玩，整理了一份_____旅游攻略

（72）这辈子，一定要带心爱的人去一次_____

（73）这_____也太_____了吧！竟然可以这么美

（74）网红打卡地，_____真的值得来一趟

（75）_____拍照圣地，超美的_____

（76）为什么说一定要去一趟_____，这就是答案

（77）一生只带一个人去的_____个地方

（78）_____期间去_____旅游，一定要_____

（79）去_____游玩，这 3 件事一定要注意

（80）_____给我火，答应我_____旅游一定要来_____

7. 运动健身领域常用热门标题模板

（81）模特怎么_____，赶快来抄作业

（82）全球公认最快瘦身，只需学会这_____个动作

（83）_____个好习惯让_____，精致女孩必练

（84）_____体态矫正法，宝藏_____博主安利

（85）_____到_____斤，边躺边玩，碎片时间轻松减脂

（86）女性瘦身最有效的_____个动作，瘦成闪电

（87）坚持这_____个好习惯，躺着玩手机也能变瘦

（88）带_____挑战 21 天瘦腿，Day_____冲

（89）不看后悔的_____天瘦_____成功经验，超级干货

（90）懒人想不瘦都难，_____招让你养成易瘦体质！

8. 摄影/摄像领域常用热门标题模板

（91）_____个拍照姿势技巧分享，_____拍照合集

（92）解锁万能_____拍照技巧，这样拍出来更高级

（93）_____怎么拍，手把手教你用手机拍_____

（94）拍照技巧，_____年模特教你拍高质量对镜照

（95）原相机也能拍出_____的秘密，我终于 get 到了

（96）_____拍照怎么拍，_____个简单自然的 pose 学起来

（97）_____拍照构图技巧，_____这样拍氛围感拉满

（98）_____拍照机位，_____招教你拍大片

（99）日常实用的_____个拍照 pose，简单易学纯干货

（100）教你在＿＿＿＿拍出＿＿＿＿照片，超惊艳

7.1.3　如何策划爆款选题的笔记内容

1. 小红书种草笔记写作特点

在 1.4 节，我们提到过小红书在内容表现形式上仍可归属于图文类新媒体，下面我们将侧重围绕创作图文笔记的相关话题展开探讨。关于小红书视频作品创作的相关问题，大家可参考短视频相关章节的内容。

我们还是通过对比的方式来分析，小红书笔记和公众号文章虽然都属于图文类内容，但是在写作风格上，两者明显不同。公众号文章在于叙述，有故事铺垫，通篇文章既有重点，但又不全是重点，更像记叙文。小红书笔记更直接，不兜圈子、不绕弯，笔记通篇皆为干货，更像学习笔记。

下面用 84 个字，总结了一份关于小红书种草笔记的写作特点，供大家参考借鉴。

抛出痛点引共鸣，引入方案聊共情。

内容精炼不烦琐，文字表达口语化。

干货攻略有条理，选题明确可归类。

贴近生活造场景，真实体验占心智。

分段少字轻阅读，善用表情促气氛。

金句观点带节奏，借势热词加曝光。

2. 爆款笔记内容逻辑框架

爆款笔记内容逻辑框架一般由两个核心部分组成，分别是满足用户预期和附加品牌价值。

我们该如何解读它们的含义呢？

- **满足用户预期**：提供用户更想知道和更感兴趣的内容信息；
- **附加品牌价值**：增加你想传达给用户的产品或品牌信息。

简单来说，就是在策划内容时，首先要满足目标用户的需求，然后在此基础上，增加你想要传达的内容。

下面分享 3 个可复用的模型。

（1）痛点+解决方案；

（2）清单+横向对比；

（3）开箱+现场测评。

下面仅以"痛点+解决方案"模型为例，这也是目前达人在内容创作时使用最多的一种逻辑框架，我们一起来分析如何将其运用到实际的笔记创作中？

举个例子，假设账号定位是母婴账号，内容定位是分享育儿干货，本次内容的选题方向为宝宝辅食。接下来根据"痛点+解决方案"模型写出内容框架。

抛出痛点：

宝宝 6 个月后辅食该怎样添加？宝宝第一口辅食吃什么？辅食应该按照怎样的

顺序添加？宝宝辅食怎么做才能既有营养又健康？面对类似的各种问题，很多新手妈妈头疼不已……

引入方案：

特别整理了一份各月龄宝宝辅食添加保姆级攻略教程，分享给大家，新手妈妈赶快点赞、收藏吧！6～12 月龄宝宝辅食表，详情如下。

6 月龄……7 月龄……8 月龄……9 月龄……10 月龄……11 月龄……12 月龄……

辅食制作方法……

宝宝辅食添加顺序……

做辅食不踩坑必备工具……

辅食保存方法……

做辅食注意事项……

按照以上逻辑框架完善内容，一篇干货满满的育儿笔记基本就创作完成了。

7.1.4　如何通过关键词和标签抢占更多免费流量

在小红书的笔记中，合理布局关键词，控制好关键词密度，可以有效获得更多的免费流量，提高笔记内容被目标用户浏览的概率。那么具体该如何操作呢？这将是下面我们重点探讨的话题。

小红书笔记中的关键词，一般可以分为 3 大类，分别是核心关键词、细分关键词和长尾关键词。

我们该如何解读这 3 类关键词？它们分别指什么呢？下面来详细介绍。

1. 核心关键词

对于核心关键词，我们可以认为它们是一篇笔记最重要的组成部分，也是不可或缺的内容信息。核心关键词是笔记内容中想传达的主要信息，包括但不限于品牌词、产品词、主推的选题词和主推的话题词等。

以通过内容种草占领用户心智的典型案例元气森林为例，通过整理分析可知，元气森林在小红书上的种草笔记，在内容设计上主推的核心关键词有"0 糖 0 脂 0 卡""气泡水"，而由此又延展出了"减糖""控糖""戒糖""无糖""高颜值""卡路里""减肥""减脂""快乐水"等一系列的细分词。这种通过在内容中布局大量关键词的推广方式，几乎可以覆盖目标用户最关注的所有相关话题，实现精准种草的效果。在推广策略上，通过与多领域达人账号合作，铺设大量的种草笔记，可使元气森林品牌"0 糖 0 脂 0 卡""气泡水"的概念深入人心，快速出圈。

2. 细分关键词

什么是细分关键词？事实上，对于细分关键词，没有严格意义上的定义，一般我们可以将其理解为通过核心关键词延展或细分出的相关词组。例如，与产品相关的品类细分词、成分词、场景词、功能词和人群词等。

以某美妆产品种草需求为例：

- 产品类型可以分为：口红、面膜、眼霜、爽肤水、乳液、卸妆油、散粉、眼影等；
- 产品功能可以分为：美白、亮肤、防晒、保湿、去皱、遮瑕、祛斑等；

- 产品成分可以分为：烟酰胺、玻尿酸、水杨酸、氨基酸、酵母、维生素 A、玻色因等；
- 用户类型和喜好可以分为：成分党、学生党、平价党、宝妈、贵妇、上班族等；
- 适用的用户肤质可以分为：干性皮肤、油性皮肤、混合性皮肤、敏感肌、油痘肌等。

在种草笔记中，埋入大量与目标用户高度关联的细分关键词，配合产品种草，往往更容易获得用户关注。

3. 长尾关键词

那么什么是长尾关键词？长尾关键词一般指非主推的核心关键词，但与核心关键词相关，是可以通过搜索入口带来流量的组合型关键词。通常长尾关键词由多个词语组成，也可以由短句组成。

选择的长尾关键词，需要符合平台上目标用户的搜索习惯和思维方式。在小红书笔记内容中，布局长尾关键词的优势在于，可以持续获取精准的用户流量。

通常情况下，大家在运营小红书时，更关注的是热门品类词，因为热门品类词代表着流量，这就使得当前热门品类词的流量竞争更为激烈。如果你刚好负责过投放品类词，那么就一定会知道，某个品类词竞争越激烈，也就代表着通过该词获取流量的成本越高。

下面我们分析一下，品牌在小红书上进行种草营销时，是如何通过布局长尾关键词持续获取精准的用户流量的。

举个例子，假设你想通过小红书推广一款主打拍照功能的手机，通过搜索关键词

"拍照"，我们可以看到前端显示了超过 1600 万篇笔记与拍照相关，很明显这是一个热度非常高的关键词，也是一个竞争非常激烈的关键词。

首先，在小红书上，如果品牌方想通过种草营销做推广，最主要的方式就是与达人合作，通过投放种草笔记来完成品牌对用户心智的种草，但这种推广策略的本质不是传统的付费竞价投放，这是一个很重要的认知。

想从 1600 多万篇笔记中脱颖而出，使指定的种草笔记排在首屏位置，优先展现给目标用户，也并非不能办到，但所要付出的成本将会非常高，而这样做所触达的用户，并非都是喜欢用手机摄影的人。面对这种情况，最好的解决办法是针对关键词"拍照"缩小范围，聚焦"拍照手机"。通过搜索"拍照手机"，将显示超过 185 万篇相关笔记，根据用户搜索习惯，我们可以再进一步细化得出"拍照手机推荐""拍照手机排行榜""女生拍照手机推荐""最适合女生的拍照手机""夜景拍照手机"等词语组合和短句，这些词语组合和短句，就是我们所说的长尾关键词。

笔记内容中包含的长尾关键词与用户需求的匹配度越高，引流效果越好，流量越多，笔记获得关注和互动的用户越多，排名也就越高，同时也越容易成为爆款。正是这种相互促进的方式，有效保证了包含长尾关键词的种草笔记可以持续不断地获取精准流量。

7.2 小红书产品种草模型与可复用方法论

哪些行业产品适合通过小红书种草营销？

一般我们认为本身具备高频、刚需、差异化亮点、社交属性的产品，以及能够提高大家生活品质的产品，都适合通过小红书进行种草营销。

根据小红书平台用户行为分析，被平台用户关注最多的品类包括美妆、个护、时尚、穿搭、母婴、美食、旅游、家居、生活等。针对这些品类的种草营销三部曲，如图 7-3 所示。

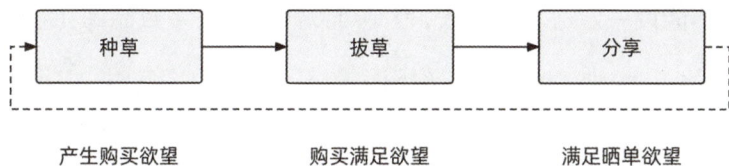

图 7-3

如果你负责过市场和新媒体营销，相信你一定听说过花西子、完美日记、戴森、元气森林等品牌种草营销的经典案例。在类似的光环加持下，小红书已然成了企业打造爆款单品和产品种草营销不可或缺的营销阵地。

小红书平台的营销方式有官方联合赞助、平台广告投放、达人合作投放和官方账号运营。

其中以达人合作投放这种营销方式最难掌控，很多企业尝试与大量达人进行内容合作推广，希望可以快速扩大品牌和产品声量，但效果似乎并不显著，甚至很难评估出所产生的价值。明知有流量红利，却始终抓不住机会，这也使得很多运营人员十分困惑。

本节内容将会以"确定推广策略""分配达人资源""把控投放节奏"3 个方向为切入点，和大家一起聊一聊，到底该如何通过小红书平台进行有效的种草营销。

1. 确定推广策略

企业如何通过小红书投放打造爆款产品？下面分享一个比较实用的企业在小红书平台打造爆款产品的推广策略：

聚焦细分场景需求，集中打造爆款单品，带动全线产品。

挖掘细分品类卖点，跨界联合破圈营销，扩大圈层受众。

上面这句话不能说一定适合所有人，但是可以满足绝大多数品牌在小红书平台推广产品的需求。

破圈 ≠ 海投

很多人经常会把破圈营销或出圈营销与海投达人画等号，事实上两者存在本质上的区别。

所谓的破圈营销，多用于在企业品牌有一定认知度或产品在特定圈层具备一定基础声量，为快速触达和影响更多其他圈层用户，实现用户持续增长和扩大声量，而采取的与跨界品牌和跨界达人合作的营销策略。究其本质，破圈营销依然属于精细化运营的范畴，这也间接说明了为什么很少有企业会在小红书上投放搞笑类、泛娱乐类达人账号，相反会更倾向于与相关的垂直领域达人合作。

在有了初步的推广策略后，接下来需要做的是结合产品定位和用户定位进一步细化具体执行方案。

（1）**关于产品定位**：与品牌定位相似，看上去似乎也特别像为了在用户心智阶梯中占据最有利的位置。在我看来，对产品定位就是刷新用户对产品的认知，塑造用户在指定场景下对产品的需求。

简单来说，就是你希望用户想起产品时，第一时间想到的是什么，你希望用户在什么场景下可以第一时间想起自己的产品。

以小米手机为例，当大家提到小米 MIX FOLD 折叠屏手机时，第一时间想到的是商务、高端；提到小米 11 青春版时，第一时间想到的是轻薄、好看；在夜景拍照的场景下，第一时间想到的是小米 11 Ultra 的巅峰影像。

（2）**关于用户定位**：除了对年龄范围、性别、所在城市、职业、常用终端等常规的用户信息做调研，最重要的一步是分析用户喜好，找到用户最感兴趣的方向，为目标人群打上关键标签，例如颜控、成分、配置、功能、大牌、价格、DIY、新潮、高品质等。这将有助于在接下来对推广内容进行规划时，做到有的放矢，避免在推广笔记内容时出现品牌自嗨和运营者自嗨。

前面我们提到过，爆款笔记至少需要包括两部分内容：满足预期（提供给用户更想知道和更感兴趣的内容信息）+附加价值（你想传达给用户的品牌和产品信息）。下面为大家提供一个笔记内容投放策略：在大规模推广产品前，应提前通过一小部分的投放进行测试，不断验证和优化内容结构，找到适合自己产品的爆款内容规律，然后在爆款内容模型的基础上，围绕80%结构固定、20%达人自由发挥的原则进行批量投放。这种投放策略的好处是，可以通过不同的达人创作风格，保证内容形式多元化，也可以围绕爆文规律，提高内容质量，聚焦营销方向，获取更多的流量。

2. 分配达人资源

对于小红书平台的达人，根据知名度、影响力、粉丝量等维度，我们可以将其分为 5 个层级，分别是明星、头部 KOL、中腰部 KOL、KOC（初级达人）、素人（普通用户），具体如图 7-4 所示。

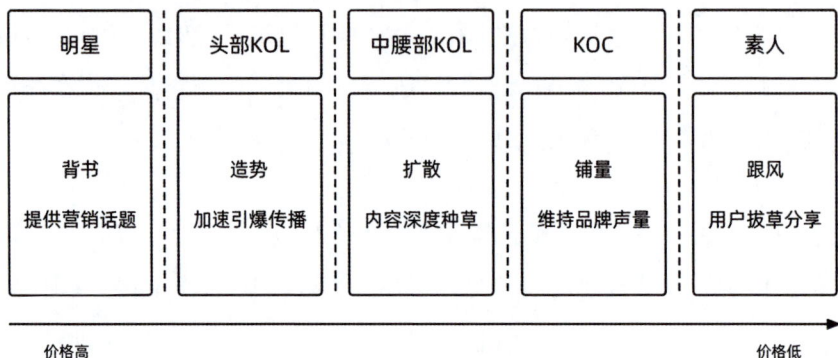

明星	头部KOL	中腰部KOL	KOC	素人
背书 提供营销话题	造势 加速引爆传播	扩散 内容深度种草	铺量 维持品牌声量	跟风 用户拔草分享

价格高 →————————————————————→ 价格低

图 7-4

各层级达人资源，在品牌和产品推广时体现出的价值优势如下。

- **明星**：明星可进行产品背书，增加公信力，提供营销话题，打造品牌声势，收割饭圈流量。特别是明星在发布美妆、穿搭和与日常生活相关领域的内容时，很容易引起粉丝互动讨论和跟风下单。例如，大家在小红书上经常可以看到××（明星）的限定款口红、跟××（明星）学化妆、××（明星）同款减脂代餐、××（明星）同款口罩、××（明星）教你拍出时尚大片等热门营销话题。

- **头部 KOL**：头部 KOL 最主要的作用就是造势。参与生产或助推营销话题，引导用户参与讨论，加速引爆传播，形成圈层效应，扩大影响力。

- **中腰部 KOL**：中腰部 KOL 最主要的作用就是扩散。持续制造话题热度，通过输出专业测评、卖点传播等内容引导用户深度种草。

- **KOC**：KOC 通常也被称为初级达人，其具有成本低的核心优势，可以用于内容扩充，快速铺量，长尾扩散，持续保持品牌和产品声量。

- **素人**：也可以称之为普通用户，粉丝量相对较少，既是消费者，可参与下单拔草，又是传播者，可在小红书等平台跟风晒出真实体验，通过消费者视角的内容，为品牌产品持续叠加声量。

与微博、微信公众号等平台的 KOL 投放模式不同，常规的集中押宝头部 KOL 的达人投放模式并不适用于小红书平台。匹配不同层级的达人，进行整合推广的模式，更有利于构建产品势能，打造出超级爆品。具体的达人资源分配比例，并没有统一标准，主要还是需要根据预算、品牌认知度和目标需求综合评估，再决定如何分配达人资源比例。

例如，根据小红书大数据可视化分析工具千瓜数据，我们可以了解到，小红书平台比较常见的达人投放模型大致有以下 3 种。

1）金字塔投放模型

这种模型属于比较常见且通用的达人投放模型，适用于实现快速扩散和传播的需求。优点：有明星/头部 KOL 加持，以及大量素人分享种草笔记，推广的产品很容易被跟风种草。缺点：需要投入的资源和成本相对较高。例如，完美日记常用的 1990 投放模型（1%的明星/头部 KOL+9%的中腰部 KOL+90%KOC/素人）就属于典型的金字塔投放模型。

2）橄榄型投放模型

由于中腰部 KOL 相对其他类型的达人来说性价比较高，并且产出的笔记质量高，符合平台推荐规则，因此，在整体的投放环节中，侧重于对这部分达人资源进行投放，很容易借小红书平台的推荐流量，产出爆款文章。优点：性价比高，易出爆文。缺点：对于合作推广的品牌知名度要求较高。

3）五角星投放模型

这种投放模型更关注如何精准触达目标用户，适合实现快速覆盖某一垂直领域目标的需求。优点：目标明确，人群精准。缺点：投放过于均衡，扩散和传播效果慢，很难形成规模。

这 3 种达人投放模型如图 7-5 所示。

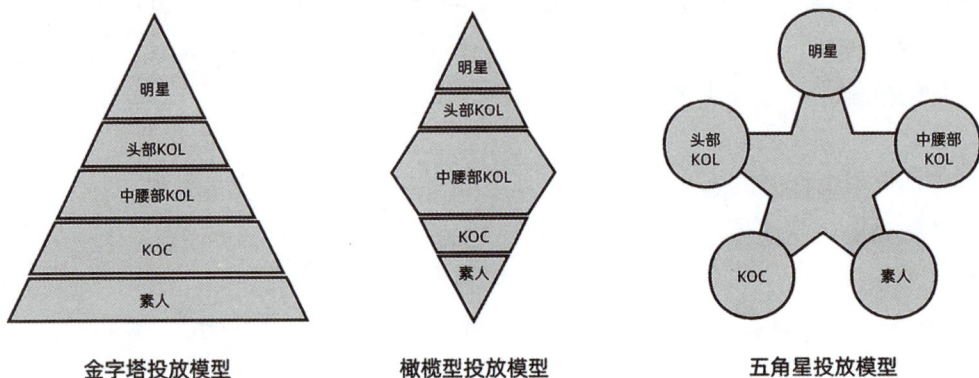

金字塔投放模型　　　　橄榄型投放模型　　　　五角星投放模型

图 7-5

3. 把控投放节奏

一个完整的小红书营销推广方案，在投放节奏环节，一般可以分为造势期、种草期、铺量期 3 个阶段。考虑到每个阶段的目标需求不同，对于达人资源的选择和分配也应有所不同，具体如图 7-6 所示。

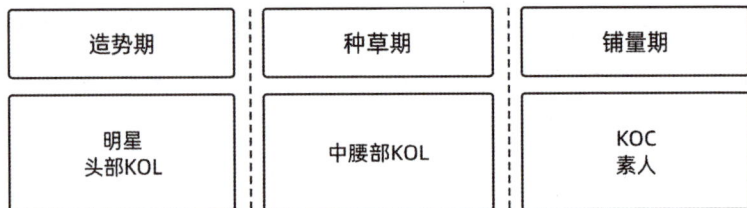

造势期	种草期	铺量期
明星 头部KOL	中腰部KOL	KOC 素人

图 7-6

根据全年营销规划，企业在小红书平台的达人资源投放节奏又可以分为营销节点重要投放和日常运营常规投放。

营销节点重要投放主要指在重要的时间节点集中发力，快速扩大势能。例如，新品上线期间、发布会期间、520、618、双 11、元旦等大促节点期间，可采用多层级达人集中投放，来快速精准触达用户，引爆相关话题的讨论热度，提高产品声量。

日常运营常规投放通常以小红书企业认证账号发起活动，带动用户参与互动和主动分享产品体验笔记为主。持续输出种草内容，维持产品相关的话题热度，根据需求有针对性地选择达人投放比例，配合推广主题活动。

附录 A
词 汇 表

——新媒体营销推广、直播带货、短视频、小红书相关专业术语

本书正文涉及大量专业术语,统一在本附录进行解释说明。为避免定义晦涩难懂,我会用通俗的表达方式,和大家聊一聊相关专业术语,希望可以帮助大家快速了解这些术语的含义,同时更希望能够对大家的日常工作有所帮助。

以下内容由 4 部分组成。

(1)新媒体营销推广常用的专业术语;

(2)直播带货相关的专业术语;

(3)短视频相关的专业术语;

（4）小红书营销推广涉及的常用专业术语。

特别提示：以下专业术语的含义解释，均以其实际出现在日常工作和交流中时所代表的含义为主，并不是官方定义。当然，大家也不需要死记定义，那是应对考试才需要做的事。同时，考虑到大家所属行业、专业等有所不同，以下仅列举部分常用专业术语，在不同的环境下，这些词背后的含义可能会与我的表达略微有不同，但大致意思不变，联系上下文语境灵活理解即可。

新媒体营销推广常用的专业术语

CPM（Cost Per Mille）：每千人展现成本。按 CPM 计费模式投放的广告，一般只看展现量，按展现量收费，不用参考点击量、下载量等数据。例如，某平台广告投放收费为 10 元/CPM，那么每 1000 个人看见推广的广告，你就需要给平台方支付 10 元。

CPC（Cost Per Click）：每个点击的成本。按 CPC 计费模式投放的广告，一般来说不用管广告展现了多少次，只要没产生用户点击行为，广告主就不需要支付费用。只有产生了用户点击行为，广告主才需要按照点击量进行付费。

CPT（Cost Per Time）：每时间段展示成本。这是一种以时间来计费的广告合作形式，广告主需要按展现的时间向流量资源方支付费用。

CPA（Cost Per Action）：每个行动的成本。CPA 中的 A 指的是 Action，即行动。按 CPA 计费模式投放的广告，主要根据推广之后的用户行为进行收费，行为可以是注册、下载、激活、互动、下单等，一般来说广告投放需要按转化率结算费用的都可以被称为 CPA。

CPD（Cost Per Download）：每次下载的成本。CPD 在市场上还有另一个广告合作名称，即按天收费（Cost Per Day）。

CPI（Cost Per Install）：每次安装应用程序的成本。也可以称之为按每次获得计费，按 APP 安装量计费。

CPS（Cost Per Sales）：按销售额付费。以实际销售产品数量来计算广告费用，每成功达成一笔交易，销售人员就可获得对应的佣金。

CPL（Cost Per Leads）：每潜在客户的获取成本。一般以搜集潜在客户名单量来计费。

ROI（Return on Investment）：投资回报率。也就是大家常说的投入产出比，常用计算公式：

获得的利润总额（销售收入–成本）/ 广告投放支出总额×100%

考虑到影响利润的因素有很多，有时也会使用简化版的计算公式：

获得的销售额（利润）/ 广告投放金额×100%

保证 ROI 的前提，就是要做到将对的内容投放给对的人。

ROAS（Return on Ad Spending）：广告支出回报。ROAS 是一种可以评估数字广告策略、衡量数字广告投放效果的营销指标。与 ROI 的计算方式有所不同，ROAS 的常用计算公式：

广告投放获得的总收入/广告投放支出总额×100%

SOV（Share of Voice）：曝光比重。也可以称之为广告曝光占有率或媒体声量份额，其主要用于帮助用户了解品牌在整体行业内的投放效果占比，以便平衡投放广度和精准度。

PV（Page View）：页面浏览量。也就是大家常说的页面访问量，PV 高并不代表访客多，用户每刷新一次将被计算一次。

UV（Unique Visitor）：独立访客。也可以称之为独立 IP 访客，是指不同的、通过互联网访问、浏览一个网页的自然人。

DAU（Daily Active User）：日活跃用户数，简称日活。通常统计的是一日（统计日）内，登录或使用过产品的用户数（去除重复登录的用户），一般用于反映产品短期的用户活跃度。

MAU（Monthly Active User）：月活跃用户数，简称月活。通常统计的是一个月（统计月）内，登录或使用过产品的用户数（去除重复登录的用户）。一般用于反映产品长期的用户活跃度。

WAU（Weekly Active Users）：周活跃用户数。一般指 7 天内登录过产品的用户数。

SEO（Search Engine Optimization）：搜索引擎优化。一般指利用搜索引擎的规则提高网站在相关搜索引擎内的自然排名。

SEM（Search Engine Marketing）：搜索引擎营销。根据用户使用搜索引擎的方式，利用用户检索信息的机会，尽可能地将营销信息传递给目标用户。相对于 SEO 来说，其范围更加宽泛，还包含竞价排名。这也是为什么大家一说 SEM，首先会想到竞价排名的原因。

ASO（APP Store Optimization）：应用商店优化。ASO 是利用应用商店的搜索规则和排名规则让 APP 更容易被用户搜索或看到，可以将其理解为移动端 APP 市场的 SEO。通常我们所说的 ASO 就是 APP Store 中的关键词优化排名。

ASM（APP Store Search Marketing）：苹果应用商店搜索市场。ASM 是指苹果的官方广告位竞价优化，开发者可以通过在 APP Store 中投放搜索竞价广告来推广自己的 APP，便于在用户的搜索过程中更多、更好地展现自家 APP，从而吸引用户下载。

DSP（Demand-Side Platform）：需求方平台。DSP 是能为广告主提供跨渠道广告投放的平台，搭建了广告主与目标受众之间的桥梁。简单来说，DSP 更像一个大型媒体综合商场。DSP 具备广告触达人群更精准，投放操作更高效，推广形式更灵活等特点。

SNS（Social Networking Service）：社会化网络服务。SNS 主要指帮助人与人之间建立社会性网络的互联网应用服务，具有代表性的 SNS 有微博、贴吧、人人网、Meta、YouTube 等。

SNS 营销：社会化网络营销，一般指利用 SNS 网站的分享和共享功能，以六度分隔理论为基础，在社交网站上通过广告、口碑传播等进行的产品推销、品牌推广等活动。

直播带货相关的专业术语

坑位费：在直播带货领域，大家所说的坑位费通常指在直播间上架商品时需要支付的固定链接费用。简单来说，如果商家与主播及其团队在合作前明确提及坑位费，那么这部分费用与最终直播带货的商品销量无关，只要商家的产品想出现在合作主播的直播间，就需要支付对应的坑位费，相当于买了一个位置。就目前市场情况来看，大部分带货主播都会向合作商家收取一定的坑位费，以保证带货的保底收入，而对于坑位费的多少，一般与带货商品在主播直播间出现的位置和带货主播的咖位有关。

佣金：可以将其理解为主播通过直播间带货商品的销售提成，目前佣金结算方式多以 CPS 模式为主。佣金的多少一般与主播咖位、带货商品的品类、最终商品的销量、成交总额、是否承诺保底销售额等因素有关。

纯佣直播：一般指带货主播及其团队只向合作商家收取通过直播间成功售卖出商品的佣金，不再额外收取坑位费等其他费用，当然，这也是目前商家最喜欢的一种直播带货合作方式。

品牌专场：专场在这里可以理解成单独或专属的意思，品牌专场一般指在整场直播过程中，主播只带货一个品牌的产品。

拼场直播：主播在整场直播过程中，会同时带货多个品牌的产品。

挂榜电商：商家或个人通过在直播间为主播刷礼物，长时间占据直播间打赏排行榜单靠前的位置（一般指榜单前三），从而获得主播和直播间观众更多的关注热度，我们就可以将这种行为称为挂榜。而借助这种挂榜的方式获得关注热度后，商家或个人开启直播带货或者与被打赏主播连麦带货的行为，我们可以称之为挂榜电商。

专属利益点：只属于该主播直播间的独家赠品、独家服务特权、专属优惠价格等。

中之人：一般泛指在虚拟主播背后，为虚拟形象提供声音来源的配音工作者。

引流款：主要指以"补贴让利"为营销噱头，通过预热推广为直播间引流的产品。在直播期间设置引流款的本质就是通过补贴换取免费流量。

福利款：通常又可以称之为"留人款""钩子款"，在直播期间设置福利款的本质是让用户产生占便宜的快感。

畅销款：产品本身有一定的知名度，具备市场渗透率高、自带流量、高转化率的特点，可以解决绝大部分用户的需求。

利润款：产品以盈利为目的，具备利润高、佣金高的特点。

特色款：具备一定稀缺性的特色产品或新奇好物。

GMV：交易总额，在直播带货应用场景中，GMV 主要用来表示在一定时间段内用户拍下的订单总金额。

短视频相关的专业术语

同类创作者：一般指相同创作领域或者粉丝量级差不多的创作者。

UP 主：UP 是 uploader（上传者）英文的缩写，UP 主一般指在视频网站、论坛等地上传视频、音频文件的人，例如 B 站 UP 主、A 站（AcFun 弹幕视频网）UP 主、M 站（MissEVAN 网站）UP 主。

赛道：从字面意思上看，就是比赛的通道。在短视频行业，通常所说的对赛道的选择，实际上就是要在对自己竞争有利的行业、领域、方向或业务上做出选择。

视频完播率：一般指视频内容完整播放次数的占比，视频完播率是衡量视频质量的重要指标之一。

每日完播率：一般指当日完播浏览量与总浏览量的比值。

点赞量：作品获得点赞的次数。

分享量： 作品获得分享的次数。

评论量： 作品获得评论的次数。

互动指数： 作品的观看量、点赞量、评论量、转发量的综合得分。

视频播放量： 视频作品被用户观看的次数。

粉丝净增量： 账号净增粉丝数，一般通过涨粉数减去掉粉数计算得出。

主页访问量： 用户访问创作者账号个人主页的次数。

账号搜索量： 在对应时间周期内，账号在搜索结果中的用户曝光次数+账号的所有作品因搜索带来的播放量。

作品搜索量： 账号的所有作品在对应时间周期内因搜索带来的播放量。

中心化： 可以将其简单理解为，平台掌握着流量的分发权，流量主要集中在少量的头部用户，平台会赋予头部优质内容更高的展示权重。例如，微博为了鼓励明星、大 V 持续创作内容，为平台创造更多用户流量，通常会赋予明星和大 V 更高的话语权和更多的曝光。从这个角度来看，我们可以将微博定义为中心化平台。

去中心化： 相对于中心化而言，去中心化平台将原有的主要集中在少量头部用户上的流量分给更多的普通用户，每个人都有话语权和被曝光的机会。但去中心化和中心化并非绝对对立，去中心化只是相对来说更加扁平、平等。

VLOG（video blog）： 视频博客。可以将其理解为一种视频形式，兴起于 YouTube 平台，相对于抖音的搞笑类、剧情类短视频来说，VLOG 具有更自然、更真实、更贴近日常生活的特点，其视频时长一般在 1 分钟以上，适用于数码、美食、旅行、生活、时尚等内容创作领域。

UGC（User Generated Content）：用户生产内容。生产内容的主体一般是非专业人员。在 UGC 模式下，用户既是内容的浏览者，又是内容的创造者。

PGC（Professional Generated Content）：专业生产内容。相对 UGC 来说，PGC 的创作者不再是普通用户，而是专业的内容创作者和某垂直领域的意见领袖，其内容质量更高、更有保障。

OGC（Occupationally-Generated Content）：职业生产内容。与 UGC 不一样，OGC 的创作者一般是有专业身份的职业人员，其内容质量高、有保障，这一点与 PGC 很像。但 OGC 与 PGC 的明显区别在于，创作内容后是否收取报酬，OGC 是职业化的，创作内容属于职务行为，需要收取报酬，而 PGC 大多属于兴趣创作，不需要收取报酬。

PUGC（Professional Generated Content + User Generated Content）：专业用户生产内容。PUGC 是 UGC+PGC 相结合的内容生产模式，可以将其理解为以 UGC 形式产出的相对接近 PGC 的专业内容。

MCN（Multi-Channel Network）：直译过来的意思是多频道网络，但这个解释显然不是我们所需要的，我们暂且可以把国内的 MCN 机构理解为"网红孵化公司"，它们是可以为签约或孵化的内容创作者提供创作、运营、包装、营销、推广、变现等一整套服务的专业机构。

叠加推荐：视频上传发布后，如果在第一次获得推荐的初始流量池里被判定为优质作品，则后面会被推荐到更大的流量池，以此类推，不断叠加流量推荐。

限流：通常指视频的可见范围受到了限制，视频被限流也就代表视频不再具备获取更多流量的可能性。

粉丝画像：粉丝画像一般包括性别、年龄、地域、设备、粉丝兴趣、粉丝关注热词、粉丝活跃分布等。

小红书营销推广涉及的常用专业术语

笔记：通常情况下，内容创作者在小红书平台发布的图文、视频等内容都可以被称为笔记。

种草：与安利和推荐的意思相似，一般指推荐者通过分享对某一产品的使用体验和真实感受，刺激潜在的目标用户产生购买欲望的行为。这个词也可以用于表示对某事物喜欢和感兴趣。

拔草：通常用来形容对之前种草的产品，已经成功下单购买的行为。

KOL（Key Opinion Leader）：关键意见领袖。KOL 泛指在新媒体平台上有一定话语权的人，他们在相关领域表现得比较专业且经验丰富，所以他们的话通常会令粉丝信服，进而影响粉丝的消费决策。

头部 KOL：不同的新媒体平台对头部 KOL 的评价标准不同，这里仅以小红书为例，小红书的头部 KOL 作为平台内容创作者中的大号，一般能达到几十万以上粉丝量级，真实的头部 KOL 在所处领域具有一定的话语权和粉丝号召力。

中腰部 KOL：这部分达人账号在所处的垂直领域内同样具有一定的话语权，但他们的小红书账号的粉丝量、影响力低于头部 KOL 且高于 KOC，所以中腰部 KOL 通常也被称为腰部达人。

KOC（Key Opinion Consumer）：关键意见消费者。KOC 具有一定的粉丝基础，但粉丝量级不会太高，通常他们的小红书账号拥有的粉丝量在万人左右，低于中腰部 KOL 的水平，所以 KOC 也常被称为初级达人或尾部达人。

素人：他们的小红书账号的粉丝量相对较低，一般在几百到几千人不等。

薯条：主要指小红书的一款笔记推广工具，是小红书为平台的内容创作者和企业商家研发的自助式投放产品。可以通过"内容加热"的方式，有效帮助平台上的内容创作者扩大内容影响力（曝光量、互动量、粉丝量等），也可以帮助企业商家或内容创作者以更加简单、灵活的营销推广方式，满足产品营销需求，提升营销效率。

内容加热：适用于对无商业属性的内容进行投放推广。

营销推广：适合投放商业笔记或直播预告等具备商业属性的内容。

互暖：小红书达人彼此互相给对方的笔记点赞、收藏、评论，同时互相关注以提升彼此账号的数据表现。

薯币：小红书产品内的虚拟货币，既可用于打赏主播，也可用于购买薯条，功能类似于抖音的音浪、快手的快币。

聚光：聚光平台的简称，是小红书营销一站式广告投放平台，类似于抖音的巨量千川。

收录：在小红书 APP 上，通过搜索相关关键词，能否搜索到指定的笔记内容，若能搜索到，就代表着笔记内容已被平台收录，如果搜索不到，并且笔记未处于审核中，就代表着笔记未被平台收录。未被平台收录意味着该笔记内容几乎不具备获取平台推荐流量的可能。被平台收录通常可以作为小红书笔记投放效果的评估方式之一。

报备笔记：主要指通过小红书蒲公英系统发布的商业笔记，通过报备的笔记和推广账号一般不会受到平台限流、屏蔽、删除、封禁等处罚。

蒲公英：蒲公英系统是优质创作者商业合作服务平台，类似于抖音的星图。

直发：一种小红书合作方式，内容由品牌方提供，达人只需在其账号上按照约定直接发布内容即可。

寄拍：一种小红书合作方式，产品由品牌方提供，一般情况下，如果合作有约定佣金，达人需要在完成产品拍摄后，将产品寄回，如果合作没有约定佣金，产品多会赠予达人，用来置换资源。

送拍：一种小红书合作方式，一般指将产品赠予达人，达人在完成产品拍摄后，不需要将产品寄回。

小眼睛：通常指小红书笔记的阅读量。

BA 图："before&after"图片，主要指达人发布笔记包含使用前后的对比图。

赞藏：一篇笔记点赞和收藏的总量。

爆款：对于小红书平台来说，一般当一篇笔记的互动量（点赞量、收藏量、评论量、弹幕数的总和）达到 1 万以上时，就可以称之为爆款笔记。

附录 B
营 销 日 历
——新媒体人借势营销必备指南

以下用符号☆代表从新媒体营销和话题互动传播角度预测的热度值,☆数越多代表可能受关注的热度越高。

第一季度（1月、2月、3月）热门关键节点

元旦（1月1日）: ☆☆☆☆☆

热点关键词延展及创意方向：新年第一天、新年 flag、新年的小期许、新起点、崭新、展望、新年愿望、新年心愿、新年许愿墙、新年签、转运符、锦鲤、新的一年流行色、好运、放假、活动、快乐、大一岁、长大、元旦假期生活图鉴、新

年第一个×××（如第一条微博、第一条招聘信息、第一个朋友圈）、新年新起航、新与旧的碰撞等。

小寒（1 月 4/5/6 日）：☆

热点关键词延展及创意方向：节日文化内涵、二十四节气中倒数第 2 个节气、习俗、饮食、小寒养生、雪花、气象变化、数九寒天、最冷模式启动、一年中最冷的时节、寒冷、保暖、年味渐浓等。

腊八（农历腊月初八）：☆☆

热点关键词延展及创意方向：腊八粥、谐音梗"周到"、腊八蒜、习俗、南北差异、年货、期待、过了腊八就是年、年味渐浓、准备过年等。

大寒（1 月 19/20/21 日）：☆

热点关键词延展及创意方向：节日文化内涵、全年二十四节气中的最后一个节气、习俗、寒冷、雪花等。

小年（农历十二月二十三和二十四）：☆☆☆

热点关键词延展及创意方向：北方小年、南方小年、年味、南北习俗、汤圆 VS 饺子、祭灶日、吃灶糖、扫尘土、团聚、年节开始、春节倒计时等。

春节前夕：☆☆☆☆☆

热点关键词延展及创意方向：家、年味儿、归途、返乡潮、平凡与伟大、思乡情、春运、抢票、回家、团聚、团圆、集福、红包、陪伴、年假、春节倒计时、假期、安全出行指南、春节（催婚）自救指南等。

除夕夜（农历十二月二十九或三十）：☆☆☆☆☆

热点关键词延展及创意方向：年夜饭、辞旧、守岁、团聚、陪伴、春晚、压岁钱、红包封面、发红包、抢红包、新年生肖、年俗、春联、福字、爆竹、家的味道、异地过年等。

春节（农历正月初一）：☆☆☆☆☆

热点关键词延展及创意方向：拜年、过年、聚焦春节场景、陪伴、团圆、春联、福字、年画、年味、逛庙会、爆竹、新年生肖、新春、欢庆、致敬春节坚守岗位的每个人等。

年后上班第一天：☆☆

热点关键词延展及创意方向：开工利是、开工红包、开工大吉、老板发红包、员工晒红包、上班第一天、××年第一个工作日、假期综合征等。

立春（2 月 3/4/5 日）：☆

热点关键词延展及创意方向：节日文化内涵、迎春、习俗、春饼、春卷、二十四节气之首、万物复苏等。

情人节（2 月 14 日）：☆☆☆☆☆

热点关键词延展及创意方向：礼物、表白、脱单攻略、玫瑰、巧克力、浪漫、爱情、单身、秀恩爱等。

元宵节（农历正月十五）：☆☆☆☆☆

热点关键词延展及创意方向：团圆、猜灯谜、赏花灯、汤圆、元宵、南北习俗等。

龙抬头（农历二月初二）：☆☆

热点关键词延展及创意方向：踏青、习俗、好彩头、理发、新发型、同款发型、发型大赏、剪发前后发型对比等。

女神节（3 月 7/8 日）：☆☆☆☆

热点关键词延展及创意方向：最美女神、闪光少女、闪光女神、仪式感、女子力、风采、独立、自信、妇女节、女王节、女神节、少女心、活动、购物清单、放假通知等。

植树节（3 月 12 日）：☆

热点关键词延展及创意方向：植树活动、大自然、环境、环保、公益、绿色、希望等。

消费者权益日（3 月 15 日）：☆

热点关键词延展及创意方向：3·15 晚会、消费者、打假、品质保障、道歉、公关等。

春分（3 月 19/20/21/22 日）：☆

热点关键词延展及创意方向：节日文化内涵、春游、踏青、周边游、春天的颜色等。

地球 1 小时（3 月最后一个周六 20:30—21:30）：☆☆

热点关键词延展及创意方向：关灯 1 小时、熄灯、保护地球、环保、绿色出行、低碳出行、节约用水、垃圾分类、随手拍夜色等。

第二季度（4月、5月、6月）热门关键节点

愚人节（4月1日）：☆☆

热点关键词延展及创意方向：整蛊、恶搞、谎言、套路、玩梗、恶搞行为大赏、愚人节防骗指南、防忽悠符、测谎仪、请假条、头条新闻生成器、互动游戏等。

清明节（4月4/5/6日）：☆☆

热点关键词延展及创意方向：习俗、祭祖、怀念、青团、假期、春游、踏青、周边游等。

世界读书日（4月23日）：☆

热点关键词延展及创意方向：书单推荐、隐藏书单、读书报告、读书、读书的好处、阅读、阅读的力量、读书人、心灵解药、赠书、最近你在读什么书、你有多久没有完整读过一本书了等。

劳动节（5月1日）：☆☆☆☆☆

热点关键词延展及创意方向：劳动节假期、出游、劳动模范、劳动者最光荣等。

青年节（5月4日）：☆☆

热点关键词延展及创意方向：青春、热血、努力、奋进、逐梦、奋斗者正青春、当代青年、闪光青年等。

立夏（5月5/6/7日）：☆

热点关键词延展及创意方向：习俗、立夏称体重、减脂健身、夏之始、入夏防暑

指南等。

母亲节（5 月第二个星期日）：☆☆☆☆☆

热点关键词延展及创意方向：感恩、母爱、伟大、超人妈妈、母亲节礼物、陪伴、被妈妈嫌弃的日常、有哪一刻觉得父母变老了、大声说出对妈妈的爱、当代妈妈花式养娃大赏、母亲伟大图鉴、写给妈妈的情书等。

网络情人节（5 月 20 日）：☆☆☆☆☆

热点关键词延展及创意方向：520、表白、花式表白、表白墙、爱情、浪漫、情侣、领证、情话、礼物、玫瑰、单身、脱单、520 最心动的礼物、网络情人节、三行情诗、我们的故事等。

小满（5 月 20/21/22 日）：☆

热点关键词延展及创意方向：节日文化内涵、哲理、人生、态度、圆满、盈满、麦穗等。

儿童节（6 月 1 日）：☆☆☆☆

热点关键词延展及创意方向：儿童节礼物、童真、童趣、童心、童言、孩子气、萌娃、回忆童年、大人的儿童节、仪式感、返老还童、童年照等。

高考（6 月 7/8 日）：☆☆☆☆☆

热点关键词延展及创意方向：祝福、准考证、金榜题名、考题、押题、高考作文、回忆青春、为考生加油、打 call、文科理科大 battle、一人一句为考生加油、高考幸运符等。

端午节（农历五月初五）：☆☆☆☆☆

热点关键词延展及创意方向：端午安康、端午祝福签、我的端午仪式感、甜粽子、咸粽子、甜咸之战、粽子新口味、五彩绳、端午习俗、屈原、龙舟、习俗由来、假期出游、端午出行指南等。

618 购物节：☆☆☆☆☆

热点关键词延展及创意方向：购物狂欢、红包、优惠券、囤货、优惠活动、打折满减、购物车、收快递、剁手、战报等。

父亲节（6 月第三个星期日）：☆☆☆☆

热点关键词延展及创意方向：超人、英雄、超能力、背影、肩膀、伟大、父爱、守护、付出、情怀、祝福、炫父、陪伴、爸宝女、小时候与长大后、父爱如山、父亲节礼物、第 n 个父亲节、你眼中的父亲、记录爸爸的一天、父亲节反而被爸爸送礼物、晒出与老爸的合照等。

夏至（6 月 20/21/22 日）：☆

热点关键词延展及创意方向：节日文化内涵、习俗、夏至面、一年中白昼最长的一天、防暑、夏季、炎热等。

年中：☆☆☆

热点关键词延展及创意方向：上半年回顾、上半年事件盘点、时间、过半、二分之一等。

第三季度（7月、8月、9月）热门关键节点

小暑（7月 6/7/8 日）：☆

热点关键词延展及创意方向：盛夏、小热、上蒸下煮、"桑拿模式"即将开启等。

大暑（7月 22/23/24 日）：☆

热点关键词延展及创意方向：桑拿天、三伏天、大热、盛夏、避暑、夏季最后一个节气等。

建军节（8月 1 日）：☆

热点关键词延展及创意方向：八一、致敬、军人、军装、我的军装照、爱国、正能量、守护、英雄、光荣、使命、最可爱的人、表达祝福等。

七夕（农历七月初七）：☆ ☆ ☆ ☆ ☆

热点关键词延展及创意方向：节日文化内涵、乞巧节、爱情、浪漫七夕、承诺、牛郎织女星、鹊桥、爱情的样子、一封情书、硬核七夕告白、表白图鉴、七夕礼物、单身牵手挑战、单身、CP、跨界联名、七夕定制礼盒等。

立秋（8月 7/8 日）：☆

热点关键词延展及创意方向：节日文化内涵、习俗、贴秋膘、收获、秋天、收获的季节、秋季的第一个节气、一叶知秋、摄影大赛等。

开学季（9月 1 日前后）：☆ ☆

热点关键词延展及创意方向：返校、校园、教室、开学典礼、假期结束、假期作

业、军训、最美军训照、开学礼包、开学穿搭、开学第一课、开学第一张照片、校园生活状态、理想中学校的样子等。

教师节（9月10日）：☆☆☆

热点关键词延展及创意方向：致谢老师、感谢师恩、引路人、一束光、点亮、课堂、成绩、为老师点赞、教师节祝福语、回忆校园时光、老师的口头禅、老师们最喜欢说的话等。

白露（9月7/8/9日）：☆

热点关键词延展及创意方向：节日文化内涵、习俗、诗意、全年昼夜温差最大的节气等。

中秋节（农历八月十五）：☆☆☆☆☆

热点关键词延展及创意方向：节日文化内涵、习俗、月饼、五仁月饼、月饼味道、月饼形状、中秋月亮、赏月、嫦娥、玉兔、大唐、长安、诗人、中秋晚会、中秋假期、故乡、回家、相聚、思念、中秋团圆的100种方式、中秋出行指南、互联网大厂月饼礼盒大赏等。

秋分（9月22/23/24日）：☆

热点关键词延展及创意方向：节日文化内涵、习俗、农民丰收节、入秋、赏秋、落叶、出游、收获、秋天的第一杯奶茶等。

第四季度（10 月、11 月、12 月）热门关键节点

国庆节（10 月 1 日）：☆☆☆☆☆

热点关键词延展及创意方向：国庆小长假、国庆放假安排、阅兵、庆生、抢票、十一、国庆黄金周、祖国山河、景点人多、交通拥堵、高速堵车、人山人海、"宅家躺平"、参加婚宴、国庆假期的朋友圈、国庆档电影、微度假、国庆假期出行攻略、自驾游、长假出游、节后综合征、国庆假期后上班第一天的状态等。

重阳节（农历九月初九）：☆☆

热点关键词延展及创意方向：节日文化内涵、习俗、情浓重阳、老人节、礼敬老人、孝心、敬老情、习俗、登高节、登高祈福、秋游赏菊、诗人陶渊明等。

寒露（10 月 8/9 日）：☆

热点关键词延展及创意方向：二十四节气中第一个带"寒"字的节气、降温、保暖、秋裤等。

霜降（10 月 22/23/24 日）：☆

热点关键词延展及创意方向：秋季的最后一个节气、昼夜温差变化、习俗、柿子、养生、秋燥等。

万圣节（11 月 1 日）：☆☆☆

热点关键词延展及创意方向：万圣夜、糖果、捣蛋、儿童、南瓜灯、鬼脸道具、万圣节服装、万圣节妆容、祈福平安、不给糖就捣蛋、万圣节化装舞会等。

双十一购物狂欢节（11 月 11 日）：☆☆☆☆☆

热点关键词延展及创意方向：双十一、双 11、1111、购物车、攻略、清单、凑单、清空、晚会、盖楼、爆款、买买买、剁手、囤货、吃土、红包、优惠券、活动规则、优惠力度、套路、打折满减、预售、定金膨胀、打工人、尾款人、付尾款、单身、脱单、光棍节、双十一爆款清单、双十一省钱攻略、双十一你无法入睡的原因、双十一前后对比、战报等。

立冬（11 月 7/8 日）：☆

热点关键词延展及创意方向：节日文化内涵、习俗、初雪、降温、寒潮、冬季的第一个节气等。

小雪（11 月 21/22/23 日）：☆

热点关键词延展及创意方向：习俗、寒潮、降温、雪花、小雪封地、冬季的第二个节气等。

大雪（12 月 6/7/8 日）：☆

热点关键词延展及创意方向：习俗、寒潮、降温、雪花、大雪封河、冬季的第三个节气等。

双十二购物狂欢节（12 月 12 日）：☆☆☆☆

热点关键词延展及创意方向：1212、双十二、打折满减、红包、攻略、吃土、剁手、返场、再任性一次、年终盛典、购物清单、战报等。

冬至（12 月 21/22/23 日）：☆☆☆

热点关键词延展及创意方向：饮食习俗、吃饺子、吃汤圆、南北方冬至差异、仪式感、数九寒天等。

平安夜（12 月 24 日）：☆

热点关键词延展及创意方向：平安果、圣诞夜、苹果、礼物、圣诞等。

圣诞节(12 月 25 日)：☆☆☆

热点关键词延展及创意方向：圣诞老人、圣诞树、圣诞帽、圣诞袜、麋鹿、雪橇、雪花、狂欢、派对、圣诞礼物、红色与绿色、圣诞妆、圣诞节装扮大赏、你没收到圣诞礼物的原因等。

年终：☆☆☆☆

热点关键词延展及创意方向：年度关键词、年度报告、全年回顾、年终盛典、年度大事件盘点、年度热词盘点、年度活动盘点等。

跨年夜（12 月 31 日)：☆☆☆☆

热点关键词延展及创意方向：新年前夜、跨年倒计时、××年最后一夜、跨年活动、跨年狂欢、除旧迎新、情怀、烟花、仪式感、感谢所有、送别×××迎来×××等。

后　记

别让思维认知限制了你前进的脚步。

照例，在一本书的结尾，作者似乎总要说些什么。坦率地说，在即将给这本书画上一个句号的时候，我的内心还是非常激动的，激动是因为我再一次完成了一个新的尝试和挑战。写本书是我一直想做又不敢做的事，行业内高手如云，稍有疏忽便可能贻笑大方。

创作这本书的时候，曾有人和我说过当下环境写书没有意义，还不如开几场直播和线下培训会实在。还有人听了我的一些想法后，跟我说："你的一些实战经验和策略想法，至少95%的行业人还不知道，别写出来，大家都知道了，也就失去了优势。"于我而言，决定写书这件事，并没有想象得那么复杂，只是对近10年的从业经历做了一个简单的总结，在思考和写作的过程中也在不断自我复盘。

在我看来，设计《新媒体之光》这本书的意义不在于我输出了哪些内容和能获得什么，而在于读者阅读之后能否有所收获，哪怕是仅能提供些许的帮助，或者被书中某一句话所启发和触动，我都会觉得这是一件有意义的事。人与人最大的不同，不是贫富差距，而是思维认知。思维方式决定了前进方向，认知深度决定了发展高度,一个人的脚步永远到达不了思维认知以外的地方。对读者来说,阅读《新媒体之光》这本书不仅可以汲取有价值的知识,而且可以丰富思维认知。

希望书中所提到的内容和观点,能为你带来一些不一样的思考。

红利过后,市场终究要回归理性,唯有掌握不变的底层逻辑和正确的思考逻辑,才能更好地面对千变万化的市场环境,才可能在下一个风口,借势而起。

本书中绝大多数文字都是我在无数个深夜敲打出来的,难免有错漏之处,请各位读者多多谅解和指正。不知从何时开始,我似乎喜欢上了在深夜独处,或许夜晚的宁静,让人更适合做一些需要沉下心认真思考的事情。

反侵权盗版声明

　　电子工业出版社依法对本作品享有专有出版权。任何未经权利人书面许可，复制、销售或通过信息网络传播本作品的行为；歪曲、篡改、剽窃本作品的行为，均违反《中华人民共和国著作权法》，其行为人应承担相应的民事责任和行政责任，构成犯罪的，将被依法追究刑事责任。

　　为了维护市场秩序，保护权利人的合法权益，我社将依法查处和打击侵权盗版的单位和个人。欢迎社会各界人士积极举报侵权盗版行为，本社将奖励举报有功人员，并保证举报人的信息不被泄露。

举报电话：（010）88254396；（010）88258888

传　　真：（010）88254397

E‐mail ：dbqq@phei.com.cn

通信地址：北京市万寿路173信箱

　　　　　电子工业出版社总编办公室

邮　　编：100036